ミネルヴァ日本評伝選

随時随所楽シマザルナシ

澤柳政太郎

新田義之著

ミネルヴァ書房

刊行の趣意

「学問は歴史に極まり候ことに候」とは、先哲荻生徂徠のことばである。

歴史のなかにこそ人間の智恵は宿されている。人間の愚かさもそこにはあらわだ。この歴史を探り、歴史に学んでこそ、人間はようやくみずからの正体を知り、いくらかは賢くなることができる。新しい勇気を得て未来に向かうことができる。徂徠はそう言いたかったのだろう。

「ミネルヴァ日本評伝選」は、私たちの直接の先人について、この人間知を学びなおそうという試みである。日本列島の過去に生きた人々の言行を、深く、くわしく探って、そこに現代への批判を聴きとろうとする試みである。日本人ばかりではない。列島の歴史にかかわった多くの異国の人々の声にも耳を傾けよう。

先人たちの書き残した文章をそのひだにまで立ち入って読み、彼らの旅した跡をたどりなおし、彼らのなしとげた事業を広い文脈のなかで注意深く観察しなおす――そのとき、はじめて先人たちはいまの私たちのかたわらによみがえってくる。彼らのなまの声で歴史の智恵を、また人間であることのよろこびと苦しみを、私たちに伝えてくれもするだろう。

この「評伝選」のつらなりのなかから、列島の歴史はおのずからその複雑さと奥ゆきの深さをもって浮かび上がってくるはずだ。これを読むとき、私たちのなかに新たな自信と勇気が湧いてきて、その矜持と勇気をもって「グローバリゼーション」の世紀に立ち向かってゆくことができる――そのような「ミネルヴァ日本評伝選」にしたいと、私たちは願っている。

平成十五年（二〇〇三）九月

上横手雅敬
芳賀　徹

澤柳政太郎肖像（三橋喜久雄画）
（成城学園初等学校蔵・複製）

自宅にて子どもたちと大正4(1915)年頃
左から，義三郎，謙，政太郎，中，大五郎，礼次郎，誠四郎。

旧教育会館前に建てられた胸像
(北村西望作，現在は和光大学蔵)

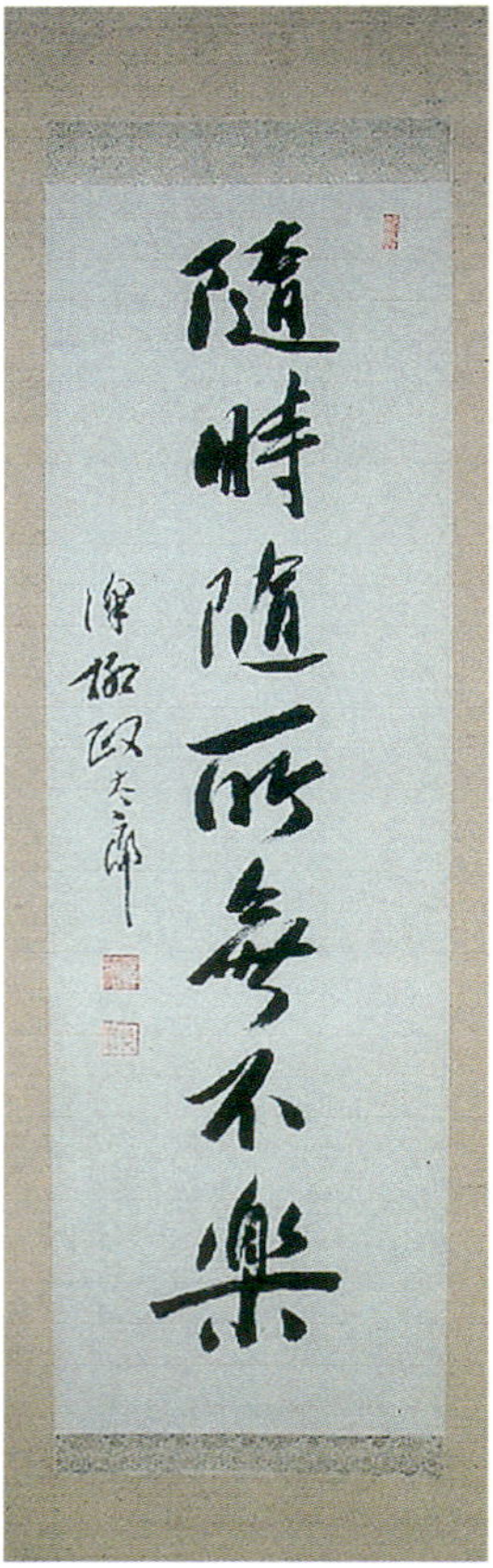

晩年の書
(本文312頁参照)

はしがき

東京の新宿駅から小田急線の急行に乗り十五分ほど行くと、「成城学園前」という駅に着く。進行右側にあたる北口を出て二、三分歩き右に折れると、突き当たりに私立成城大学の正門があり、隣接して短大、高校、中学が建ち並ぶ。これらに初等学校、幼稚園、図書館、教育研究所、グラウンドなどを加えた成城学園の諸施設が、ここに集まっているのである。

正門を入ってすぐ左手のあまり目立たない木陰に、この学園の創立者である澤柳政太郎の胸像が立っている。澤柳が東京市内の牛込に成城小学校を設立したのは大正六年（一九一七）であったが、関東大震災の後に、これを当時の北多摩郡砧村、すなわち現在のこの地に移した。以後学園は発展を続けて、現在のような幼稚園から大学院までを有する総合的な教育機関に成長した。

日本には数多くの私立学校があるが、それぞれの学校は皆、それぞれ独自の理念によって創立されたに違いない。例えば優れた実業家を育てようという意図や、キリスト教的精神を知識階級の子女の間に普及させようという願いなど、様々な思いがこれらの学校を生み出したのであろう。

だが澤柳政太郎が成城小学校を創設したのは、これら諸私立学校とは根本的に異なる意図からであ

成城大学前庭に立つ澤柳の胸像
（中谷宏運作，昭和４年）（『成城学園70年の歩み』より）

った。彼は「我々が現在の小学教育に満足することが出来ず、自ら進んで一の小学校を設けたのは、我々に確乎たる教育主義があって其の実現を期したのではない」とし、教育上の方法の大部分は「実地の研究によって」初めて定まると述べ、何が教育において大切なのかを研究と実験を通して見出していくために、この学校を創ったのであった。固定的な「理想」によって教育するのではなく、理想的な教育とは何かを具体的な研究と教育現場での実験を通して見出すことが、彼の成城小学校設立の目的だったのである。

澤柳は哲学者であり仏教家であり、また何よりも先に教育学者であったが、人生の前半を文部省の役人として、普通教育から大学に至るまでの全ての教育機関について、それらの制度と内容を整備し充実することに努めた人物である。また中学校や高等学校、大学の長となって、近代的教育制度と教育内容の具体的な刷新を指導した。人生の後半においては官を退き在野の教育者となったが、理論と実践の両面において日本の教育界を指導し牽引する存在であり続け、公立・私立を問わず、全ての教育関係者たちから、殆んど絶対的と言ってよいほどの信頼をよせられていた。事実、彼によって据えられた近代日本の教育の基礎は、その後の国家的・社会的情勢の変化に対応して部分的な修正を受けたとしても、その根幹は現在もなお揺らぐことなく存続しているのである。筆者が今改めて、近代教育制度全般にわたってその基盤を築いた澤柳の生涯を思い起こし、彼が如何なる思いを込めて制度を整備し教育内容を改定していったのかを、彼の一生を通して見直そうと試みるのは、そこからまた新しい未来への展望が開けてくるのではないかと期待するからである。

澤柳政太郎の生涯とその業績に関する研究は、すでに数多くなされている。また、直接に澤柳を知る人々の証言も少なからず残されており（全集十参照）、そこからは彼の人格と見識に対する畏敬の念が随所に読み取られる。しかし第二次世界大戦後しばらくの間は、過去に大きな足跡を残した各界の指導的人物に対する批判が研究者の主たる関心事となり、事実に基づく具体的な評価よりも、教条的図式的なイデオロギーを駆使しての断罪が時代を風靡した。澤柳が文部省の官僚として出発し、野に下った後は帝国教育会会長として全国の教育者の上に指導力を発揮したという事実だけを取り上げて、具体的な活動内容を吟味することなく空虚な議論を展開する傾向が、かなり長く続いたのである。

これまでに書かれた数多くの評伝の中で、事実に即した記述姿勢を守っていることにより特に注目に値するのは、政太郎の次男で成城学園の教師であった澤柳礼次郎の著《あらわ》した『吾父澤柳政太郎』（『吾父』と省略）と、新田貴代著『澤柳政太郎　その生涯と業績』の二冊であろうと思う。前者はもう今日では文献記録の上では辿り得ない、肉親にしか語り得ない多くの記憶を伝えており、しかもその記憶はきわめて正確で信頼に値する。後者は東京教育大学大学院に修士論文として昭和四十五年（一九七〇）に提出され、後に『澤柳研究双書1』として成城学園澤柳研究会から刊行されたもので、当時まだ知られていなかった多くの一等史料を発見し、それらを克明に分析することによって実証的な澤柳研究への道を開いた功績は大きく、現在でも澤柳研究上の基本文献としての価値を失っていない。筆者がこれから書こうとする澤柳伝は、この二著の提供する基礎的な資料に基づいており、伝記的な記述に関しては新たに加えるものは殆んどない。ただこの二著ともに、今日では入手がいくらか困難になっている。筆者が改めて新しい澤柳伝をまとめようとする意義は、実はこの二冊の書物に書かれている事実を整理し、いくらか読み易い形にすることにあるとさえ言えよう。もしこの書によって澤柳政太郎という人物への興味が新たに呼び起こされ、彼の残した多くの著作が再び多くの人によって読まれるようになれば、筆者の望みはそれに尽きるのである。

澤柳政太郎——随時随所楽シマザルナシ　目次

図版一覧

関係地図

澤柳が国際会議出席や視察などの目的で滞在した世界の諸都市

遥か東北に
モスクワ
ストックホルム
コペンハーゲン
キール
ハンブルク
ベルリン
リバープール
マンチェスター
ハーグ
アントワープ
ロンドン
ハレ
ライプチッヒ
ドレスデン
ブレスラウ(ブロツワフ)
ブリュッセル
ケルン
イエナ
マインツ
ニュールンベルク
パリ
ミュンヘン
ウイーン
ブダペスト
チューリッヒ
ジュネーブ
ミラノ
ベルグラード
(ベオグラード)
ジェノヴァ
マルセーユ
ローマ
マドリード

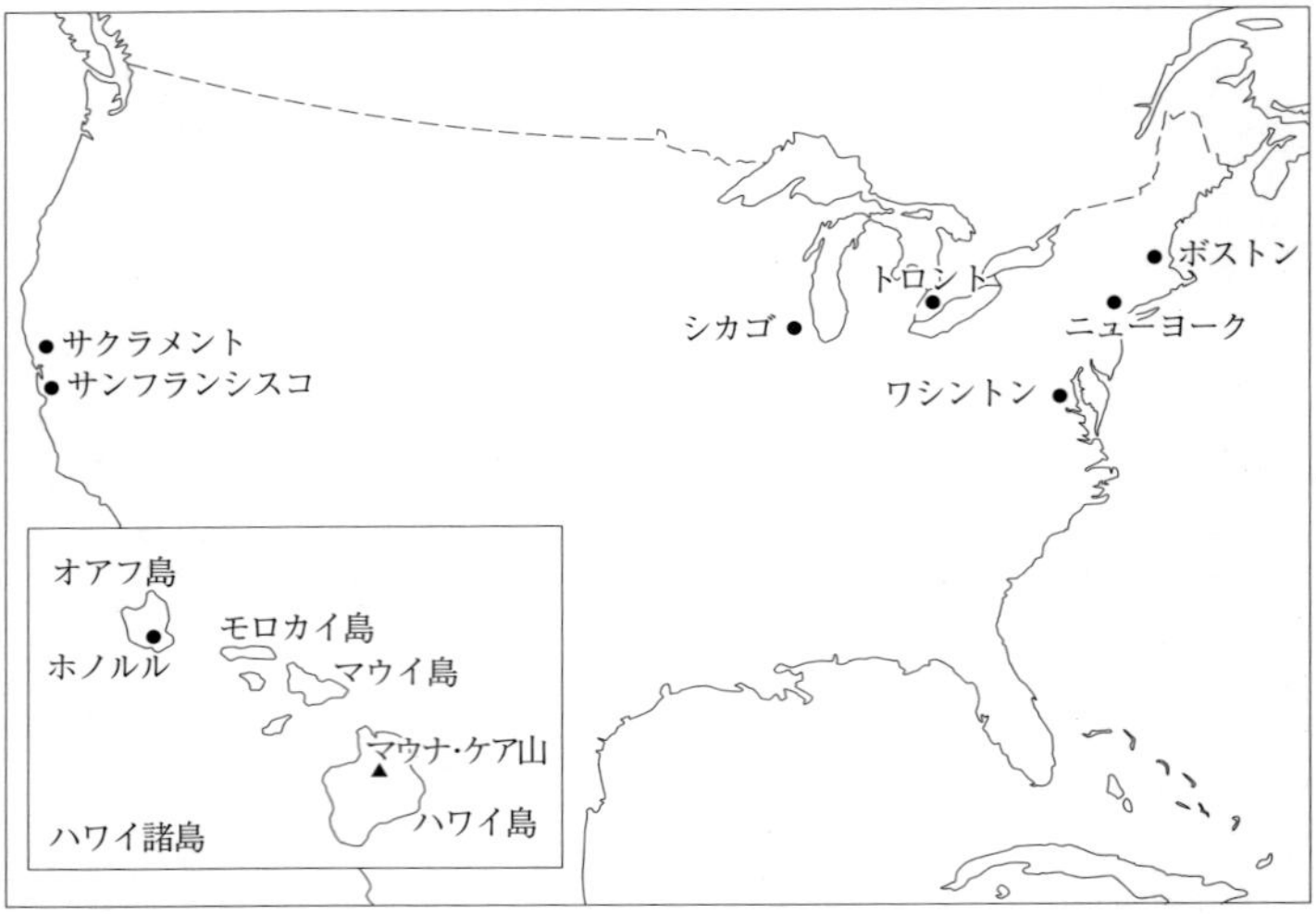
サクラメント
サンフランシスコ
シカゴ
トロント
ボストン
ニューヨーク
ワシントン
オアフ島
ホノルル
モロカイ島
マウイ島
マウナ・ケア山
ハワイ島
ハワイ諸島

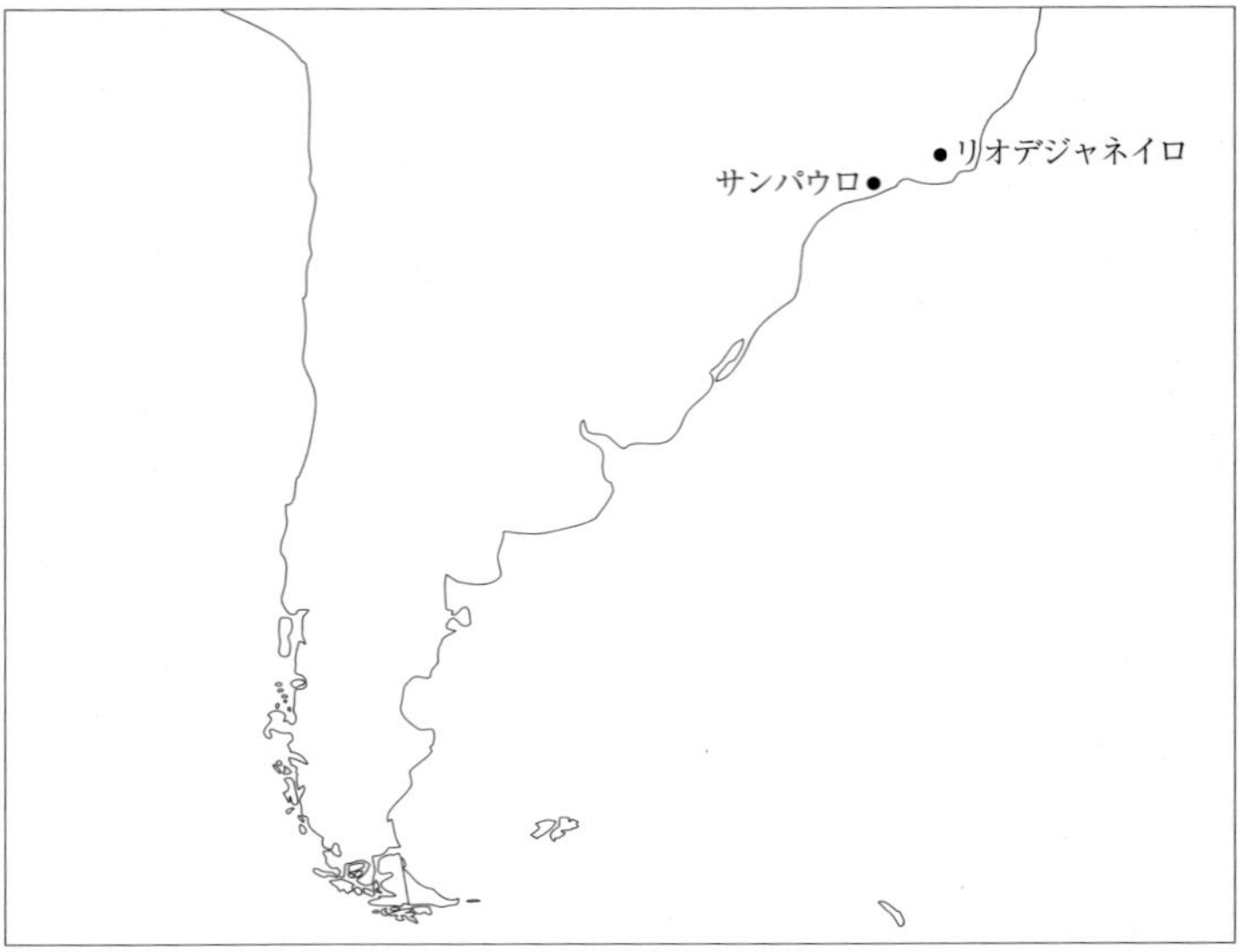
リオデジャネイロ
サンパウロ

凡例

一、引用の出典は、国土社版澤柳政太郎全集所収のものは、その巻数が第五巻ならば「全集五」の如く示す。全集以外からの引用ならば、その都度かっこの中に書名、発行所、刊行年等を記す。原則としてページ数は省略する。

二、引用文の文体は漢字をすべて新字体に置き換え、仮名遣いは原文のままにする。

三、原則として明治、大正、昭和等の年号を用い、西暦年を付記する。

四、人物の年齢は数え年を基本とし、必要に応じて満年齢を付記する。

五、人名の表記には新字体を用いるのを原則とするが、旧字体を用いるのが適当だと判断される場合にはこの原則に従わない。判断の理由を述べることは省略する。

第一章　生い立ち

1　幼少期

家系と両親

澤柳政太郎《さわやなぎまさたろう》は慶応元年（一八六五）四月二十三日に信州松本深志の侍屋敷で生まれた。場所を松本市役所に依頼して調べて貰ったところによると、現在の長野県松本市北深志二丁目四番二〇号付近だそうであるが、以前には北深志五番丁六五八番地といい、さらに古く江戸時代には、近所に天白神社があるところから、天白町と呼ばれていたという。澤柳家から成城学園に寄贈された文書資料の中に、政太郎が大正四年（一九一五）および大正七年に松本市役所から取り寄せた戸籍謄本があるが、そのいずれにも本籍地が「長野県松本市無番地」と記されているのを見ると、当時すでに地番の特定が不可能になっていたのであろうか。それとも或いは、新地番が定められた時にすでにその地に居住していなかった家族で本籍のみを残しているものについては、一括して「無番地」と表記したのかも知れない。現在天白社の近くに「澤柳政太郎生地」という立て札が立てられているが、恐らくはその辺りに生家があったのであろう。

澤柳家の系譜は、残された二通の「出身書」によって比較的古くまで辿ることができる。しかし飯沼長左衛門という人が故あって家名を澤柳に改め、松本城主戸田康長に仕えるようになった時を、澤柳家の始まりと見るのが自然であろう。これは元和七年（一六二一）のことであり、この年に長左衛門は二十歳であったという。

長左衛門から数えて七代目を信久といったが、彼は男児二人と長女を早くに亡くし、次女もまた他家に嫁していたので、三女錫《すず》に同じ松本藩の士族小寺家から婿養子を迎えた。これがすなわち八代目の信任《のぶとう》夫婦であり、政太郎の父母である。

信任は天保十五年（一八四四）九月に生まれ、文久三年（一八六三）十二月に小寺家から澤柳家に入籍したから、往時の数え方では時に二十歳、満年齢に直せば十九歳三カ月であった。周知のように年齢の数え方は第二次世界大戦後に満年齢が採用されて今日に至っているが、それまでは全ての人が元旦に一つずつ歳をとる、いわゆる「数え年」であったから、主に終戦前の資料をあつかう本書では、特に断ることがなければ、凡例に示した通り「数え年」法を用いることにする。

さて信任は入籍した後、直ちに藩主戸田家に出仕し、無給見習となり、二年後の慶応元年（一八六五）には四石二人扶持を与えられた。長男の政太郎が生まれたのはこの年である。しかしその後数年にして江戸幕府は倒れ、廃藩置県が実施されると、従来藩主に仕えていた武士たちは職を失った。信任もその後は地方官吏となって、各地を転々とせざるを得なかった。明治三年（一八七〇）に一旦職を辞して松本に帰り、同年十二月に義父の信久が死去したので、翌年二月に家督を相続して澤柳家の当主となったが、直ぐその二カ月後に山梨県の官吏に任じられ、三年ばかりをその地で過ごした。そして明治七年（一八七四）にこの職を辞して松本に帰り、翌明治八年（一八七五）九月に一家を連れて上京し、大蔵卿に勤務することになった。しかし家屋敷を処分して得た財産の運用に失敗して、東京での生活設計が完全に狂ってしまい、その後も茨城県庁や北海道庁などに出向したが生活の水準を上げることが出来ず、明治二十年（一八八七）九月に退職し隠居して、その後は職に就かなかった。

信任は漢学の基礎的な素養があり、書も巧みであった。また、剣術、水泳などにも秀でていたが、その性格は厳格潔癖で勤勉、几帳面な上に倹約家であったという。その上に癇癪持ちであったので、職場の同僚との衝突が多く、そのこともあって一カ所に長く勤務して実績を上げることも思うに任せず、結局は高禄の地位に就くことが出来なかった。もちろん家庭でも厳格そのものであったが、しかし整理整頓や清掃は家人に任すことなく殆んど自分で行ない、料理なども大変上手であった。

政太郎の母錫は信任と同じく天保十五年（一八四四）の生まれであるが、自分と同い年の夫に仕えて、ひたすら従うのみの従順な妻であった。また金銭に淡白で、よく貧困に耐え、苦労を気にしなかった。彼女は松本藩の武家の子女の常として、文字を習ったことがなく本も読めず手紙も書けなかったが、両親から儒教的な倫理道徳観を教え込まれていて、夫に絶対に服従し、家人の誰に対しても常に暖かく優しくふるまうことを妻の義務と信じ、生涯その生き方を守り抜いた。明治八年（一八七五）九月に東京に出てから七十五歳で亡くなる大正七年（一九一八）一月までの四十二年余りの間、彼女は殆んど家を離れることがなく、外出することさえきわめて稀であったという。ただ二度の例外は、政太郎が明治二十六年に京都に赴任したときに彼に同行したことと、同じく政太郎が第二高等学校長に任ぜられた折に、一年ほど一緒に仙台に住んだことだけであった。この両親から生まれたのが政太郎、欽十郎、菊三、猛雄の四人である。

幼年期

澤柳家は信州松本藩の藩主戸田家に仕える下級武士の家柄であったが、祖父信久の代には家も広く、土蔵も備え、微禄にしてはかなりの蓄えがあったらしい。父信任は厳格で子どもの躾にも熱心であり、政太郎たちが家の中で走り回ったり畳の縁を踏んだりすることは、幼い頃から決して許されなかった。また武士の子は物に恐れたり、逆に弱いもの苛めをしてはならないとして、その掟を破る子がいると強く叱った。従って家の中は静かで落ち着いた雰囲気であったが、しかし外で近所の子どもたちと遊ぶときには、政太郎も弟たちも皆非常に元気で腕白であった。年下の子を泣かせたりするとひどく叱られたが、年上や同年輩の友だちと喧嘩して親たちに怒鳴り込まれても、別に咎められることはなかった。むしろ喧嘩に負けて泣いて帰ることだけは、断じて許されないのだった。政太郎は小柄であったが、子どもグループの一方のがき大将で、仲間を率いて色々と腕白をして歩いたらしいことが『吾父』に記されている。

政太郎はしかし家の中では大変無口で、むしろ女の子のようにおとなしく、その上、幼時から非常な勉強家だったそうである。そのため政太郎のおとなしい面しか知らない人たちには、彼が活発でしかも腕白な少年であるとは信じられなかったという。

小学校に入る

政太郎が小学校に入ったのは明治六年（一八七三）であるから、彼が九歳（満八歳）のときであった。これは現在の常識から見れば少し遅すぎるので、幼児期から聡明であったと言われる政太郎の場合には、不思議に思えるかも知れない。実は統一した学校制度が日本に生まれたのは明治五年で、多くの町村に実際に小学校が設けられ、全ての国民に就学の機会が準備された年が、翌年の明治六年だった。つまり明治六年という年に規定通り満六歳で小学校の一年生の組に入ったのは、この年にちょうど満六歳であった子どもたちだけで、そのほかはみな七歳以上（もしくは六歳未満）だったのである。

すでに一般に忘れ去られているこの辺りの事情を、政太郎のこれ以後の学校生活をよりよく理解するために、少し詳しく振り返ってみよう。

明治新政府は成立後直ちに、いわゆる国民教育の制度を確立する必要に気づき、明治五年（一八七二）に「学制」と呼ばれる教育制度を発布した。これは全国を八つの大学区に分け、それぞれの大学区に一校の大学を、各大学区に三十二の中学区を、各中学区に二百十の小学区を設けるという構想であった。翌年に八大学区制を七大学区制に改め、明治八年（一八七五）に小学校教育を義務化するなどしながら、文部省は国民に就学を奨励した。しかしこれが実情に合わなかったため、明治十二年に「教育令」によって路線修正を行なった。そしてさらにその翌年に再修正をする必要にせまられ、「改正教育令」を出した上に、翌明治十四年にその附則である「教則大綱」を発布して、一応の制度的安定を見出したのであった。政太郎が小学校教育を受けたのは正に「学制」制定とその実施の最初期で、混乱を極めた時期にあたる。

　学制によって決められたところによると、尋常小学校は下等小学四年と上等小学四年に分かれ、その他に女児小学校、村落小学校、貧人小学校、幼稚小学校などの変則小学校があった。学齢は下等小学が満六歳から九歳まで、上等小学が満十歳から十三歳となっていた。ただし学齢の遵守がはっきり法令によって示されるのは、前記の明治八年（一八七五）一月の就学義務規定布達によってであり、また学童の年齢を知る根拠となる戸籍そのものが不備であった当時においては、就学した児童が本当は何歳なのかは細かく吟味などせず、きわめて曖昧なものであった。例えば、政太郎より八歳年下の幸《こう》田《だ》成友《しげとも》（明治六年～昭和二十九年、一八七三～一九五四）は明治六年三月に生まれ、同十一年二月に小学校に入ったので、みずから

「そのとき自分は満五歳、数へ歳で六歳で、（学制に「下等小学ハ六歳ヨリ九歳マデニ卒業セシム」とある）六歳九歳は数へ年を示したのであらう。」（『凡人の半生』共立書房、昭和二十三年、一九四八）

と書いている。

　ただしここで注意すべきことは、石島庸男他『学校と教師の歴史』（川島書店、昭和五十四年、一九七九）や『学制百二十年史』（文部省、平成四年、一九九二）などによると、学制の規定は幸田氏の推測と

は異なり、学童の年齢は満年齢で示されていたという点である。すなわち、あくまで欧米の例を模範として作られた学制なので、欧米の基準にしたがって、日本でも満六歳で就学させることにしたのであろう。しかし現実には、幸田氏のように規定より早くに就学した者も多く、当局も年齢規定には殆んどこだわらなかったものと思われる。学齢未満の子どもの就学が厳格に禁じられたのは、明治二十九年（一八九六）八月十七日の文部省訓令によってである。

さらに、政太郎が入学した明治六年は学制発布の次年にあたり、就学は義務ではなかった。その上、幕藩時代の藩校や漢学塾がまだ生きており、これらの施設と学制による諸学校との関係も確定しておらず、それら旧体制の諸学校で学ぶ子どもたちをどのように新体制に組み入れるかも、曖昧なままであった。実際に、家格の高い武士階級の子弟の多くは、すでに幼少時から藩校や漢学塾などに通っており、彼らは今更小学校に入って庶民の子どもたちと共に漢字の初歩から学び直すことなど、承知するわけもなかった。政府もまたこうした不満を解消するために、学制の単線的な構造とは別の、エリートたち或いは専門家志望者たちを対象とする様々な公立・私立の学校の存続や創設を、相当の期間にわたって公認または黙認していた。これらが全て整理されて、小学校から始まり中学校、高等学校、大学という正統的進学コースと、中等専門学校、高等専門学校などの実学コースが系統化されるようになるのは、まだずっと後のことである。

さて明治六年には、政太郎の父信任は山梨県庁に勤務していた。家族は松本の家に残してあったが、政太郎は学制実施にともなって父のいる甲府に赴き、その地の徽典館《きてんかん》小学校に入学した。徽典館は甲

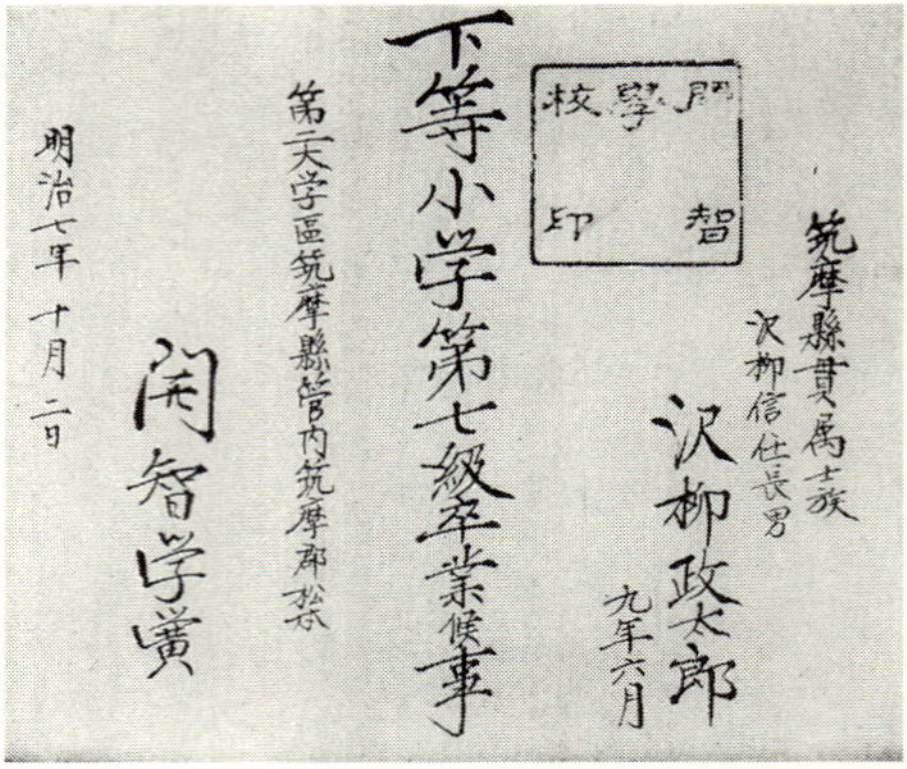
筑摩縣貫属士族
沢柳信任長男
沢柳政太郎
九年六月
開智學校印
下等小学第七級卒業候事
第二大学区筑摩縣管内筑摩郡松本
明治七年十月二日
開智学黌

開智小学校下等七級卒業証書
（『吾父澤柳政太郎』より）

府に派遣された幕府の役人の子弟を教育するために、徳川時代に設けられた塾であり、幕府の学問所である江戸御茶ノ水の昌平黌の分校であった。その塾が学制公布に応じて小学校となったのである。しかし翌年二月早々に父が退職して松本に戻ったので、政太郎も一緒に帰郷して、松本の小学校に転入した。

　この学校は、廃仏毀釈によって廃寺となった全久院の建物を使用して、明治六年五月に開校された開智学校である。明治九年四月に竣工した偽洋式建築の新校舎は、現在も重要文化財として保存されているが、政太郎が学んだのは新校舎の完成する前であるから、かつての全久院の建物であったことは言うまでもない。

この学校の当時の正式呼称は「第二大学区筑摩県内第十七中学区内筑摩郡南深志町一番小学」開智学校であった。

　記録によると、政太郎はこの学校に明治七年四月に編入した後、五月に下等小学第八級（第一学年前期）、十月に第七級（第一学年後期）、翌八年一月に第六級（第二学年前期）、七月に第五級（第二学年後期）を卒業した。つまり一年半のうちに二年分の課程を終えたわけである。成績はきわめて優秀で、たびたび賞状や賞品が与えられた。

東京師範学校小学校に移る

政太郎の父信任は福沢諭吉を尊敬しており、武家社会が崩壊した後の文明開化の世の中では、実業界に入って身を立てることが一番だと考えていた。そのためには東京に行くのが最も近道だと思われたので、甲府から松本に帰ってくると、直ちにこの決心を実行に移すことにした。必要な資本金は、松本の家屋敷や家具、道具などを売り払うことによって得たが、これは言い換えれば背水の陣を敷いたことでもあって、再び故郷に帰る意志は、彼には全く無かったと見られる。

いずれにせよ父信任は、これまでのように単身で任地に赴くのではなく、最初から家族を全員引き連れて、東京に移住することにした。彼の家族は妻の錫《すず》、義母弥曾《やそ》、長男政太郎、次男欽十郎、三男菊三であった。四男の猛雄は明治十一年十月の生まれなので、この時にはまだいなかった。

一家が松本を去ったのは明治八年（一八七五）九月十五日で、碓氷峠を越え、高崎を経て、東京に着いたのは同月十九日であった。一時本郷の知り合いの家に仮住まいをした後、信任は大蔵卿（後の大蔵省、現在の財務省）に職を得て、間もなく神田猿楽町二丁目一番地に移った。そして政太郎を始めとする三人の息子たちは、東京師範学校小学校で学ぶことになった。

政太郎がこの学校に中途入学したのは、明治八年十一月一日だった。松本で下等第五級を卒業し、第四級在籍中に退学して上京したのだが、編入するにあたって改めて第五級から始めることにしたのである。このとき彼は満十歳だったから、標準の学齢よりもまだ二年半ほど遅れていたことになる。

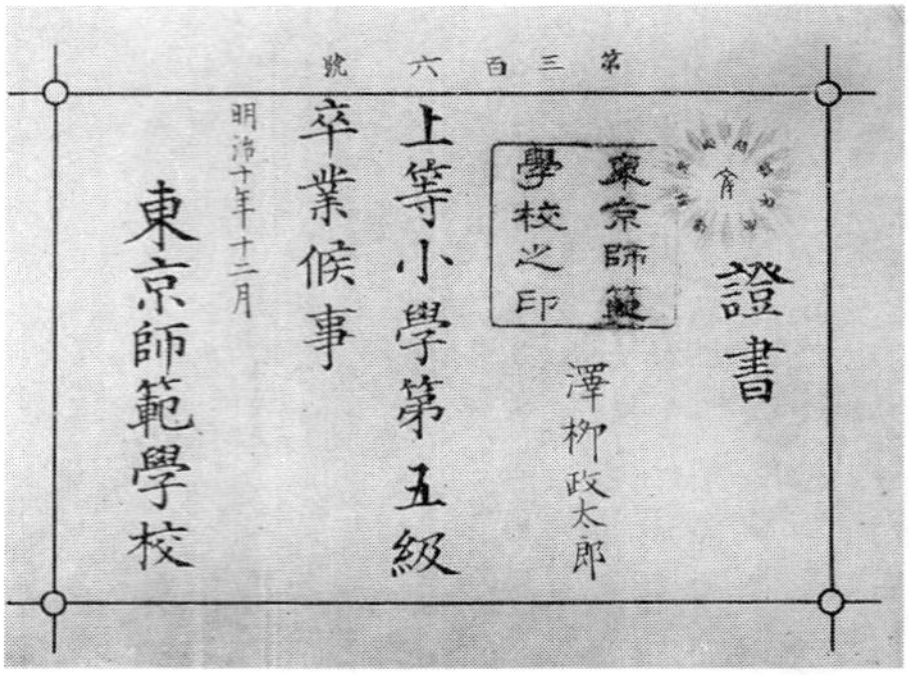

東京師範学校小学校上等五級卒業証書
（『吾父澤柳政太郎』より）

しかしこれから先の進級は速かった。翌年二月にこの級を卒業し、五月に第四級、七月に第三級、十二月に第二級と、一年間で二年分の課程をこなし、その次の年、つまり明治十年二月に第一級を卒業して、上等小学に進学した。そして翌年（明治十一年）七月（満十二歳）に上等小学第三級（第三学年後期）を卒業しているから、政太郎はその時点で学齢相当学級にまで追いついたわけである。松本で開智学校の下等八級に入ってから東京師範学校小学校上等第三級を卒業するまでに、本来ならば七年を要すべきところを、わずかに四年余りで修了してしまったのである。

すでに述べたように、当時の制度では小学校の全過程を八年間で卒業するのが標準であったが、実際には政太郎の例でも分かるように、試験に合格すれば進級できることになっていた。当局としてはそうすることによって、学制の実施時にすでに入学年齢を過ぎていた子どもたちを、自然に学力相当の学級にまで合理的に押し上げるための方策としたのであろう。しかし政太郎のように、下等小学八級から上等小学三級までの七年の課程を四年余りで済ませてしまうのは、やはり誰にでもできる業ではなかったと思われる。彼はたびたび成績優秀者として褒賞を受けており、実際に幼少時から抜群の秀才であったのは間違いないであろう。もっとも、幸田成友の記述によれば（『凡人の半生』）兄の成行（露伴）は九歳で東京師範学校小学校に入り、成績優等で、その頃の言葉で「抜擢」されてどんどん上級に進み、八年の課程を四年で済ませたという。政太郎もこの「抜擢」を受けた秀才の一人であった。二人の弟欽十郎および菊三も同じ学校で学んだが、兄の学力には常に敬意を払っていたという。

漢学に親しむ

政太郎と二人の弟は共に、学校から帰ると直ぐに漢学塾に行って漢学の勉強をした。神田小川町の青藍舎という塾で、小石川諏訪町に本塾を開いている広瀬という儒者が出張講義に通っていたのである。この時代の漢学の勉強は、言うまでもなく素読が中心であった。つまり漢文で書かれた書物を先生が朗読し、生徒はそれをそのまま反復して、ひたすら暗記していくのである。先生は原文を訓読しながら、難しい言葉や内容を説明し、また生徒の理解度を確かめるために質問もするが、一冊を読み終えて生徒が大体のところを理解していると判断すれば、直ちに次の書物にかかるから、理解力と暗記力にすぐれた生徒は、こうして次々に読み進んでゆき、読破した書物の山を作ることができる。漢学塾の勉強においても、政太郎の進歩はめざましかった。この塾で彼は、中国の古典のみならず、日本人の著した漢文著作のめぼしいものも数多く読み通したらしい。この時期に彼が読破したものの主なものを挙げると、例えば四書五経、蒙求、国史略、日本外史、十八史略、元明史略、文章軌範、唐宗八家文、左氏伝、資治通鑑などであった。現代の常識から見て、まだ十二、三歳の少年がこれほど速くに、これほど多くの漢文書籍を読みこなしたことは、殆んど信じ難いほどであるが、まだまだ漢学を学問の主流と考える風潮が支配的であった当時の状況では、この程度のことはさほど不思議ではなかったのかも知れない。学問で身を立てようとしていた若者たちの多くが、当時の教養人の家庭から出ていたので、政太郎の友人たちも殆んど例外なく、幼い頃から漢学に親しんでいたと推測される。政太郎は必ずしも学問的な雰囲気の家庭で育ったとは言えず、幼年期には藩学にも漢学塾にも通った形跡がないから、学友たちに劣らないだけの基礎的な教養を身につけようとする意欲が却って旺盛であったと見ることも、あながち考えすぎではないであろう。何れにせよ少年政太郎の勉強ぶりは、家人の目を見張らせるものであったという。

政太郎が少年の頃から漢籍に親しみ、多くの古典的な作品を読みこなしていたということは、彼の宗教思想や倫理道徳観について考える際に、恐らく重要な視点を提供する事実であろう。また日本語の表記法についての彼の考え方や、漢字制限論やローマ字採用論などを検討する上でも、見落とされてはならない点であると思われる。彼は大学予備門や大学の哲学科で学ぶ過程でも、その後の人生においても、夥しい量の洋書を読み、ドイツの哲学を中心とする当時の欧米の主だった思想を自分のものにしていったが、しかし彼の精神生活を養い、根底から支える基盤が、しっかりと漢学の素養の上に据えられていた事も忘れられてはならない。

秀才でがき大将

生前の政太郎を直接に知る人は、もう殆んどこの世にいない。ましてや彼と少年時代を共にした人々は、すでに遠い過去に属しており、直接に少年政太郎についての思い出を聞かせてもらう手立てはまったくない。私たちはただ、それらの人たちの書き残した僅かの記録類から、彼の少年期の姿を偲ぶほかはない。

既に述べたように、政太郎の次男である澤柳礼次郎の著した『吾父澤柳政太郎』は、それらの内でも最も内容に信頼のおける、その上また家族のみが知り得るエピソードを豊かに含む貴重な書物である。その記述の中に当時の政太郎の一面を物語る興味深い箇所があるので、すこし長いが引用しよう。

「勉強家の彼も、夕食後の一時間は戸外に飛び出して全く別人のやうになつてその腕白振りを発揮するのであつた。この点が世間の神童とか秀才少年と言はれる蒼白虚弱な児童と全く異る所であつた。

その頃の東京の子供達の遊戯の種類は極く限られてゐて、又甚だ野蛮に近いものであつた。紙鳶を揚げるとか、鉄や銅の独楽を廻すとか、大将捕りをするとか、或は喧嘩をするのであつた。紙鳶や独楽は季節的の遊戯で或る時期に限られてゐた。大将捕り遊びは、季節的ではないが大概秋冬の枯草の多い季節に行はれるのが常であつた。唯喧嘩だけは四季を通じて行はれた。この喧嘩に二種類あつて、一つは個人的のもので、他は党派的のものであつた。個人的の方は、ふだん遊んでゐる仲間の間に偶然突発する衝突であつて而かも一時的のものであるが、党派的の喧嘩になると、喧嘩する為の喧嘩であつて而かも持続的であつた。

政太郎は個人同志の喧嘩でもなかなか強く、守る時は頑強に抵抗し、攻める場合は不撓の猛闘を続けて少しも攻撃の手をゆるめない勇気を有してゐた。又党派的の喧嘩にあつては、彼は常に気を以て敵を摺伏する策戦を用ひ、又頭脳明晳で智略があつたので、群童を圧して餓鬼大将の位置を占めてゐた。又彼の次弟欽十郎は性来無鉄砲者で、勇猛無比如何なる大敵に逢つても退却することを知らなかつたので、自然副大将格であつた。

澤柳家の三人兄弟の森川党（下総の小大名森川の屋敷に住んでゐたので）は、隣の屋敷の中川党（旧幕の頃中川といふ大名の屋敷跡）と毎日、放課時刻になると、棒切れや小石などを持つて武器として対陣した。二弟は勉強嫌ひで学校から帰ると、すぐ喧嘩合戦に加はるのであつたが、彼政太郎は、夕食後でなければ決して喧嘩に加はらなかつた。彼が夕食後姿を現はすと、森川党は俄然士気挙り優勢になるのであつた。」

『吾父』の著者はこのような話を、主にその叔父にあたる菊三から聞いたらしいが、そこには幾らかの誇張はみられるとしても、おおむね真実を伝えているものと信じてよいであろう。しかしこのように仲の良かった兄弟のうち、弟欽十郎は明治十一年七月に死去した。そしてその三カ月後に末弟の猛雄が生まれたのであった。

こうしてよく学び、よく遊びながら、明治十一年九月に政太郎は東京府中学に進学した。この学校は後に東京府第一番中学、更に東京府立第一中学とよばれたが、現在の都立日比谷高等学校の前身である。東京に最初に設置された公立中学校であって、「学制」の規定による枠組みでは「中学校下等中学」で、満十四歳で初年級に入るのが標準とされていたところである。政太郎は上級小学の第二級と第一級（つまり最高学年）の課程を飛ばして中学に入学したから、ここで標準学齢よりも一年先に進んだわけである。

父の財政破綻

先に述べたように政太郎の父信任は、維新によって一変した社会で一旗挙げようと思って、澤柳家の家督を相続すると直ぐに家屋敷と家財を売り払い、相当額の金をもって家族を連れて上京したのだった。そして大蔵卿に下級官吏として勤務しながら、所持した金をあちこちに貸付けて財産を増やし、そのうちに大きな事業を始めようと考えていた。

しかし丁度この時期に、明治政府と鹿児島の西郷隆盛一派との間に不和が生じ、いわゆる西南戦争が勃発した。明治十年のことである。そして不幸なことに、信任から大口の融資を受けていた者の何人かが、鹿児島方にその金を投資してしまった。周知のように鹿児島勢が完敗し西郷が自刃してこの戦いは終わったが、信任の貸した金もそれとともに消え去ってしまった。当時よく見られた「武士の商法」の痛ましい一例である。

信任はその後茨城県庁、工部省、北海道根室県庁など、転々と職場を変えながら下級官吏を続けたが、俸給は非常に少なく、家族のほかに同居人も数人いた一家の経済を支えるのに非常な苦労をした。当然ながら子どもたちの学費を払うことも容易でなく、勉強に必要な書物なども十分に買い与えることが出来なかった。しかし信任はその中でも、子どもたちを上級学校に進めようという意志をひるがえすことなく努力に努力を重ねた。当然ながら家族の生活は倹約質素を極めたが、それでも政太郎は勉学を続け中学校に入り、さらに大学予備門から東京大学文学部へと進むことが出来たのである。

2　東京府中学、大学予備門時代

東京府中学の同期生たち

澤柳政太郎（以後混同の恐れのない限りは、単に澤柳と呼ぶことにする）は明治十一年九月に、十四歳（満十三歳）で東京府中学に入学した。この学校では、大学でも同期の学友となる上田《うえだ》万年《かずとし》（慶応三年～昭和十二年、一八六七～一九三七）や松崎《まつざき》蔵《くら》之助《のすけ》（慶応元年～大正八年、一八六五～一九一九）などが彼の同期生であった。彼らはその後も澤柳と共に大学の課程を歩んで、互いに生涯を通じての友人、ないしはライバルとなっていく。先に述べたように小学校の全課程を四年間で終えたと言う幸田露伴も、やはり同期だったはずである。しかし露伴は後にこの中学を中退して、家庭の事情で正規の進学コースから外れていった。澤柳の生涯の親友となる狩野《かのう》亨吉《こうきち》（慶応元年～昭和十七年、一八六五～一九四二）は彼らより一年上で、夏目漱石も同じ頃にこの中学に入ったが、その後漢学の二松学舎に転じ、さらに私立の英語学校である成立学舎を経て明治十七年に大学予備門に入ったから、大学に進んだのは彼らよりずっと遅れて、明治二十三年であった。

澤柳政太郎、松崎蔵之助、狩野亨吉は揃って慶応元年（一八六五）の生まれであったが、この二人より二歳年下の上田万年は、彼らよりもさらに早いテンポで受験資格を得て、中学で彼らと同期になったらしい。つまり当時の小学校では、一つの学級の必修学科を習得し試験に合格すれば、その学級を卒業したとされて一つ上の学級に進むことができた。また藩校などに早くから就学していた者も、上級学校（この場合は中学校）の要求する学科目を修了した上で入学試験に通ればそれでよく、その点では中学受験者の年齢には制約が殆んどなかったのである。

正則科と変則科

恐らく蛇足であろうが、ここで当時の中学校で行なわれていた「正則」科と「変則」科について、すこし詳しく触れておこう。

澤柳の入学した東京府中学は、学制（明治五年）や教育令（同十二年）などの方針に従えば、小学校の課程を終えた生徒に中等教育を施すことを目的としていた。決して大学予備門を受験するための準備教育を行なう場所ではなかったのである。先にあげた幸田成友の思い出に次のような記述がある。時代は澤柳の頃よりも数年後のことであるが、事情はそれほど大きくは変わっていないと思われる。

「（前略）さうなると自分は出来るだけ早く一人前の教育を終りたいといふ考を起した。大学修了までは前途遼遠として見通も附かないが、差当り自分は一年も早く大学予備門へ入校しよう。現在自分の通学してゐる府立中学は中等教育を授けるのが本旨で、上級学校入学の準備を目的としてゐない。従つて同校を卒業してから、更に東京英語学校・共立学校・又は成立学舎に入り、受験準備をしなければ英・漢・数の三科目を主眼とした予備門の入学試験を通過することは覚束ないと見たので、折角一年ゐた府立中学を退き、（中略）私立共立学校へ入学するに至つた。」（『凡人の半生』）

このように予備門を受験するためには、共立学校（私立開成中学、開成高等学校の前身）などで、そのための準備に専心する方が有利だったようである。夏目漱石が同じ中学から二松学舎に移り、さらに成立学舎に転じたのも全くそのためであった。

しかし実際のところ、中学生の多くは大学進学を志望しており、一日も早く大学予備門に入りたいと希望していた。その要望に応じるために設けられたのが「変則」科である。夏目漱石が明治二十五年に執筆した「中学改良策」（岩波書店刊、旧全集十五巻、昭和三年、一九二八）という論文には次のように記されている。

「諸中学の教則非常に径庭ありしは時勢のやむを得ざる所とは言ひながら一は中学を以て大学の予備と認めず単に高等の普通科を修めしむる積りなりしかば大学の程度に応じて是に入学すべき一定の下地を作る事を務めざりしに外ならず当今高等中学と尋常中学の連絡全からざるは既に此ときに胚胎するものなり（現に東京府の中学校杯にては正則変則の二科ありて正則は邦語にて普通科を教授し変則は大学予備門に入る便宜の為其階梯を教授せり）」

つまり東京府（立第一番）中学などでは、学制あるいは教育令などの理念に従って「高等の普通教育」を行なう正則科と、大学予備門受験準備のための変則科の二つのコースを設けていた。そして中学に入ってきた生徒のうちの成績上位の者は殆んど皆、大学予備門に進むことを目標にしていたから、正則科よりも変則科に秀才が集まるのは当然のなりゆきであった。澤柳の生涯の親友であった狩野亨

吉の覚書に

「自分は変則科で夏目君や幸田露伴氏などは正則科であつた。変則科といふ方は一切を英語でやることになつて居り、正則科はさうではない。この学校に一緒にゐたのが後年の文部省畑の連中で、岡田良平、上田万年、澤柳政太郎などであつた。」

（青江舜二郎著『狩野亨吉』中公文庫版）

とあり、大学および予備門で多くの学科が英語で授業されていることに対応して、中学の変則科でも英語を用いて授業していたことが分かる。中学校教育の本来の理念からいえば「変則」な教育であって、決してエリート養成の目的で作ったものではなかったはずだが、結果としてそのような感じを人に与えることになったのは仕方がない。現在の高等学校においても、上級学校への進学を主目標として教育を行なうコースがエリート養成コースだと見られるのに、よく似た現象であると言ってよいであろう。

大学発足時の予備門

一方この間に政府は、それまでにすでに存在していた高等教育施設を合併統合して大学を創設しようと、様々な試行錯誤を繰り返してきたが、ようやく明治十年（一八七七）に開成学校と東京医学校を合併して、法・理・文・医の四学部からなる東京大学を発足させるところにまでこぎ着けた。そして同年四月十二日にこの決定を布達し、同日に別の布達によって東京英語学校（明治七年に東京外国語学校英語科が分離独立したもの）を「大学予備門」と改称して大学に付属させた。すでに東京英語学校に在籍していた学生たちは、当然この時点で予備門の学生になったわけである。

しかし東京英語学校の学生以外にも、将来は大学で学ぼうと志して、すでに実施されている学制の枠の中で、何とか中学まで進んできた少年たちがいた。彼らをどういう形でこの新設の予備門に吸収するかは、是非とも解決しなければならない問題であった。この問題に対する答えを出すために、政府はその後さらに一年以上を費やし、「東京大学予備門諸規則」が制定公布されたのは、明治十一年六月のことであった。それによると、入学志願の出来る条件は「種痘或ハ天然痘ヲナセシ者ニシテ其年齢十三年以上ノ者」でなければならないとされていた。

予備門の修業年限は四年であり、学年は九月に始まり翌年七月に終わる。政太郎は明治十一年にはすでに十四歳すなわち満十三歳になっていたから、年齢からいえば大学予備門を受験する資格があったはずだが、しかしこの年には受験しないで中学に進んだ。なぜなら大学設置以前の最高学府は開成学校であり、この学校の予科を受験するには、上等小学を通常満十四歳で卒業してから下等中学で最低二年以上の勉強をしなければならなかったからである。この事情は開成学校が東京大学と改称され、新しい予備門規定が制定されても変わらず、実際には小学校から直接に予備門に入ることは不可能であった。予備門に入るには、英語と漢学と数学を主とする入学試験に合格しなければならなかったが、これらの科目を受験するのに必要なだけの水準まで学ぶには、上等小学を終えてから、どんなに無理をしても二年以上を要した。中学で二年間勉強して十六歳で予備門を受験するのが、標準的に進学してきた者にとっての最短コースだったのは、このような理由による。ではどうして「予備門諸規則」に「十三歳以上」と記されているのかというと、それは東京英語学校から予備門に移行した学生に対する配慮からであったに違いない。

ちなみに「予備門諸規則」は、制定された一年後の明治十二年十一月に、年間二学期制を三学期制にするなど大幅に改正されたが、しかしこの改正によっても、入学年齢を十三歳以上とするという規定に変更はなかった。ところがその翌年、明治十三年（一八八〇）十二月二十八日の改正教育令公布にともなう小学校制度改定によって、小学校は初等科三年、中等科三年、高等科二年とされ、中等科三年を卒業したものは高等科を経ないで、直接に中学校に進むことが出来ることになった。この改正は澤柳たちが大学予備門に入学した数カ月後に実施されたので、彼らに直接の影響は与えなかったが、満十二歳で小学校を卒業して後、満十三歳で大学予備門を受験することが、これで制度上も不可能になり、それ以後は満十二歳で初等中学に入り、四年を修了の後に（満十六歳で）大学予備門に入るのが、公式の最短進学コースとなったのであった。（夏目漱石「中学改良策」参照）

予備門に入学する

澤柳は東京府中学で二年間勉学した後、明治十三年（一八八〇）七月に大学予備門を受験し、変則科の同級生数人と共に合格した。年齢は十六歳（満十五歳）で、先に述べたように、学制による下等小学八級から出発した者としては最短コースを歩んだことになる。大学予備門は神田一ツ橋にあり、法・文・理の何れかの学部に進む学生がここで授業を受けた。そして「東京大学予備門諸規則」に

「予備門ノ学科ハ東京大学法学部、理学部、文学部ニ進ムカ為メノ予備トシテ博ク普通ノ課目ヲ履修セシムルモノトス」

とあるように、ここでは早期の専門化よりも一般教育が重視されており、入学生を彼らの将来の進学先に従って分類することなく、どの学部に進むかは卒業時に希望・選択させる方針を採っていた。従って、予備門に同期に入学すれば、在学四年の間に、誰もが一度は同じ組で学ぶ学友となる確率が高かった。ただ医学部予科だけは例外で、旧東京医学校の後身である医学部と同じく本郷にあり、医学部の予科生と予備門の学生が同じ教室で学ぶということはなかったのである。もっとも、医学部予科を予備門に吸収し両者を合流させようという計画は、すでに明治十五年に出来ていたが、カリキュラムの都合もあって、予備門の学生が医学部予科の学生と同じ校舎で学ぶような状態は、なかなか実現しなかった。神田一ツ橋にあった予備門が本郷に移って、曲りなりにも医学部予科がこれと合流したのは、東京大学が帝国大学と改称し、予備門が切り離されて第一高等中学校となってから後で、明治二十二年に新築校舎が完成して、そこに移転した時点からであった。(『東京大学百年史　通史一』東京大学出版会、昭和五十九年、一九八四)

澤柳は予備門に入学するまでは、抜群の理解力と記憶力によって与えられた教材を迅速かつ正確に消化するという、ごく普通の秀才に見られる勉強法をとっていた。言い換えれば、学んだ事柄に関する質問に、完全に答えられることを目的とする学習法であった。この学習法によって彼は、下等小学と上等小学の課程を通常児の半分程度の年数で、しかもきわめて優秀な成績で修了することが出来た。中学校に入ってからもこの学習法は変わることなく、全科目にわたって最優秀の成績で通したのであった。

しかし予備門に入ってから、勉強に対する姿勢が次第に変化したようである。彼は同期の友人と接するうちに、次第に教材の理解と暗記を主とする学習法から脱して、将来文化創造の任務につけるための本当の力量を総合的に養うように勉学の方針を変えた。その理由が何であったかは今となっては想像するしかないが、恐らくは大学に入るのを目的とする勉強と、大学に進むことを保証されてからの勉学との質的相違を、明敏な彼がはっきり認識したことによるものであろう。すなわち「習う」「学ぶ（＝真似ぶ）」という初等教育段階の勉強法から、「研究する」という高等教育段階の勉強法に移行したのである。

それ以後の彼は、優秀な成績を挙げることには興味を持たず、自分にとって大切と思われることをゆっくり時間をかけて研究し、自分の思想を磨き上げていこうとした。予備門時代の成績を見ると、明らかにこの方向への転換が読み取れる。その一方で、従来には見られなかった健康への配慮と、運動やスポーツへの関心が目立つようになったが、選手になるためではなくただ健康の保持と促進のためにボートを漕ぎ、走り高跳びや棒高跳びなどをして身体を鍛えるようになったのである。こうして、心身ともに健康に発達させることを目指す自己教育が始まったのであった。

澤柳の父が財産の運用に失敗し、下級官吏の俸給のみで家族を養わなければならなくなった事情は、すでに述べた通りであるが、困窮は澤柳が予備門に入学した頃から、ますます深刻になっていった。明治十二年（澤柳が中学二年級の頃）から茨城県庁に勤務し、そこに単身赴任していた父信任は、澤柳が予備門の二年級に進んだ年に失職し、その後の一年間は新しい職を得ることが出来なかったのである。ようやく工部省会計局に就職したものの、きわめて薄給であった上に、澤柳の弟猛雄が目の病気で入院するなど出費がかさみ、しばしば生活困難に落ち入った。『吾父』の記述によると

「政太郎とその弟菊三の二人は、屡々その父の命を受けて、夜陰を待つて大風呂敷を背負つて、本郷二丁目の質屋栗原に赴いて金子に代へて来るのであつた。その帰途三崎町の講武所の原を兄弟二人が横切つて行くと、夜間練習の兵士が突如暗闇から、剣付き鉄砲を二人の鼻先に突きつけて大喝誰何《すいか》してその肝を寒からしめたことも度々あつた。」

という状況だったのである。予備門の同級生たちは幕藩体制の崩壊によって打撃を受けた武士階級の子弟が多かったが、しかし子どもに風呂敷包みを担がせ、夜中に質屋に行かせるほどの困窮に落ち入っていた家庭は珍しかったのではなかろうか。彼の親友である狩野亨吉は、小藩といえども秋田佐竹藩の家老の家に生まれたにも拘らず、家計が窮乏しており、予備門に入学した折に授業料軽減申請を

行なったそうであるが、それでも夜間に質屋を訪れるほどのことはなかったであろう。なお、予備門時代を共にした友人たちには狩野亨吉のほかに上田万年、一木喜徳郎《いちききとくろう》（慶応三年～昭和十九年、一八六七～一九四四）、床次竹二郎《とこなみたけじろう》（慶応二年～昭和十年、一八六六～一九三五）、平沼騏一郎《ひらぬまきいちろう》（慶応三年～昭和二十七年、一八六七～一九五二）などがおり、交友は後々まで続くことになるが、いうまでもなく彼らはそれぞれ名門の子弟であって、生活費にこと欠くなどは考えたことも無かったに違いない。

3　大学時代、交友

文学部哲学科に進学

予備門は四年制だったから、澤柳が大学本科に進学したのは明治十七年九月であった。前述のように東京大学が創設されたのは明治十年で、その当時は法学部、理学部、文学部、医学部の四つの学部に分かれていたが、医学部は独自の予科を持っていた。従って、かつての開成学校の後身である予備門（一橋校舎）から進学できたのは、医学部を除く三学部の何れかであった。澤柳は文学部を選んだ。

澤柳が入学した頃は、まだこの制度に変更はなかったので、従って正式の呼称は東京大学文学部だった。文学部には哲学科、政治学科、理財学科、和漢文学科があって、創設当初は哲学、政治、理財の三科は併行または同時に重複して履修できたらしい。言い換えればこの三科は未分化で、哲学・政治学専攻、政治学・理財学専攻というように、自由に重複選択することが可能であった。東京大学文学部卒業生名簿を見ると、例えば井上哲次郎は哲学と理財学を専攻し、岡倉天心や坪内逍遥などは政治学と理財学を専攻している。和漢文学科は間もなく閉鎖されるが、この科の卒業生は明治十四年卒の田中稲城と、同十七年卒の棚橋一郎の二人だけである。

この制度は後に手直しされて、第一年度には学生を哲学と政治学と理財学とに区別せず、第二年度に初めて哲学科と政治・理財学科の二つのコースに分けることになった。和漢文学科だけは初年度から他の学科と区別して学生を採用した。

さらにこの制度も、澤柳の在学中に改正された。すなわち明治十九年（一八八六）に東京大学は帝国大学と改称され、法科大学、理科大学、工科大学、文科大学、医科大学の五分科大学および大学院となり、予備門は切り離されて第一高等中学校となった。第一高等中学校は明治二十七年（一八九四）の高等学校令によって第一高等学校となり、さらに第二次世界大戦後の学校制度改革によって東京大学教養学部となって現在に至っている。

このように、東京大学文学部は澤柳の在学中に改組されたので、澤柳は東京大学文学部に入学し、帝国大学文科大学を卒業することになったのである。そして明治十九年の改組の際に、文学部には哲学科、史学科、文学科が置かれ、理財学科と政治学科は法学部に移籍したらしい。

これらの事情を重ねて考えると、澤柳が文学部を選んだとき、最初から「哲学」を専攻する意志を持っていたとは、必ずしも断定出来ないように思われる。むしろ将来のことを視野に入れて、政治学や理財（つまり経済）学を選ぶ可能性も残した選択だったのではなかろうか。その彼が哲学科を選び、倫理学や道徳論を学んで、遂には教育学に強い関心を抱くようになったのには、何かしら新しい心境の変化があったのではなかろうか。ただこの推測を裏付けるための資料が殆んどなく、証明は不可能だが、例えば交友の幅が広がったことなども無関係ではないように思われる。澤柳は予備門時代には、ほんの短期間しか寄宿舎に居なかったが、大学時代には長期間寄宿舎生活をしたので、自然に他学科や他学年の友人が出来、その中に数人の肝胆相照らす友を見出しているからである。

交友関係の広がり

それでは当時の澤柳の友人には、どのような人物がいたのであろうか。それを一瞥しておこう。

予備門の同期で澤柳と共に文学部に進学したのは西村健三と上田万年の二人だったが、西村は中途退学して学校を去った。上田万年は文学科の国語国文学専攻に進み、周知のようにバジル・ホール・チェンバレン（Basil Hall Chamberlain, 1850～1935）の学燈をついで国文学・国語学の泰斗となったが、後に澤柳が文部省普通学務局長となったときに、彼も文部省に入って専門学務局長となり、澤柳と力を合わせて日本の教育体制の整備に尽くすことになる人物である。

狩野亨吉も同じ年に予備門を出たのだが、文学部ではなく理学部数学科に進んで周囲を驚かせた。彼は今で言う科学哲学に興味を持っていたが、科学的思考の基礎となるのは数学であるのに、自分は特に数学が苦手だから、それを先ず克服しようと決意したからだという。そして明治二十一年に数学科を卒業して、文科大学哲学科二年に再入学した。従って彼が哲学科を卒業したのは明治二十四年七月であった。

左から澤柳，岡田，日高，上田，徳永（清沢）（明治20年9月）（成城学園教育研究所澤柳文庫蔵）

　哲学科の上級生には二年上に日高真実《ひだかまさね》、長澤市蔵、板倉銀之助の三人がおり、澤柳は特に日高と非常に強い友情を結ぶようになった。後に山口高等学校長や学習院女学部長となった松本源太郎も日高と同級だが、本科ではなく選科の学生であった。一年上には徳永《とくなが》（後の清沢《きよさわ》）満之《まんし》、岡田良平《おかだりょうへい》、山根順三郎、一年下には大西祝、大瀬甚太郎、渡辺董之助、さらにその下の級に服部宇之吉などがいた。上田万年が同期で、文学科の国文に進んだことはすでに述べたが、国文では一年下に三上参次がいた。また二年下には和田万吉の名が見える。

　澤柳は大学の寄宿舎に入ったので、在学四年間のうちに出来た友人の数は少なくない。澤柳と徳永と上田は寄宿舎で同室だったので、自然に一緒に過ごす時間も多かったが、議論に強い徳永と澤柳は何かにつけて意見をぶつけ合い、互いに啓発しあう仲だったという。彼らについては後に改めて述べるところが多いので、詳しいことはここでは省略する。さらに同じ年に法学部に入学した一木喜徳郎、床次竹二郎、平沼騏一郎の名も、ここでまた挙げておくべきであろう。平山信、島田剛太郎、木内重四郎なども、この頃からの友人である。澤柳より五歳年長の林権助は法科で、澤柳より一年上級だった。一々説明をつけるのは省くが、何れも後に政界や学界を担っていくことになる錚々たる人物たちである。明治・大正・昭和の学界や政界・財界を代表する人々の多くが、澤柳と青春時代を共に過ごした友人であったことが知られるのである。

休暇ごとの旅行

当時の大学生の多くは旧幕藩時代の武士階級の出身で、従ってかつての家禄を失い経済的に不安定な状況に置かれていたが、その一方で自分の将来については殆んど保証されているように感じていた。従って彼らの生活態度はおおむね楽観的かつ享楽的であった。友人が集えば酒を酌み交わし天下国家を論じるのは勿論、歓楽の巷に繰り出して青春のエネルギーとなけなしの小遣いを浪費したうえ、多額の借財さえする者もあったのである。

澤柳は論争に強く、また大の議論好きでもあったが、生まれつき謹厳実直な性格であった上に体質的に酒と煙草を嗜まなかったので、勉強の余暇を歓楽で浪費するようなことは決してしなかった。彼の楽しみは読書を別にすれば、ボートを漕いだり散歩したり、休暇に少し大きな旅行をする事くらいであった。明治十八年七月の富士登山や、その翌年八月の東北旅行などがその例で、文学的な紀行文などを殆んど残していない澤柳にしては珍しく、前者には漢文で書かれた登山記があり、後者には「みちのおく山里日記」（全集十）と題された長文の旅行記があって、彼の若き日の面影を偲ぶことが出来る。旅行は必ず友人たちと共にし、当時の常とはいえ草鞋を履き脚半をつけた徒歩旅行であった。

このように彼は旅行好きではあったが、しかしそれは何らかの功利的な目的でするのではなく、ただ東京という生活空間から離れたところに行きたいという衝動に従ったに過ぎなかったようである。その証拠に「みちのおく山里日記」は次のように始められている。

「自序　唐人の言に足跡天下に普しと申して名山に攀ぢ大川を渉るは誠に天の下に志あるものが仕事の様に心得たり（中略）、生はかかる大望を抱けるにもあらず、また地勢人情を察せんが為にもあらず、夫れ地勢の利害を考へ人情の如何を察するは到底夏休の遊び仕事にあらざればなり（中略）、されば理由なくして旅するかといふに少しも理なくして東京を辞するとは言難く何か少しにても東京を逐ひ出すの理由なくはあらず、さて其理由は何かと尋ぬるに第一に恐ろしきは悪疫の流行なり第二には暑気甚だしきときなり第三には用なきなり。」

すなわち夏休み中になぜ旅行をするのかといえば、夏は東京に伝染病が流行るので危険なこと、東京は暑すぎて過ごし難いこと、そして東京に滞在しなければならないような用事がないことの三つの理由からで、別に自分が将来大成したときに役立つように、国内事情を研究・調査するというような意図などはないというのである。澤柳にとってはそんなことよりも、友人たちと共に日常を離れて共通の体験をし、議論を闘わせながら時を過ごすことの楽しさが大切だったのであろう。

円覚寺に参禅

澤柳は理知の人であり、生活の一切に享楽的な要素がなく、何事も全て自分を鍛え高める機会と捉えていた。交友も旅行も彼にとっては自己を磨くためにするのであって、享楽よりも修養が彼にとっての楽しみであったと言えよう。そのような性格の彼が、本格的な修養とされる禅の修行に興味を持ったのは、むしろ自然のなりゆきであった。

彼が大学生活を送っていた頃、東京からさほど遠くない鎌倉の地に、一般の人々にも専門僧と同じ仏道修行を体験させている寺があった。日常は世俗の生活を営みながら、時折にそこを訪れて座禅を組み老師の指導を受ける人の輪は広がり、次第に学生や学者や作家たちもその輪に加わるようになっていた。

一般人に参禅を認めて、明治の仏教界に新しい可能性を開いた僧として知られていたのは、当時北鎌倉の瑞鹿山円覚寺の管長であった今北洪川師である。澤柳や親友の日高真実、板倉銀之助、早川千吉郎など、大学生の中でも特に精神修養に志を持つ親しい友人たちは、この老師のもとで座禅を学びながら心を鍛えようと、学業の暇を縫って円覚寺に出かけるようになった。この体験は澤柳に、禅宗という自力門の真髄に触れるきっかけを与えた。後に清沢満之との関わりから大谷派の教学の世界に深入りした時にも、決して安易に他力門の雰囲気に流されず、仏教の本質である自力と他力の両極の調和の上に、自由で自立した行動をしっかり守り通すことが出来たのは、この時に鍛えた精神性のお蔭であったように思われる。

彼が師事した今北洪川《いまきたこうせん》（文化十三年〜明治二十五年、一八一六〜一八九二）は、幕末から明治初年にかけて最もその高徳を慕われた禅僧で、明治八年から円覚寺に住み二十五年に他界するまで、熱心に僧侶と一般人の指導にあたった。澤柳たちが参禅した頃は、正に洪川の晩年の円熟期で、洪川の後継者となる釈宗演《しゃくそうえん》（安政六年～大正八年、一八五九～一九一九）が彼から印可を得た時期にあたる。澤柳が洪川からどのような影響を受けたかは不明であるが、後に雲照律師を助けて目白僧園の運営に携わったり、京都の大谷尋常中学校の校長となって、浄土真宗の教育改革に尽力したりする際に発揮された彼の仏教理解の深さと高さは、この時期に負うところが大きいに違いない。

青木貞三の援助を受ける

大学予備門時代から大学生時代を通して澤柳家の財政が窮乏していたことは、すでに述べたとおりである。そのため彼は父から学資を出してもらうことを断り、東洋英和学校や共立学舎などで英語教師をしたり、外人宣教師の通訳をしたりして学資を得ていたが、勿論それで足りるわけはなかった。明治二十年すなわち大学四年の時に、文部省から毎月十円の奨学金が貸与されたが、この年に父信任が北海道庁を免職となり東京に帰ってきて隠居し、その収入が毎月十円に満たない恩給だけとなったので、家計は苦しくなるばかりであった。この時に彼に学資援助を申し出てくれる人物が現れた。それが青木貞三である。

青木貞三（安政五年～明治二十二年、一八五八～一八八九）は澤柳と同じく信州松本の出身で、旧姓を丸茂（父竹内俊斎、母為とする記録もある）といった。年齢は澤柳より七歳年長で、郷里の師範学校を卒業してからしばらく小学校の教師をしていたが、甲府に出て新聞記者になった。しかし学問を続けたいと志して東京に出て、働きながら勉学に励んだ。後に青木という漢学者の婿養子に迎えられ青木姓を名乗ることになったが、この頃突然彼の運命が一転した。岩倉具視に認められ、抜擢されて太政官の書記官になったのである。それからは昇進に昇進を重ね三十歳前後に官報局長に任じられたが、その頃に官吏を辞めて実業界に入り、この世界でもたちまちに頭角を現して新聞社や鉄道会社の創業に関わったり、米商会所頭取（後の米穀商品取引所理事長）などを務めたりした。

青木貞三は、このように若くして実業界の大物となったが、学問を愛し英語をよくしたばかりでなく和漢の書に通じ、仏教の経典にも詳しかった。そしてまた後進を育てることにも熱心で、常に二三十人の学生を自宅に寄宿させていたという。特に仏教の保護育成に心を砕き、明治時代の傑僧の一人である雲照律師《うんしょうりっし》の後援者として仏教改革運動に大きな功績を残したことは、今もなお明治仏教史に記録され多くの人に記憶されている。

青木貞三は澤柳の才能と人柄を愛し、自分の理想を受け継ぎ発展させてくれる人物と見抜いていた。そして学資を援助したばかりでなく、もし澤柳に外国留学の希望があれば、そのための費用を負担するという申し出までしていたのであった。澤柳は留学を強く望んでいたが、大学を卒業してから留学すべきであるという父信任の意見に従い、涙をのんでこの申し出を辞退したという。この恩人青木貞三を通して澤柳は雲照律師を知り、ここに二人の長年にわたる交わりが始まったのであるが、雲照律師と澤柳の関係については、後に詳しく述べるつもりである。

澤柳が文科大学を卒業する半年ほど前に、母方の祖母である弥曽《やそ》が死去した。父信任にはその葬儀のための費用を捻出する力がなかったので、澤柳が手紙を書き弟菊三に青木貞三のもとへ届けさせたところ、青木は一読し黙って百円の小切手を切って菊三に渡したという。

澤柳が東京大学文学部哲学科二年目の課程の前半を終えた明治十九年の春、先にも述べたように、三月一日付で帝国大学令が公布されて東京大学が帝国大学と名前を変えた。そして従来の各学部はそれぞれ「分科大学」となり、文学部は文科大学と改称されたのだった。これは明治十八年十二月末に太政官制が廃止されて内閣制が創設され、第一次伊藤博文内閣が誕生して森有礼がその文部大臣に就任してから、まだ二カ月しか経っていない時点のことであった。さらに殆んど森の独断で決められた改革であったため、後になっても批判の多かったものだが、批判の当否は別として、各分科大学の諸学科とその教育内容が整理され、又これまで必ずしもはっきりしなかった法学部と文学部の性格の相違などが明確化されたことは否定できない。何れにせよ、明治十七年九月に東京大学文学部哲学科に入学した澤柳が、明治二十一年七月に帝国大学文科大学哲学科を卒業したという事情は、帝国大学令の実施によるものであった。

第二章　人生修行の始まり

1　第一次文部省時代

文部省に入る

明治二十一年七月に帝国大学文科大学哲学科を卒業した澤柳は、直ちに文部省の総務局に入った。これは彼が大学の最後の一年間、文部省から月額十円の給費を受けていたため、文部省の指定する職場に一定期間就職する義務があったからである。

先に見てきたように、この年の文科大学卒業者は哲学科の澤柳と国文科の上田万年の二人きりであった。十年後に澤柳が普通学務局長に就任したとき、上田万年は帝国大学教授の身分のまま専門学務局長の職に就き、二人で文部行政の大半の責任を担うことになる。また彼らより一年先に哲学科を卒業した岡田良平は、大学院に進んでから後に第一高等中学校（後の第一高等学校）の教授となったが、明治二十六年に文部省に入り、後に高等学校長や大学総長などを経て文部大臣も務めることになる教育行政の重要人物となった。彼と澤柳との関係は複雑なので、後に詳しく述べることになろう。明治十九年に哲学科を卒業した日高真実は直ちに大学院に入り、教育学を専門に研究した最初の人で、一年後に文科大学講師となり、将来大学の教育学関係の講座を担当するという見込みのもとに、ドイツに留学した。

つまり当時の文部省は、大学卒の新しい人材を求めていたのであり、行政面にも教育現場にも教育学の専門家を迎え入れる必要に迫られていたのだと見て間違いない。明治新政府は発足の当初から、確かに教育の必要性を認識していた。そして明治五年に「学制」を布告し、その実施に取り掛かったが、実のところ教育政策を正しく構築し展開するために、その基礎となる教育学上の知識と考察力を持った専門の行政家がいたわけではない。新しい日本が近代国家として備えなければならない多くの要件の一つに教育制度の整備があることを認識し、かつまた実際にその任にあたっていた明治政府の要人たちは、この世界で本当に仕事の出来る人材を切実に欲しており、信頼出来る逸材が得られた時には、例えそれが学業を終えたばかりの未経験者であろうとも、大きな責任とともに強い権限を与えて、彼らの理想を実現させようとしたのである。

明治政府の指導者たちの中で特に教育問題に詳しいとされていたのは、恐らくは大木喬任《おおきたかとう》（天保三年〜明治三十二年、一八三二〜九九）、田中不二麿《たなかふじまろ》（弘化二年〜明治四十二年、一八四五〜一九〇九）、森有礼《もりありのり》（弘化四年〜明治二十二年、一八四七〜八九）、牧野伸顕《まきののぶあき》（文久元年〜昭和二十四年、一八六一〜一九四九）などであろうが、彼らの生涯を一瞥すれば明らかなように、彼らは政治家としての一生のうちの或る時期を、教育制度や教育行政の整備のために捧げたとはいえ、教育問題の全ての面について判断するだけの基礎的な知識や能力を持つ専門家ではなかった。

もっとも森有礼は、ヨーロッパとアメリカの教育事情について他の誰よりも深く研究し、初代の文部大臣に就任したとき、その成果を様々な面で日本の教育全般の改革に生かそうとした。しかしこの教育通をもって自他ともに許した政治家といえども、必ずしも教育を原理的ないしは学問的に考究した上で教育界に活動の場を求めたわけではなく、そのため彼の改革衝動には常にどこかしら無理が伴い、人々の反感を呼ぶところがあった。

すなわち文部省発足当時は、指導者層自体が暗中模索の状態にあり、森が明治二十二年に暗殺されてからは、実際に文部行政を含む教育問題への対処は、発足したばかりの大学で専門的な能力を身につけてきた新しい世代の人材、つまり澤柳や岡田良平、或いは日高真実、上田万年など、ごく少数のエリートに期待されたのだった。その中でも最も早く文部省に入ったのは澤柳であり、それだけにまた実務に熟達し責任ある地位に就いていくのが、誰よりも早かったのである。

澤柳が文部省に入った時の文部大臣は森有礼、次官は辻新次《つじしんじ》（天保十三年〜大正四年、一八四二〜一九一五）であった。辻は澤柳と同じく松本の出身で、教育行政にきわめて熱心な人であった。彼は明治十六年の「大日本教育会」（後の帝国教育会）創立の中心人物であり、明治十九年に会長に選ばれた後大正四年に死去するまで、一時期を除いてその職を離れることがなかった。後に詳しく述べることになるが、澤柳は後日この辻会長の後を継いで帝国教育会会長となり、大きな足跡を残すことになるのである。

それはさておき、澤柳は総務局雇として文部省に就職し、初任給は六十円を支給されるようになった。父信任の恩給が月額十円足らずであったことを考えれば決して少ない額とは言えないが、しかし澤柳には父の作った負債の返済などもあったので、彼は本務のほかにも幾つかの学校で非常勤講師をして収入を得る必要があった。その頃に担当した「心理学」「社会学」「倫理学」などの講義用原稿類が後にまとめられ、書物として出版されて彼の初期の著作群を形作るが、それらについては後述する。本務の昇進は著しく、翌明治二十二年（一八八九）には総務局詰、翌々年には文部試補から文部書記官、さらに総務局報告課長兼文書課長に任じられている。

明治22年頃（成城学園教育研究所澤柳文庫蔵）

青木貞三の死

澤柳の支援者であった青木貞三は、明治二十二年二月六日にこの世を去った。森有礼が官邸で西野友太郎の凶刃に倒れる五日前のことである。青木は行年三十二歳、満年齢では未だ三十一歳に満たなかった。青木の枕頭には彼の仏道の師である雲照律師と共に澤柳も馳せ参じ、青木の家族と臨終を見守っていた。いよいよ死期が近いと思われた頃、青木は家族に命じて、家にある全ての金銀や債券証券などを山のように積み上げた大きな盆を持ってこさせ、澤柳に向

かって

「この全財産は貴下に贈る。よろしく笑納されよ。別に遺言とてないが、雲照律師のことと遺族のことは呉々も貴下に頼む。他に言ふことなし」

と言った。澤柳はこれに対し

「お頼みは屹度《きっと》引き受けたから、御安心下さい」

と答えたが、青木が息を引き取ったのち、澤柳は直ちにこの財産の山をそのまま夫人に返し

「この財物は自分が受け取る理由はない。これはこの儘お返しする。が、故人の遺言通り、雲照律師のことと貴方方御遺族のことは屹度お世話を引き受ける。どうか御安心下さい」

と言ったという（「　」中は『吾父』による）。

澤柳は青木の葬儀の世話をし、残された財産で遺族の生活が立ちゆくように取り計らった上、青木の侍妾の身の振りかたまで諸事万端欠けるところなく処理した。青木の侍妾はかつて新橋に名をはせた芸妓であったが、青木の死後は政界の要人のもとに縁付いて、その正妻となったという。

恩人青木の死に会い、彼の遺言を守って万事を処置したとき、澤柳は二十五歳、文部省に入ってまだ半年ばかりしか経っていなかった。

青木貞三が敬慕し、経済的な援助を惜しまなかった雲照律師《うんしょうりっし》（文政十年～明治四十二年、一八二七～一九〇九）は、出雲国（島根県）神門郡東園村に生まれ、十歳の頃に隣村の多門院に入り、慈雲上人《じうんしょうにん》の弟子となった。慈雲上人は慈雲尊者《じうんそんじゃ》（享保三年～文化元年、一七一八～一八〇四）の弟子である。慈雲尊者は江戸中期の仏教界に偉大な足跡を残したが、多くの著作の中でも特に有名なのが「十善法語」十二巻で、この法灯が弟子の慈雲上人に受け継がれ、さらに雲照律師へと伝えられた。

雲照律師と十善会

雲照律師は常に師慈雲上人に従って修行に励み、十八歳のときに小村の観音寺という寺の住職となった。ここで修行と経典の研究に励み、深い宗教体験を得たという。二十一歳で師を失ってからはさらに高野山に上って修学に努め、下山した後も十年余りの間何度もここを訪ねたばかりでなく、京都や近畿、中国地方の多くの寺を巡って、優れた先達に教えを乞うた。宗派の枠を超えて仏教の真髄を探求するその姿勢は厳しく、若くしてその徳はあまねく仏教界に知られたが、明治維新を迎える頃から、彼の精力は外にむけられるようになった。すなわち廃仏毀釈の動きに抗してその非を論じ、何度となく太政官に建白書を提出したり、仏教界内部の退廃を指摘して同盟会を組織し、その浄化をはかったりした。彼の仏教界刷新の主張はきわめて厳しく、僧としての資質に欠けた者を還俗させて教界から追放するなど、決して妥協するところがなかった。彼の努力によって真言宗の内部は浄化され、内部の権力争いも絶えて、宗門の基盤が固められたという。

彼が十善の教えを広める運動に本格的に着手したのは明治十六年で、この年「十善会」を設立したが、明治十八年には東京に移り住み、翌年青木貞三の出資によって目白に新長谷寺を建立した。山岡鉄舟や三浦梧楼、森村市左衛門なども雲照律師に強く傾倒しており、彼の運動を支持し支援していた。この寺は後に一種の戒律学校に発展し目白僧園《めじろそうえん》と呼ばれ、明治期後半の仏教刷新運動に大きな役割を果たすことになった。雲照律師を慕ってこの僧園を訪れた人たちの中には山県有朋、伊藤博文、大隈重信、井沢修二など政界や学界の指導者たちも多かったという。

雲照律師はその後も精力的に著述と説法に努め、その影響が海外まで及んだばかりでなく、日露戦争後には自ら中国や韓国を訪れて戦没者の跡を弔い、仏教の実情を視察し、北海道から樺太まで足をのばして人々の教化に力を尽くすなど、仏教による日本国民の精神革命に生涯を捧げた。明治四十二年に八十三歳で遷化するまで、高潔で峻厳な生き方を貫いた名僧として、現在に至るまで明治仏教界の巨星として記憶されている。

澤柳が雲照律師を知ったのは、言うまでもなく青木貞三を介してであり、初めは恐らくその人格と教説に崇敬の念を抱いたという以上の関係ではなかったかも知れないが、青木の思いがけない早世と、彼の臨終に当たっての遺言によって、二人の関係は質的に変化した。すなわち雲照律師の運動拠点である目白僧園の運営の一切が、大学を卒業して間もない澤柳の双肩に懸かることになったのである。

目白僧園の運営と『十善大意』の執筆

澤柳は青木貞三の遺言によって、明治二十二年二月以降、目白僧園の経営を担当することになった。青木が亡くなった後の最も大きな問題は、これまで青木によってまかなわれてきた運営資金に代わる財源を、どのようにして見つけるかということであった。
青木の友人には、当然のことながら政界や財界に活躍する資産家がいた。澤柳はまず彼らに呼びかけて、目白僧園維持のための資金を、一人一人から毎月十円ずつ徴収しようと試みた。そしてその集金を弟の菊三にさせたが、出資者の情熱は残念ながら長続きせず、このままではまもなく破綻することが、一年後にはすでに澤柳の目に明らかとなった。ここで彼が考えたのは、十善会の再興であった。彼は改めて十善会を発足させ、久邇宮朝彦親王を会頭に迎え、三浦梧楼将軍を評議員長に据えて、会員を一般から募集し、月刊の機関紙を発行することにした。この雑誌は『十善宝窟』と名づけられ、明治二十三年四月に創刊号が刊行され、その後三十年にわたって仏教改革の一翼を担い続けたのである。

彼の計画は大成功を収め、会員が多く集まって、会費の収入が急増した。そればかりでなく、思いがけない篤志家の寄付もあったので、目白僧園と十善会の運営の経済的な基盤が固まった。こうして事実上の経営者となった澤柳には、指導者である雲照律師と接する機会が非常に多くなったのは言うまでもない。余談になるが、その後の目白僧園および十善会の発展は目覚しく、明治三十年頃には十善会の支部が全国で二十カ所を超え、会員数が七千人に達したそうである。

こうして雲照律師と澤柳の関係は急速に密になった。そして殆んど毎日、時には一日に何度も雲照律師と接しているうちに、宗教における信仰と戒律が何を意味するかを、澤柳は次第に深く理解するようになったという（「雲照律師について」、『退耕録』全集十）。何事にも積極的であった彼は、自ら基本的な経典を読んで研究に励んだだけではなく、その内で特に強い感銘を受けたものを漢文から日本語に訳したり、分かりやすく再説したりして刊行した。これらは主に十善会の会員を読者に想定して行なった仕事だと思われるが、以下にその代表的なものである『十善大意』という書物を紹介しておこう。

『十善大意』（全集七）は、慈雲尊者の「十善法語」の原典である「大乗十善業道経《だいじょうじゅうぜんごうどうきょう》」のパラフレーズとも言うべきもので、澤柳が十善会会員のために執筆して『十善宝窟』に連載した文章を、雲照律師が校閲した上で一冊にまとめ、明治二十三年（一八九〇）十一月に哲学書院から出版された。念のために記しておくと、十善戒とは次の十項目の戒律をいう。かっこ内は澤柳による訓解である。

一、不殺生戒（いきものをころさぬいましめ）
二、不偸盗戒（ひとのものをかすめぬいましめ）
三、不邪淫戒（ふぎいたづらせぬいましめ）
四、不妄語戒（うそいはぬいましめ）
五、不綺語戒（たはごといはぬいましめ）
六、不悪口戒（わるくちいはぬいましめ）
七、不両舌戒（なかごといはぬいましめ）
八、不貪欲戒（ものをむさぼらぬいましめ）

九、不瞋恚戒（はらたてぬいましめ）
十、不邪見戒（よこしまのおもひをこさぬいましめ）

この書の巻頭には雲照律師の序文があり、そこには次のような意味の言葉がある。

「人がもし高い所に昇ろうとするならば、階段に頼らざるをえない。階段を登るにはまず第一段にのぼり、次に第二段に行き、第二段を経て第三段に至るのである。もし仏陀の教え給うた高い境地に達しようと思うならば、何をそこに至る階段と考えればよいのだろうか。それは戒定慧という三段階の修行である。戒の修行を経ないで定と慧の階梯を達成することは出来ない。十善業道経には戒の精髄が十善戒であることが詳細に説かれている。現在は仏教が振るわず道徳が衰退しているのは、全ての修行の根本である十善戒がないがしろにされているからである。仏教を振興し道徳を挽回するには、十善戒の修養によるしかない。十善会を設立して十善戒を広めようとするのは、まさにそのためなのである。」（全集七）

この序に次いで「十善大意縁起」と題する澤柳の自序が来るが、この自序には彼の後年の活動を理解するのに重要な、澤柳独特の考え方が示されているので、少しだけ抽出して現代語に訳してみよう。彼は言う。

「自分はあるとき十善の教えを聞き、心に深く感じるところがあった。そこで雲照律師に疑問を質し、教えを受けながら、また十善に関する経典をよみ、昔の高僧の書かれた説法なども研究したが、頭が鈍いので、今に至ってもまだ理解するところまでは行っていない。しかしながら自分は、十善の教えに触れてから後は、十善戒を実践しようと努めてきた。ところが時には戒を守り切れないことがあり、いやそれどころか万分の一すら実行できていないのだが、実行できた跡だけを振り返ってみても、その効験には少なからぬものがある（中略）。

自分は十善戒が正しいものか否かについて、まだ理論的に論じるだけの知識がない。だから理論的な説明を求められても、まだ何も言うことができない。しかし実験した経験によって、十善戒が大変良い教えであることを認めている。だから、何をもって人間の行いの基準にしたらよいかと訊ねられれば、直ちに十善戒を挙げる。全ての人が十善戒を保つことを、自分は心から望んでいる。

（中略）

十善戒を実践するにあたり、いつも心を悩ますのは「不殺生戒」をめぐる問題であろう。自分は上述のように十善戒を理論的な観点から推奨する者ではないから、この疑問に答える立場にはないのだが、この問題が十善戒の実践に直接関係しているので、矢張り一言述べておかなくてはなるまい。十善戒を批判する人は次のように言っている。

『不殺生戒を保とうとするならば、まず肉食を断つべきで、肉食しながら不殺生戒を保っても何の益があろう。また我々は水を飲めば、それだけで無数の殺生をするのだから、水中の微小な生物はしかたがないが魚鳥獣類は殺してはいけないと言うのは、理屈に合わない。』

自分は思うに、人間は万物の長と言っているが、実際には極めて不完全なものである。仏様や菩薩の域からは非常に遠いところにいる。そんな不完全な人間に完全な道徳行為が出来ないのは、不思議ではない。しかし出来るだけ完全に近い行為をするように、可能な限りの努力をしなければならない。たとえ完全な行為が出来ないからといって、どんな不完全な行為をしてもよろしいということにはならない。肉食は間接の殺生だから、これを許すのならば、直接の殺生も認めるべきだとは言えないのである。肉食は不完全な行為だが、直接の殺生に比べれば完全性から離れるところが少ない。水を飲めば微小な生物は死ぬだろうから、我々は完全な行為から離れているが、だからといって、鳥獣の命を奪ってますます完全性から遠く離れてゆくことは止めるべきである。五十歩百歩の議論は、道徳の上では最も忌避すべきものである。（中略）我々はこの不完全な心身をもって、この不完全な世界で生きているのだから、少しでも多く善い行いをするように努力し、悪い行いを少しでも減らすように努めるべきである。今日我々が善悪と呼んでいるものは真実の道徳から見ればどちらも正道を外れているもので、ただどれだけ正道に近いか遠いかという差があるに過ぎない。我々は寸善であってもその実行に努め、寸悪であってもこれを避ける努力をするほかないのである。

（以下略）」

この後に続く内篇と外篇では、十善戒の内容が詳しく説明されているが、詳細については澤柳全集七に全文が収められているので、今日でも容易に見ることができる。彼はこのほか、例えば鳩摩羅《くまら》什《じゅう》による漢訳「佛遺教経」を文語体の日本語に翻訳出版したり、雑誌類にしばしば啓蒙的な文章を書いたりして、仏教の研究とその成果の発表に努めたが、特に『十善宝窟』への寄稿はその後も絶えることがなかった。

澤柳が生涯厳しく十善戒を守り続けたことは『吾父』に幾つかのエピソードを添えて語られているが、彼の後年の活動に顕著に姿を現す「空論を排し実践を重視する」精神の基盤が、すでに二十六歳の頃に確固として築かれていたのは、これらを見ても明らかである。

2　実務と研究

結婚

澤柳は明治二十四年二月二十四日に、山内初《やまのうちはつ》と結婚した。初《はつ》は山内提雲の長女で当時十九歳、澤柳は二十六歳であった。

山内提雲《やまのうちていうん》（天保九年〜大正十一年、一八三八〜一九二二）は江戸虎の門の生まれで、千葉佐倉の順天堂（後に養嗣子佐藤尚中により東京下谷に開設された順天堂病院の前身）の創始者佐藤泰然《さとうたいぜん》の甥にあたる。彼は幕府の翻訳方に入り、オランダ語と英語の翻訳や通訳を担当し、二度にわたって幕府のヨーロッパ派遣使節に随行した。幕府が倒れた後、直ちに榎本武揚に従って函館にこもったが、明治政府の世となってからは新政府に迎えられ、鹿児島県知事、内国生命保険会社社長、初代の博多製鉄所長官などを歴任した。妻千代との間に四男二女をもうけたが、千代の死後寿満《すま》と再婚し、さらに一女を得ている。

提雲の後妻となった寿満夫人は、先妻の遺児である初《はつ》に良縁をと望み、榎本武揚の夫人に相談したところ、武揚は直ちに澤柳を推薦した。武揚は森有礼の死後しばらく文部大臣をしており、その時から澤柳の人柄と能力を高く評価していたのである。提雲の次男で予備門時代に早世した俊二郎は澤柳の友人であったこともあり、提雲は一度会っただけで澤柳が大変気に入り、二度の見合の後に縁談が成立し、順調に結婚へと進んだのだった。初の妹の雪（雪子）はその翌年、すなわち明治二十五年十月に、日高真実と結婚した。

日高真実《ひだかまさね》（元治元年～明治二十七年、一八六四～一八九四）は澤柳より一年足らずの年長に過ぎないが、東京英語学校から予備門に進んだので、大学では澤柳より二年先輩にあたる。当時の大学は学生数が少なく、その上予備門以来の友人ばかりであったから、友人たちの輪は専攻学科や学年や年齢の差などを超えていたが、中でも澤柳にとって最も親しく、旅行や参禅などを共にし、互いに強い影響を与え合っていたのが徳永（清沢）満之と日高真実であったことは、すでに述べた通りである。日高は哲学科を卒業後大学院に進み、教育哲学を専攻したが、彼こそ教育学研究を専門に選んだ日本最初の人物であったと言ってよい。日高は大学院での研究のかたわら、文科大学の英語学の授業を担当していたが、明治二十一年に教育学研究のためにドイツへの留学を命じられた。同じ年に澤柳は文部省に入り、日高はドイツに留学したのである。

日高はベルリン大学に一八九一年（明治二十四年）十月まで在籍し、翌年の二月に帰国した。彼の最初の著書となる『日本教育論』は、帰国の前年、つまり彼がドイツに滞在中に刊行されているが、この書物は、日高が折にふれて書き溜めた原稿を澤柳が整理してまとめたものである。澤柳はこの書の巻頭に

「文学士日高真実君、前に文科大学に研究生たるや、教育の想念と題する一篇の論を草して、大学に呈し、後、文部省の命により、独逸伯林大学に遊学するや、我帝国の教育に関し、所思を述べて、遠く之を学友に示されたり。（中略）本書の名称、日本教育論は、固《もとも》と著者の題せし所にあらずして、余が命ぜし所なり。」

と記して、自分が責任をもって友の論考をまとめたことを認めており、日高もまた、その「はしがき」に

「之を出版するに至りしは、文学士上田万年君の勧誘によること多く、出版を見るに至りしは、文学士澤柳政太郎君の尽力周旋によれり。」

と、感謝の言葉を述べている。日本の近代的教育研究の第一作となったこの書物が、日高と澤柳の

協力によって生まれたことは、やはり忘れられてはならない事実であろう。

日高は帰国後直ちに高等師範学校教授と帝国大学文科大学教授を兼任し、『教育に関する攻究』(金港堂、明治二十五年、一八九二)などの著作を発表するなど、活発な研究活動に入った。そして間もなく澤柳の義妹と結婚したのであった。

文部省に入ってからの澤柳に期待された仕事は、当然ながら教育行政上の各種の立案と、その実現であった。彼がこの時期に前後数十回にわたって建白書を提出したのは、彼の積極性を示しているばかりでなく、責務上の要請に誠実に応えようとする努力の現れでもあった。そしてこの責務を果たすには、行政上の見識と判断力に加えて、教育という営み全般にわたっての博大な知識と、その根底となる深い人間認識とが必要なことも、彼はこの時期に一層深刻に感じ始めていたに相違ない。

大木喬任との出会い

前述のように、澤柳は明治二十三年八月に文部書記官となり、総務局報告課長に任じられたが、文書課を兼務し官報報告主任と統計主任も務め、翌年三月には総務局記録課長も兼務することになった。ところがこの年(明治二十四年)の六月に大木喬任が文部大臣となり、七月に総務局と会計局を廃止して大臣官房を設置し、八月十日付をもって澤柳は文部大臣秘書官に任命された。着任した澤柳は、秘書官とは大臣の従僕のことだという当時の通念に従わず、公私の別を立てて、大臣の私用には一切たずさわることを拒否した。大木はこの気骨を評価し、それ以来澤柳を深く信頼し、かつ愛したという。大木《おおき》喬任《たかとう》(天保三年~明治三十二年、一八三二~一八九九)は佐賀の出身で、若くして倒幕運動に加わり、明治初年から政治に参与した。東京府知事、民部卿、文部卿、教部卿、司法卿などを歴任して明治十七年に伯爵となり、翌年には元老院議長、二十一年に枢密顧問官に、二十二年には枢密院議長に任じられた。その翌年十二月には山県内閣の司法大臣となり、二十四年の六月に松方内閣の文部大臣となった。彼はその後再び枢密院議長となり、三十二年六月に六十八歳で没したが、実に明治政府を支える大政治家の一人と言ってよい存在であった。

大木は過去に文部卿を二度経験したことがあり、教育通で知られていた。この経験豊富で強力な発言力を持つ文部大臣に信頼されたので、澤柳は彼の下で十分に腕を振るうことが出来た。先ず彼は、秘書官となって間もない明治二十四年八月二十三日に、大日本教育会夏期講習会で講演を行ない、教職の本質から説き起こして、小学校教師の仕事の意義を明らかにし、彼らの心に教員であることへの自信と誇りを目覚めさせようと試みた。題して「教員ハ愉快ナル職務ナリ」（全集六）という。

彼は実はこれより一年余り前に、教育関係著書の処女作である『公私学校比較論』（全集三）を発表しているが、先ずこの本を読み、さらにこのたびの講演記録を読むと、彼の経験と思索の深まりの過程を辿ることが出来る。

当時の政治家の中には「私立学校はすでに頗る進歩したるが故に、別段多額の国費或は地方税を以つて学校を設立維持せざるも、民間の施設に放任して差し支えなし」と強硬に主張する者があったが、『公私学校比較論』は、そのような論が実情とかけ離れた妄論であることを、具体的に事実を挙げながら論証したものである。澤柳は常々このような妄論が、政府の出費節約のための口実として使われることを警戒し、政府が国家予算全体から見ればまことに微々たる経費の節約のために、国・公立学校運営に要する予算を削減するという誤りを犯さないように、また私学関係者には現状を正しく認識し、私学の抱える問題点、或いは欠陥を解決して、私学独自の特色が発揮できるよう努力するように、関係者に警告を発したのだった。

この書をもって公立学校を擁護するための議論だとする説もあるが、「私立学校は充分発達して、公立学校を廃止するも、教育上に不振退歩の結果を来《きた》さざる以上は、公立学校は一日も速《すみやか》に廃すべし」と澤柳自身が緒言に書いているように、彼としては公立と私立の存在自体を原理論的に論じているのではなく、両者の現状分析をして、現在とるべき方針を打ち出しただけであって、従ってこの書から「私立に充分な教育条件が整っているのに、澤柳は文部官僚だから公立を擁護しているのだ」と判断するのは誤りである。この書はあくまでも当時の実態の分析であって、彼の分析がいかに緻密で適切であるにしても、その内容がそのまま永久に通用するという性質のものではない。現代は現代の実情に基づいての考察を要求する。しかしながら、現代においてもなお、彼の指摘がそのまま通用する点がないわけではなく、公立学校教育体制整備にまつわる誤れる功利主義や、私立学校の学校経営における教育と営利の錯倒現象など、百年たっても水の澄まない河のあることも事実であろう。

これに対して「教員ハ愉快ナル職務ナリ」の方は、教職の本質を明確に説明していて、その内容には普遍的なものがある。この講演の主旨は「一、教育は有益な仕事である。二、教育は困難な仕事であるから、やり遂げた後の達成感が大きい。三、個人の創意工夫を実践に移す余地が、どの職業よりも大きい。四、自分の能力と仕事の結果が、家柄や肩書きなどに左右されないで、正直に表に現れる。」という理由から、教員ほど楽しくてやり甲斐のある職業は、他に類を見ないと指摘するところにある。これは単なる現状分析ではない。教職の本質を明快に指摘し、普遍的な真理を述べることによって、小学校教員が自分の職業への誇りと喜びと安心を持つように激励しているのである。ただこの講演でもう一カ所、決して見落としてはならないのは、彼が最後の締めくくりにあたって次のように言っていることである。

「コノ世ノ進歩ニ従ヒマシテ、教職トイフモノハ段々世人ノ尊重ヲ受ケル様ニナツテ来マス、教育ノ事ハ益々重大ナコトトセラルルニ至リマス、従テ教員ト云フ職務ハ益々愉快ナ職分ニナルニ相違ナイ、此職分ヲ捨テテ他ニ職務ヲ求メヤウト云フ者ガ間々アルヤウデ御坐《ござ》リマスガ、之ハ其人ニ取テ言ツテ見レバ愚ノ至リ、又広ク国ノ上カラ言ヘバ実ニ慨嘆スベキコトデアロウト思ヒマス」

この発言は、実情が原理論と一致するどころか、むしろその反対であることを認めており、教員という職務が実際には「愉快」どころか、かなりの程度惨めなものであることを熟知した上で、この講演がなされていることを告白しているとも言えるであろう。澤柳は実務の要請から原理を探求し、見出した原理を実務に反映させるという行動様式を、生涯を通して貫いた人であるが、文部大臣秘書官になる頃にすでに、この基本的な型が出来かかっているのを、この講演から読み取ることができる。

澤柳はこの講演で、原理が現実と乖離している原因の一つを、制度上の歪みから生じる社会常識の歪みであると見たのではなかろうか。この講演の主張を少し深く読み込んでみると、澤柳の言いたかったのは次のようなことではなかったろうか。

「教職は本来なら『愉快』な職務なのに、現実は社会から不当に低く扱われ、報酬も不当に低い。愉快感を得るには工夫と努力と自由とが必要なのに、社会は彼らにそれを保障しようとしない。これを保障すれば教員たちは安心し、誇りをもって職務に専念できるに違いない。教育政策とはこの条件を作り出す政策のことでなければならない。」

もしこれに蛇足を加えるならば、彼はさらに「自分は文部官僚として、この制度的条件を整備していくから、現場の諸君も教育の本質を理解して、本当に『愉快』を生み出すように努力されたい」と言いたかったのではなかろうか。彼がこれを堂々と教育界に向けて発言し得た自信、ないしは覇気は、確かに幾つかの専門学校で心理学や倫理学などを講じ、これらの研究と執筆を通して教育の意義を根本的に思索した成果であろうが、それと同時に、この頃に彼の文部省内での位置が確立されつつあったことをも暗示していると言えよう。

この事実を示すのは、いわゆる選挙干渉事件に際しての彼の姿勢であろう。明治二十四年十二月二十五日に松方正義《まつかたまさよし》内閣が議会を解散し、二十五年二月十五日に臨時総選挙が行なわれることが決まった。その際内務大臣品川弥二郎の密令で、官僚による全国的な選挙干渉が実行された。澤柳は密令の発せられた当初から、政府による選挙干渉に厳しく反対し、即刻中止するよう建白書を提出した。選挙中殆んどの官僚は政府の指示に従って東奔西走したが、澤柳は早くに反対の建白書を提出していたために、この騒ぎにはまったく関与せずにすんだのである。こうして生まれた時間を用いて、彼はフランシス・リーバー著の『政治道徳学』の勉強を始め、この時の原稿が元となって、後にこの書が翻訳出版（上下巻、東京専門学校出版部、明治三十五年、一九〇二）されることになる。

文部省内部では高等官に至るまでこの時の選挙干渉に関与したそうであるが、上からのお達しといえども不正には敢然と抵抗した澤柳の筋の通った行為には、上司も逆らうことが出来なかったのであろう。果たせるかな、選挙干渉は各地に騒擾を呼び起こし、死者二十五人、負傷者三百八十八人を出すという結果が生じたという。

明治25年頃　左から初，勇太郎，政太郎
（澤柳家のアルバムから）

ちなみに、澤柳が文部省に入ってからこの時点までに発表した著作は、次の通りである。ただし『佛遺教経』（秀英社、明治二十四年二月）など、幾つかの翻訳書は除く。

『公私学校比較論』哲学書院、明治二十三年（一八九〇）四月
『心理学』（学芸新書、本田信教との共著）文学社、同年九月
『仏教道徳十善大意』哲学書院、同年十一月
『倫理学』（学芸新書、本田信教との共著）文学社、明治二十四年（一八九一）八月
『読書法』宝永館、明治二十五年（一八九二）五月

明治二十五年四月二十三日に長男が生まれ、父信任によって「勇太郎」と名づけられた。

修身教科書機密漏洩事件

澤柳はこのように、文部官僚として目を見張るようなデビューを果たしたが、ここで思いもよらない事情から、彼の運命が大きく変わることになる。それは世に「修身教科書機密漏洩事件」と呼ばれて、当時の新聞を賑わせた次のような事件であった。

松方内閣は選挙干渉問題の事後処理に関して、閣内の意見が統一できなくなり、首相が明治二十五年七月三十日に辞表を提出して退陣した。大木喬任はこの内閣の文部大臣だったので、共に大臣を辞職した。澤柳は前の年の八月に大臣秘書官となり、文部書記官を兼ね大臣官房報告課に勤務し、またシカゴで開催されるコロンブス世界博覧会に関する事務を取り扱ったりした後、二十五年の一月末からは大臣官房図書課兼務となっていた。そして大木の辞任にともなって九月初めに秘書官をやめ、大

臣官房図書課長になった。松方内閣の後は第二次伊藤博文内閣が継ぎ、文部大臣を退いた大木は十一月に枢密院議長に返り咲いた。

大木は大臣を退いてからも、澤柳の見識と学力を愛し彼から最新の学説や教育思想などの知識を得ようと望んでいたので、自分の邸内に空き家が一軒あったのを澤柳に提供し、そこに住むことを勧めた。澤柳も大木の人物の大きさに深い尊敬の念を寄せており、この申し出を喜んで受けて移り住んだので、それ以後は朝に晩に、庭伝いに訪問し合えるようになった。大木は澤柳から様々な話を聞く一方、役立ちそうな外国書の翻訳を奨励したりして、刺激を与えていたという。

大木は文部大臣時代から、特に修身教科書のあり方に独自の意見を持っており、自分も進んでこれを編集してみたいという希望すら抱いていた（『吾父』）。これを知って、多くの教科書会社が文部省に自社の刊行する修身教科書を持ち込み、相次いで検定を出願した。大臣を辞めた後も、大木は検定に持ち込まれる修身教科書への興味を失わず、その後の状況を澤柳に尋ねたことがあった。澤柳は検定の標準と現時点での検定合格書の一覧を書いて大木に手渡したが、大木はその日、この紙片をうっかり書斎の机の上に置いたまま、ほんの短時間であったが部屋を離れた。ちょうどその後に一人の新聞記者が大木を訪問し、しばらく書斎で待たされている間にこの紙切れを見つけ、密かに写し取って帰った。そして検定に不合格だった教科書の出版社に勤める知人に紙片の内容を知らせ、二人で相談の上で通信社に通知した。このスクープは直ちに各新聞社に流されて、大々的に報道されてしまったのである。

どうしてこの検定内容が外部に漏れたのか、当初は澤柳自身にも分からなかったので、自ら捜査の先頭に立って真相の究明に努めたところ、実は漏洩が全面的に自分の不注意によるものであることが判明した。大木の政敵がこの機会を捉えて、新聞を使って大木弾劾の宣伝活動を展開したのは言うまでもない。大木は責任をとって、就任したばかりの枢密院議長を辞職した。澤柳も直ちに文部省に辞表を提出し、明治二十五年十一月二日をもって依願退職となった。彼は自分の不注意が原因で辞職した大木喬任に対して強い責任を感じ、大木から借りていた家を返して、牛込市ヶ谷加賀町に借家を見つけて移り謹慎生活に入った。

この事件をめぐって澤柳のもとには、知人や友人たちから彼を慰める手紙が多く寄せられた。その殆んどは、彼が大木の要請を拒否できなかったのは止むを得なかったことだと捉え、災難にあった澤柳に同情していた。

澤柳はそのような解釈を不愉快に感じ、自分の考えていることをまとめて日本新聞に発表した。この新聞社は、どの党派にも偏らない公平な言論を社の方針としており、紙面一頁を丸ごと埋める澤柳の長文を、そっくり十一月十一日の紙上に掲載した。

彼はこの文で、漏洩がどうして生じたかを詳しく説明し、全てが自分の不注意の結果であることを認めて、深く国民に謝罪した。そして多くの知人から慰めの手紙を貰ったが、その一々に返事は書かない代わりに、ここに自分の本当の気持ちを告白するので理解して欲しいとして、次のようなことを書き加えた。

「自分が大木伯爵に文部省の方針を内示したのは、たしかに機密漏洩である。ただその時は漏洩とは気づかなかった。自分は伯爵が修身教科書の編纂に理解と情熱を持っていたことを知っていたので、伯爵がその後の状況を知りたいと思うのは当然だと思われ、何の疑念もなく今後の方針をお話ししたが、しかし考えてみれば本来内示すべきでない性質のものを内示したことは明らかであり、機密漏洩に間違いない。漏洩したのは自分の不注意であり、過失であるが、過失であるといっても責任は勿論免れない。それ故責任をとって辞職した。伯爵もそんな性質のものだとは気づかずに尋ねられたのは明らかで、もしも自分が気づいていたら、伯爵であれ父母であれ、断じて口外しなかった。自分は情実や義理で職務に背くことをするような意志薄弱な者ではない。それなのに自分を理解してくれていると信じていた友人ですら、情誼のため仕方が無かった、気の毒だなどと書いてくるのをみると、実に心外である。そんな手紙には返事を書く気にはなれない。しかし今回漏洩の本人が自分であったことを教訓とし、幸いなる経験として将来に生かしたい。今後このような失敗は二度と繰り返さないつもりである。」

退職後、あちこちから招聘の声がかかったが、澤柳はそれらを全て断り、ひたすら読書し翻訳に没頭する日々を送った。目白僧園に通う回数も増え、殆んど在家の修行僧といってよいほどの謹厳な生活であったという。

3　学校長時代

自らに謹慎を科して、もっぱら修養と研究に明け暮れていた澤柳を、再び活動の生活に呼び戻したのは、親友の清沢満之であった。

澤柳と清沢満之

清沢満之については、大学時代の交友関係を述べたところですでに触れたが、澤柳の人生を語るためには、この人物の足跡をもう少し詳しく辿っておかなければならないであろう。

清沢満之《きよさわまんし》（文久三年～明治三十六年、一八六三～一九〇三）は、尾張藩の下級武士徳永永則の子として名古屋に生まれた。この地方では特に浄土真宗が盛んで、大谷派の勢力が強く、祖母も母も熱心な信者であった。彼は幼少より大変利発で、すでに五、六歳の頃から「正信偈」「和讃」「御文」などが読めたという。彼が学問を始めたのは八歳になった年、すなわち明治三年の二月初午の日からであったというから、文字を習う前にすでに相当の音読力があったわけである。

彼も明治五年の学制によって小学校に入ったのだが、明治七年に名古屋に外国語学校が設立されると、志願してここに入学する。外国語学校は間もなく校名を英語学校に変えたが、同校には翌年に三宅雪嶺も入学している。この学校はそのうちに大学に昇格することになっていたらしいが、西南戦争のための出費で国の財政が苦しくなり、優秀な在校生を東京に移す方針がとられ、明治十年に廃校となった。満之はこの時に父親の意向で、名古屋本願寺別院の経営する愛知県医学校に移った。ここでドイツ語を学んだというが、家庭の財政事情から間もなく退学し、近所の子どもに英語を教えて暮らすことにした。これは明治十年九月頃、すなわち彼が十五歳の折のことである。

彼の学業成績は、どの学校においても抜群であった。そのため彼の才能を惜しんで世話をする人が現れ、東本願寺の育英教校に入学し仏教学を主とする教育を受ける道が開けた。彼はここで四年間学んだ後、十四年十一月に本願寺の留学生として上京し、直ちに補欠試験を受けて、翌明治十五年一月に大学予備門第二級に編入された。そして翌十六年九月に東京大学文学部に入学したのである。

予備門時代の清沢は常に成績が一位で、褒賞給費生に選ばれ、大学においても常に特待生という秀才ぶりであった。澤柳が大学に入ったのは明治十七年であったが、清沢と澤柳とは寄宿舎で同室となり、深く信頼しあう仲となった。日高真実は清沢よりさらに一年先輩である。しかし年齢は清沢、日高、澤柳の順で、しかもそれぞれ一年の差に過ぎない。

当時まだ徳永といった清沢は、大学在学中にすでに井上円了を軸として結成された「哲学会」の書記となり、明治二十年七月に大学を卒業して直ちに大学院に進んでからは、第一高等中学校（後の第一高等学校）や哲学館（後の東洋大学）で講義を行ない、哲学関係の著作を次々と発表していった。彼が仏門に入った動機は、ただ教育を受けさせてくれるのが東本願寺であったというだけで、篤い信仰を抱いていたわけではなかったという。しかし大学で哲学を学ぶうちに、彼の関心は仏教の宗教哲学的研究に深く入り込み、この時期に至っては、他力信仰を成り立たしめるための自力修行に、思想的にも実践的にも沈潜するようになっていた。哲学者で同時に修行僧のような厳しい生き方が、すでにこの時期から始まっていたのである。

澤柳が大学を卒業する半年前の明治二十一年三月に、京都府は府立尋常中学の経営を東本願寺に依頼した。本願寺は真宗大学寮の組織の一部を別科として併合することを条件に、この依頼を受け入れた。しかし学生たちは経営主体の移行に不安を覚え、動揺が収まらなかったので、本願寺は急遽、新進の俊秀として評判の高い清沢を校長として招聘した。彼は学究として立とうという望みを捨てて宗門の要請に応える道を選び、明治二十一年七月に京都に帰って校長に就任した。後に自ら語っている通り、それは自分を育ててくれた宗門に対しての報恩の気持ちからであった。その上彼を宗門の内に確保しようとする当局の計らいに従い、同年八月に、三河大浜（現在の愛知県碧南市）の西方寺の娘清沢やす子と結婚し、この寺の住職となった。しかし彼自身は徳永家の長男である以上、自分は寺に入っただけで清沢家に養子に入ったわけではないと考えていたので、姓を徳永から清沢に変えたのは、子どもが生まれ戸籍上の問題が生じた後の明治二十八年一月のことである。

彼は中学校の経営と改革に力を尽くし、また授業を通して生徒たちに強く深い影響を与えた。常盤大定、藤岡勝二、吉田賢龍、近角常観《ちかずみじょうかん》、佐々木月樵《ささきげっしょう》など、明治後期から大正・昭和にかけて仏教界を担った人物たちの多くは、清沢の影響を受けたか、或いは直接彼に学んだ弟子たちである。しかしこの学校も、本山の財政的な破綻によって維持が困難となり、尋常中学を京都府に返却することになった。清沢と志を同じくする人たちは、この際に仏教教学の部門を独立させて新しい学校を作りたいと考えて、揃って尋常中学を辞職した。

京都府尋常中学を府に返却して後、清沢は宗門自身が中学校を持つことを強く進言し、もと育英学舎と称した校舎を使って、大谷尋常中学を開設する計画を立てた。そしてこの学校の校長には何としても、目下自宅謹慎中の澤柳を招聘しようと心に決めたのであった。

大谷尋常中学校長時代

澤柳が修身教科書機密漏洩事件の責任をとって、明治二十五年十一月に文部省から身を退いた経緯は、すでに述べた通りである。彼は厳しく自己を反省し、数年間は職につかず謹慎して、勉学と修養に徹するつもりであった。そしてプロイセンの教育者ラインの著作『格氏普通教育学』の翻訳を十二月に出版（冨山房）し、さらに同じ著者の『格氏特殊教育学』の刊行（翌年九月）を準備していたのである。清沢満之は、そのような情況にある彼を京都に迎えて、真宗教学の中枢に据えようと決心したのだが、澤柳を説得するのが難しいことは、始めから明らかであった。

そこで清沢は借家住まいをしている澤柳を、先ずは旧友として訪問し、一カ月ばかり彼の家に逗留することにした。東京在住の頃は身なりに大変気を配り、ダンディーで聞こえた清沢が、数年の間にすっかり変貌して、粗末な衣を身にまとった修行僧の姿で現れたのだから、澤柳も少なからず驚いたが、予想どおり清沢の誘いにはそう簡単に応じることなく、自分で決めた謹慎期間を守り通そうという意志を、なかなか翻そうとはしなかった。しかし二人は学生時代からの議論仲間であり、肝胆相照らす親友であったので、互いに相手の思いを理解するところが深く、終には清沢の熱意が澤柳の心を動かし、澤柳は京都に赴任することを承諾した。

明治二十六年九月十六日に、澤柳は大谷派教学部顧問兼大谷尋常中学校長として京都に赴き、東福寺内の退耕庵《たいこうあん》を住居として、そこから学校に通うことになった。準備中であった『格氏特殊教育学』は同じ月の末に刊行されているから、原稿はすでに仕上がっていて、発行所に渡されていたに違いない。

京都の家に同居することになった家族は、彼の父母と妻、および長男勇太郎であった。弟菊三はすでに新聞記者として独立していたが、末弟の猛雄は東京で澤柳の友人である白鳥庫吉の家に寄寓することになった。澤柳が大谷尋常中学校長の仕事を、決して一時的な単身赴任ですむようなものとは思っていなかったことが、ここからも推察できる。白鳥庫吉《しらとりくらきち》（慶応元年〜昭和十七年、一八六五〜一九四二）は明治二十三年（一八九〇）に帝国大学文科大学の史学科を卒業し、当時は学習院の教授であった。明治三十七年（一九〇四）に東京帝国大学教授となり、東洋史学の泰斗として日本の史学界を育てた学者であるが、澤柳の親しい友人の一人であった。

こうして京都に赴いた澤柳は、清沢や清沢の同志である稲葉昌丸、今川覚神らと力を合わせ、世俗との妥協から腐敗しかけていた真宗大谷派の内部を、教学制度の改革によって立て直そうと努力した。そして「新学制」案を練り上げて、これを実行に移すことに成功した。すなわち日清戦争の勃発した一カ月後にあたる明治二十七年九月一日に、従来の制度を廃止し新しく人材を登用して、学校経営面でも教育方針と教育内容についても、理想的な運営が出来る体制を発足させたのであった。このとき澤柳は中学校長から寮長事務加談、つまり校長代行に移り、中学校の校長にあたる中学寮長には、大谷派きっての碩学といわれた南条文雄が招聘された。

南条文雄《なんじょうぶんゆう》（嘉永二年〜昭和二年、一八四九〜一九二七）は大谷派の学僧で、明治九年（一八七六）から同十七年（一八八四）までオックスフォード大学でマックス・ミュラー（Max Müller, 1823〜1900）にサンスクリットを学び、多くのサンスクリット仏教経典をミュラーと共に校訂出版した。帰国後直ちに東京帝国大学に招かれてサンスクリット学を講じ、印度哲学講座創設の基盤を作った明治仏教学界の大先達である。

しかし、この近代的に秩序立った学制改革に対して、宗門内の保守派が頑強に抵抗し、また改革派の厳しい教育方針に反発する学生たちがストライキを起こすなどして、澤柳たちの努力は挫折した。そしてこの騒ぎの中で大谷派宗門は、明治二十七年十二月末日に澤柳を解雇した。しかしこれをきっかけに、改革運動に加わった人たちはさらに結束を固め、澤柳が本山を離れた後も、清沢を中心にして宗門改革運動を続けた。それが後の大谷大学の創立につながっていくのである。

澤柳が京都を去るにあたって、彼を慕う同僚と学生が集まり送別会を開いたが、この席で澤柳の行なった告別の演説は、会に参加した人々に深い感銘を与えた。当時最上級の学生だった佐々木月樵の日記には、次のように記されているそうである（『吾父』）。

「先生我等に対して懇々教ゆる所があつた。その大意は『予は京都に来りしより已来僅かに一ヵ年。今日止むを得ず職を辞して去らざるを得ざることとなつた。されど、予在職中聊か自信する所ありて大谷派教学の改正に従事し、規則の改正漸くなりて未だ精神改正をなす能はざりしは遺憾とする所然れども、尚稲葉、今川等の先生あるあり、日ならずして精神上の進歩を見るにいたらむ云々』

先生の訣別の辞をききて満場水を撒きたる如く、百余りの子弟涙欄干たり。是より先生は京都に留まる事旬日、明治二十八年一月の下旬、先生は住みなれし東山の山水に分かれて遂に上毛の地に去られぬ。予は先生京を去らるる前日、先生を通天橋畔退耕庵宅に訪ふた、先生懇切に将来を誨へて且つ曰く『我京を去る、何の憾なし、何となれば、予が思想の種子は既に諸氏の胸中に蒔きたり、故を以て其発芽の至るを俟ちて再会するの時あればなり』と。（以下略）」

澤柳はこうして京都を去ることになったが、宗門から解雇される数日前に、冨山房から三石賎夫との共著『普通心理学』が刊行された。

日高の死

澤柳が京都を去る数カ月前、すなわち明治二十七年八月二十日、彼の先輩であり親友であった日高真実が亡くなった。先に述べたように、彼は将来の日本の教育界を担うべき大器として期待されていただけではなく、澤柳の義妹にあたる山内雪《やまのうちゆき》と結婚し、澤柳にとっては年長であったが義弟でもあった。その彼が肺結核のために、帰国後二年余りで世を去ったのである。行年三十一歳であった。誰よりも敬愛する日高を失って、澤柳の悲しみは深かった。

日高は留学中に、現在の価格に換算して数千万円に上る金額を投じて、日本では手に入らない貴重な書籍を購入していた。殆んどが英独仏の書物で、「教育類三百三種文学類二百二十三種哲学類百三十六種雑類九十三種、総計千二百三十四冊」であったという。これだけの書物の代金を支払うには、かなりの借金をする必要があったのだが、その返済が終わらない内に彼が死去したので、残された妻に今後の不安が残ったのは当然であろう。

学術的に貴重なこの蔵書を守るためにも、また残された借財の返済のためにも、澤柳は日高の蔵書を一括購入して、文庫の形で保管する道を考えた。そして同じ考えの発起人三十二人と共に、義捐金を募った。その結果四百四十七名の有志から寄付が集まり、蔵書はそのまま「日高文庫」として高等師範学校に寄付された。日高文庫は校名の変遷とともに東京教育大学の所管となり、現在では筑波大学付属図書館に保管されている。

群馬県尋常中学校長時代

澤柳は大谷尋常中学校長を退いて後、直ちに群馬県尋常中学に校長として招聘され、前橋に赴任した。その事情は、『吾父』によれば次の通りである。

澤柳が大谷尋常中学を去ることを知ったとき、大学時代の友人で当時群馬県庁の書記官であった武田千代三郎が、彼を直ちに群馬県尋常中学校長に推挙した。武田は以前から何度も澤柳をこの職に招こうと試みて、そのつど成功しなかったのだが、澤柳は京都での仕事が終わった時点で、遂にこの招聘に応じる決心をしたというのである。

しかしまた別の説明もあって、例えば、当時群馬県師範学校長だった大束重善は次のように述べている（「澤柳博士を悼む」『帝国教育』昭和三年、一九二八、四月号）。

「群馬県では明治十三四年の頃、赤城山麓の小暮と云ふ村落に、始めて中学校を設けましたが、或る時生徒が暴動を起し、前橋より警官が出張して、取締つたと云ふ様な騒動がありました、其の後中学校は、県庁所在地の前橋に移されましたが、前に騒動を起した歴史もあり、前橋中学と云ふとなかなか厄介の学校で、大抵の校長が多くは失敗し、県庁でも殆ど持て余ましの姿で経過して来たのを、明治二十六年に、時の県知事中村元雄君が大に之を慨き、根底より改革すべしとの決心にて、文部省に行き、全国第一等の校長を人選して呉れと請求したのであつたそうだ、其の時文部大臣は西園寺公で、普通学務局長は木場貞長君であつたと記憶する。そこで白羽の矢が立つたのが、澤柳博士であつたのである。果たせる哉、澤柳校長の赴任に就ては、県民も大に之を歓迎し、校舎を拡張改築したるのみならず、県下に六個の中学分校を、同時に開設するに至つた。（中略）前橋中学は澤柳校長時代が、全盛の時代であつたと云つて宜しからうと思ふのであります。」

いずれにしても文部省の方では、澤柳を呼び戻す機会の熟するのを待っていたのであり、恐らくはほかにも、彼を求めている職場は色々あったのではなかろうか。

澤柳は明治二十八年二月十二日に、両親をしばらく京都に残し、妻と長男を妻の実家である東京の山内家に預けて、単身で前橋に赴いた。群馬県尋常中学は前記のように長年学生騒動に悩まされ続けてきたが、騒動は澤柳の赴任後はぴたりと収まり、彼が在任中の校内の雰囲気は和気藹々たるものだったという。その理由は、彼が生徒たちの意見をよく聴いて、彼らの言い分に正しいところがあれば直ちにこれを認めて採用し、学校側が犯してきた過ちを修正するに吝かでなかったからであろう。後に彼は著書『教師及校長論』（明治四十一年十一月刊、全集六）の中で

「校長は生徒の意見にも耳を傾くべきである。生徒も学校の一部を形造つて居るものである。若し自己の利害に関し、学校の利害に関して相当の敬礼を尽くし、陳述する所があつたならば、其取るべきは取り、間違つたことを云つたならば、其誤れることを諄々として諭すべきである。取るべき理由があつて採用するならば、何人の意見でもよろしいではないか、固より理由があつて之を採用したからと云つて学校の威厳を傷くるものではない。」

と述べているが、彼は事実その通りに実行したのであって、この知と理と誠意とが学生の心を捉えたのであろう。

群馬県尋常中学に赴任した直後の明治二十八年三月末に、冨山房から著書『教育者の精神』（全集六）が刊行された。原稿は当然京都を去る前に完成していて、すでに書房に渡っていたものと思われ、内容も学生時代から温めてきた思索の集積だと言える。それと共にこの著作には、彼の一生を通して変わることのなかった人間観が、初めて「教育者」というテーマを中心に据えて、まとめ上げられていることも見落してはならない。この書物こそ澤柳が将来、教師の教師、教育界の指導者という意味での「教育者」となってゆくことを予示する最初の作品だと言えよう。この書物の「結語」に、彼は

次のように記している。

「教育者に望む資格多し、其学識なり、其技倆なり、其品行なり、其威儀なり。而して就中最も希望するものを教育者たるの精神となす。（中略）学識は以て広くするを得べく又深くするを得べし、技倆は以て磨くを得べく、又練るを得べし、品行を正しく威儀を整ふ得能はずとせず、独り精神の修養に至りては、以て学ぶべからず、以て習ふべからず、外より授くべからず、内より発するあるのみ、他人之を與ふべからず、自ら得るあるのみ。」

ここで述べている教育者の「精神」とは何かを、実例によって感得させるために、この本の中に澤柳は「ペスタロッチ。教育者皆ペスタロッチたるを得べし」と題する章を設けているが、彼にとってペスタロッチこそ教育者の精神の化身だった。彼は学生時代にすでにペスタロッチの伝記を読んで、彼の「教育者としての精神は、此の上なきものと」思ったと、自ら書き残している。

『教育者の精神』に続いて、明治三十年一月に『ペスタロッチ』が金港堂から刊行された。この本は、日本で最初のまとまったペスタロッチ評伝だとされているが、澤柳が自ら巻頭の「例言」に記したように、ド・ガン（Roger de Guimps, 1812~1894）が著したフランス語の原著（Histoire de Pestalozzi, de sa pensée et de son oeuvre, Lausanne 1874）の英訳を下敷きにして書かれたものである。

ド・ガンはスイスのローザンヌの人で、少年の頃ペスタロッチから直接教えを受け、後にペスタロッチに関する研究の草分けとなった。この本は現在でもペスタロッチ伝の古典的名著として、世界的に高い評価を受けているとのことである。英訳は原著の第二版を底本にしており、訳者はラッセル(J. Russell)で、一八九〇年すなわち明治二十三年にロンドンの出版社から刊行された。従って澤柳がこの本を読んだのは大学を卒業してから後であって、彼が大学在学中に読んで感激したというペスタロッチ伝は、フランス語原著の初版か、さもなければまた別の著者のものかもしれない。

澤柳は『ペスタロッチ』を出版することにした経緯を、大正十五年十一月に刊行された同書の改訂版（帝国教育会出版部）の序で、次のように書いている。

「明治三十年に前橋中学を卒業した一秀才広沢定中といふ青年の為に、其の学費を得る途を講ずる要が起つた。その時色々考へて、ペスタロッチの伝記を編して出版することを思ひ立つた。即ち数ヶ月を費して作つたものが、本書である。本書は広沢君と共著として公にしたが、私もたしかに共著の責任を盡した。」

これを見ても澤柳が如何に生徒の一人一人について考え、あらゆる面での助力を惜しまなかったかが窺われる。『ペスタロッチ』の原稿は明治二十九年末には出来上がっており、全体の執筆には僅か数カ月しか費やしていないのだから、澤柳は自分が内容を熟知している原著を学生に読ませ、一応訳させた上で、自分自身が筆をとって一気に書き上げたのであろう。ドイツおよびスイスの人名や地名のカタカナ表記に、今から見れば不十分な所が散見するにしても、澤柳の英語読解力の逞しさが一読して直ちに伝わってくる上に、いわゆる漢文訓読体の文章には覇気と情熱がこもっていて、自ら「例言」の最後に

「ペスタロッチの伝記は教育者に大なる感動を与ふるを誤らざるべし。」

と書き加えたように、冷静な澤柳にしては珍しいほどの気持ちの高揚が感じられる。この書がペスタロッチ生誕百五十年を記念して刊行され、澤柳が教育者の教育者となっていく運命を予示するものであったのに対し、改訂版がペスタロッチ没後百年を記念して大正十五年に刊行され、その翌年に澤柳がこの世を去ることになるのは、ある意味で彼の生涯を象徴しているようにも感じられるのである。

明治二十八年九月二十二日に、長女信《しん》が誕生し、澤柳は一男一女の父となった。

第二高等学校長を経て第一高等学校長に

先に述べたような事情で、澤柳は明治二十七年に大谷尋常中学校を辞めたが、この年に政府は「高等学校令」を公布した。条文には次のように書かれている。

「高等学校令（明治二十七年勅令第七十五号）

第一条　第一高等中学校、第二高等中学校、第三高等中学校、第四高等中学校及第五高等中学校

ヲ高等学校ト改称ス

第二条　高等学校ハ専門学科ヲ教授スル所トス但帝国大学ニ入学スル者ノ為メ予科ヲ設クルコトヲ得

第三条　高等学校ハ其ノ附属トシテ低度ナル特別学科ヲ設クルコトヲ得

第四条　高等学校ニ於テ設クル所ノ学科及講座ノ数ハ文部大臣之ヲ定ム

附　則

第五条　本令ハ明治二十七年九月十一日ヨリ施行ス但各高等学校ニ於テ学科ヲ設置スルノ時期ハ文部大臣之ヲ指定スヘシ

2　本令ヲ施行シ又一部ヲ施行スル所ノ高等学校ニ於テ高等中学校ノ学科ヲ履修スル年期内ニ在ル生徒ノ為ニ旧学科ヲ存スルコトヲ得」

すなわち大学予備門は、先に第一高等中学校と名称を変え、さらにこの令によって第一高等学校となったのである。同じように仙台、京都、金沢、熊本にあった第二から第五までの高等中学校が、それぞれ第二、第三、第四、第五高等学校と改称し、各高等学校には四年制の専門学科（法、工、医など）と、帝国大学進学のための三年制の予科とが設置された。しかし実際には、間もなく大学予科が主体となり、専門学科の方は全く機能しなくなっていった。明治三十三年に第六（岡山）、三十四年に第七（鹿児島）、四十一年に第八（名古屋）高等学校が開校して、この八つの高等学校をナンバースクールと呼び、その後に増えていった高等学校には、番号ではなく地名が付けられたのでネームスクールと呼んだことを、記憶している人も少なくないであろう。政府は大正七年に改めて「高等学校令」を出して、高等学校を男子高等普通教育の完成機関であると位置づけたが、現実には卒業生の殆んど全員が大学に進学する事実上の大学予科という性格は少しも変わらずに、第二次世界大戦後の学制改革まで保持された。

明治三十年三月のある日、澤柳は卒業式を終え、教員一同を前橋でも一流のレストランに招待して慰労会をしていたが、そのとき彼は文部省専門学務局長の木下広次《きのしたひろじ》（嘉永四年～明治四十三年、一八五一～一九一〇）から電報を受け取った。すぐに上京するように、という内容であった。

木下広次は熊本出身で、フランス留学から帰国後、東京大学教授、第一高等中学校長等を歴任、さらに井上毅《いのうえこわし》文相（文相の期間は明治二十六年三月～二十七年八月）のもとで文部省専門学務局長を務め、高等教育・専門教育行政の中心となった。明治三十年（一八九七）、京都帝国大学創立とともに初代総長に任じられ、十年間の在任中、学生の自主性を重んじた教育体系を構築するなど、現在の京都大学の基礎を作り上げた人物である。木下は京都大学の初代総長として赴任するにあたり、それにともなう人事異動で、澤柳を第二高等学校の校長に任命しようと考えたのであった。

第二高等学校は第二高等中学が改称して発足した直後から、学校が示す方針に対しての不満が学生間に生じ、特に当時の校長吉村寅太郎（嘉永二年～大正六年、一八四九～一九一七）に対する反感がつのって、それが学内騒動から同盟休校にまで発展した。吉村校長はこれを鎮めることが出来ず責任を取って退職したが、校長と共に数人の教授も辞職し、その内には若き日の高山樗牛も含まれていたという。学校当局も文部省も、事態収拾の方策が立たず、頭を悩ましていた。この時にあたり、木下専門学務局長は、群馬県尋常中学校長として示した澤柳の実績に注目し、事態の収拾に澤柳の手腕を借りようと思ったのであろう。或いはこれに加えて文部省の幹部には、この人事を、一時的に本務から離れていた澤柳を再び文部行政の中心に呼び戻すための布石にしたいと考える向きもあったのではなかろうか。

明治三十年四月八日に澤柳は第二高等学校長に任命され、二年間勤めた群馬県尋常中学を離れて仙台に赴任した。ここでも彼は学生たちの主張をよく聴き、理のあるところは採り上げ、誤ったところは明快に指摘する姿勢で臨んだので、学生はこの三十三歳の若い校長を心から信頼し尊敬するようになって、校内の雰囲気は一新した。『吾父』には澤柳が出した「修学旅行方針ニ就テ」という訓示が載せられているが、これなども教育者として、また指導者としての澤柳の資質を十分に窺わせるものである。その要旨を簡単にまとめれば、次のようなものである。

「修学旅行には長所も短所もあるから、決して絶対に必要な行事とは言えない。今後は学生の過半数が望めば実行するという原則をとる。しかしもし実行と決まったら、決して気随気儘にやってよいわけではなく、厳正な規律のもとに静粛な行動を求めるから、それは覚悟して欲しい。また学生の中には、参加を表明しながら、間際になってから事故を申し立ててボイコットしようと考えている者がいると聞くが、それは自分を欺き人を欺く行為で、浅ましい限りだ。従来は不参加の際には医師の診断書を出せばよいとされてきたらしいが、裁判の場なら診断書も必要だろうが、友情と信誼によって結ばれるべき学校では、それでは余りに相互の信頼が欠けていることになり、相応しくない。これからは診断書は不要とし、直接に申し出てくれればよく、申し出がなくて不参加のときは、事故があったのだと理解することにする。これは諸君の言を信じ、諸君に厚く信頼の念を置こうとする気持ちからである。また本校が実施する行事などについて何か理解できないようなことがあれば、遠慮なく質問して欲しい。本校には諸君を欺いたり、諸君に何かを隠したりする意図はまったくなく、いつでも胸襟を開いて諸君の考えを聞くから、邪推や誤解を一掃して質問に来られたい。」

澤柳は、こうして一年ばかりを仙台で過ごしたが、明治三十一年七月二十日に、今度は第一高等学校長に転職を命じられて東京に戻ることになった。さらにその四カ月後に文部省普通学務局長に任じられるのだが、このたった四カ月の一高校長在職期間中にも、彼は落合直文ほか数名の教授を辞任させ、また当時鹿児島県の小学校教師であった谷山初七郎を第一高等学校舎監に抜擢するなど、校内に清新な、そして師弟間の信頼関係を基盤とする、緊張した精神的雰囲気を生み出すことに専念したのであった。また彼は第一高等学校長の後任に狩野亨吉を推薦して去ったが、これも着手した仕事の完成を、信頼する親友に委ねたいという彼の思いを窺わせる。

狩野は予備門で澤柳と同期であったが、大学進学にあたっては先ず数学科に入り、卒業後に哲学科に再入学し、今日で言う科学哲学の草分けとなった。明治二十五年七月に澤柳の推薦で第四高等中学校（金沢）に赴任したが、二十七年に退職し、しばらく東京に居て三十一年一月に第五高等学校（熊本）の教授となった。狩野は大学在学中から絶えることなく澤柳と文通を続けており、澤柳が群馬尋常中学校長から第二高等学校長に移り、さらに第一高等学校長となった期間を通して、澤柳のために人材の発掘に力を貸し、有能な人物を教育界に送り込むことに協力してきた人物であった。熊本にいたこの親友に、澤柳が同年十一月二十五日に送った手紙（全集十）を見ると、いかに一連の人事が唐突かつ迅速に行なわれたかが窺われて興味深い。

「拝啓今回之事突然ニ起リ且大急更迭ノ必要アリ為メニ通常ノ道筋ヲ踏ムヲ得ズ校長并ニ大兄ノ御承諾ヲ得ズ小生ノ転任并ニ大兄ハ十目ノ視ル所第一高等学校長ニ最適任トノ決定当日即一昨二十二日決定候哉否《ヤイナヤ》直ニ上奏ノ手続ヲ踏マレ昨日御電報有之候モ最早尽力之余地無之茲ニ至リ申候（以下略）」

人事がこのように突然に行なわれた理由は、澤柳の転任が公になったら、たちまち猛烈な後任争いの生じることが目に見えていたからであった。

第三章　再び文部省に

1　第二次文部省時代

澤柳は明治二十五年十一月に文部省を依願退職してからも、教育行政についての関心と研究を怠らず、新聞や雑誌等に発表される論文論説主張の類にまで、漏らさず目を通していた。そして相手が大臣であろうと政府高官であろうと、間違っていると思われるものには正確な資料を提示して反論するのを怠らなかった。例えば退職の翌年、つまり彼が修身教科書事件の後に自宅で謹慎中であった頃に、時の文部大臣井上毅に宛てて書いた書簡（全集十）などがその一つである。これは明治二十六年七月十一日付で、冒頭に「小学教育の普及に関する卑見」という題が付されているが、内容は井上新文部大臣が大日本教育会総集会で行なった演説の要旨を厳しく批判したものである。

井上毅への書簡

要点は、井上が「学制発布後二十年経っているのに、小学校の就学率がようやく五〇パーセントにしか達していないのは問題である。教育の普及率を上げるのが目下の最重要課題だ」と述べたのに対して、その認識不足を突き、「就学率五〇パーセントは学制発布十年にして達せられているが、それ以後ほとんど変化していない。決して就学率を上げる努力を関係者が怠っているわけではないにも拘らず、増加しないことにこそ問題がある。また就学率が高くなれば教育の効果が上がると思い込むのも、大きな間違いである」とし、その根拠を実例を挙げて指摘しているところにある。念のため結論の一部分だけを、原文で挙げておこう。

「従来教育当局者は小学教育の普及に意を注ぎて其有効の度を高からしむる点即ち教育の改良を計るを忘れたるの状なきにあらざるが如し余は十年間の計画督責に関らず修学数の増加せざる事実と、石川県の如き就学数の最も多き所に於ては生徒出席数の最も少き（宮崎県富山県を除きては最も少し）事実とを見又現今の国状を考ふるに小学教育の普及は急中の急として研究すべき問題なりと信ずる能はざるなり寧ろ小学教育の改良を以て専ら力を尽さるべきことと考ふるなり」

井上は教育勅語の草稿を書いたことでも知られた人物だが、権威主義的高圧的な政治手法を用いる傾向が強かった。ここでも教育行政関係者の従来の怠慢をあげつらい、自分の今後の文相としての行政姿勢を示すつもりで訓示しているのだが、澤柳はこれに対して感情に走ることなく、あくまでも事実に基づいて、井上の認識の誤りを客観的に指摘している。澤柳のこのように理を尊び非理を糾す姿勢は、個人的な感情に左右されず、また相手の役職地位の上下に拘わらず、一貫して常に変わるところがなかった。

澤柳と牧野伸顕

澤柳の関心は国内の状況のみならず、海外の教育界の実情やその動きなどについても向けられていた。特にヨーロッパの最新の事情を知る必要を強く感じており、当然その研究資料を得るために様々な手立てを講じていたが、その一つに、外国勤務の知人で澤柳の関心をよく理解している人物に、得られる限りの資料を送って貰っていたらしい。これを示す例として、彼と牧野伸顕との関係をあげておこう。

牧野《まきの》伸顕《のぶあき》（文久元年〜昭和二十四年、一八六一〜一九四九）が明治・大正・昭和の三代にわたって政界に大きな影響力を持った人物であることは、改めて説明する必要はないであろう。彼は澤柳が文部省に入ったばかりの頃、大木文部大臣のもとで文部次官を務めていた。つまり二人が同じ職場で出会ったのは明治二十四年のことであるが、その後澤柳が文部省を離れてからも、二人の間に私的或いは公的な交流は絶えなかった。

牧野は明治三十年に、駐イタリア公使としてローマに赴いた。澤柳が牧野伸顕に宛てて書いた書簡が、現在でも国立国会図書館憲政資料室に十一通保管されているが、そのうちの第一信は、澤柳が明治三十一年三月に仙台からローマに送ったものである。本文が候文なので、以下に大まかな内容を現代文に直して紹介する。

「その後のご様子をお伺いすべきところ、公私の用務に紛れてご無沙汰しましたが、どうぞお許しください。以前私どもの学校に招く新教授の件で大変ご心配をおかけしましたが、幸い何れも適任者を得ることができましたので、ご安心くださいますように。ご出発になられた後に内閣の変動で文部省内に人事異動が生じたのはやむを得ないとは申すものの、二度にわたって大変動があるということは、教育行政の本質を考えると、如何にも残念に思われます。すでに事実となってしまったことを慨嘆しても仕方がありませんが、ただ将来のために重要な当局の人材に大きな変更が無いように切望します。特に二回目の変動の際に手島精一氏のような優れた工業教育者が隠退されたのは残念に存じます。（中略）しかし段々と大学出の若い学士が政府部内で重要な位置を占めるようになってきたのは、国家のために喜ぶべきことです。

我が国で中等以上の教育において最も困難なのは外国語の問題なのですが、これはヨーロッパ世界が知らない困難だと思われますけれども、それぞれの国で工夫しているところもあるでしょうから、お気づきになられたことをお教えください。

次に教員に本当に後進を指導することのできる人物が少なく、また優秀な人材は始めから教育界に入って来ようとしない現状は、我が国の教育の前途に望みを失わせるものです。どの国においても教育の仕事をして世間的な大成功者になるということは考えられないので、有名になろうと志す人間は教育界に入ろうとしないのでしょうが、教育が社会からもっと尊重されるようになるならば、この風潮も是正されるのではないでしょうか。（中略）学校騒動は日本の特殊現象だと思われますが、これは学生の風儀が定まっていないことと、教員と校長に人材がいないことによると思われます。これらの諸点について、西洋ではどのような状況なのかを研究すれば、必ず原因がつかめると存じます。また日本においては十八、九歳以上の生徒については、常に品行の上での注意が必要ですが、西洋では男女の関係は日本よりも甚だしいと聞いていますけれども、この辺のことは学校ではどのようになっているのでしょうか。実際は学校でもそうなのに、無頓着なのか、それとも学校生徒の生活中には、不品行なことが無いのでしょうか。

西洋諸国では宗教は今でも社会道徳上相当の勢力を持っていると想像しておりますが、どのようにご観察でしょうか。私は学校教育のみで道徳の維持を図ろうとしても、それでは不足だと思っております。

もしも参考となるようなものをご公務のお暇にでも、電報でお教えくださいますならば、有り難く存じます。私は財産が無い上に家族が多くて、政府の命令でなければ西洋を視察したいという念願を果たすことができませんが、最近ではその機会も以前よりは多くなっているようですので、そちらにご在任の間にお目に懸かりたいものと祈念しております。お心に留めておいて下さいますようにお願いいたします。

勝手なことばかり長々と書きましたが、どうぞ悪しからずご了察下さい。

明治三十一年三月二十八日　　　　仙台　　澤柳政太郎

牧野公使閣下」

澤柳はこれを書いてからほぼ一年半後に、牧野にまた長文の手紙を出した。内容が前便と繋がるところが多いので、これも大事なところだけ大まかに現代文に直して紹介しておこう。

「あれから後、思いがけずご無沙汰してしまいましたが、お許しください。一昨年は何かの間違いで二高長に任ぜられ、以来一生懸命仕事をしようとしていた所を、一年余りで一高に転勤となり、また忽ちに文部省本省に転勤ということになりました。素より無能な私には力が及ばない上に、このように頻繁に職場を移されては、何一つしなかった、というより出来なかったというべきで、本当に恥ずかしい次第です。ただ将来も誠心誠意熱心に仕事に当たるつもりですので、これからも時々お教えを頂ければ本当に幸いに存知ます。仙台に在職中はフランスとイギリスの新聞をお送りくださり、最近はまたイギリスの教育報告書三巻を頂いて、非常に役に立ちました。早速お礼状を差し上げるべきところ、今日になってしまったことを、深くお詫び申し上げます。新聞などで既にご承知のように、教育への関心が益々高くなり、前の議会で文部予算が大幅に削減されたとは言え、経費は大いに増加いたしまして、府県に視学官を置くことになりました。また小学費国庫補助法が可決された時、大蔵省が財政上の理由で強い難色を示しましたが、樺山大臣が熱心に主張された結果、近日中に発布される運びとなっております。また償金の件（筆者注：清国との講和の後に得た償金を教育予算に振り分けることに成功したことを指す）は全く現大臣のお蔭と言うべきです。次の議会には文部関係の議案が少なくないのですが、幸いに内閣案が通れば教育上の施設についても、少しは筋道の立った進展が得られると考えております。責任者が少なくとも二三年は同じポストに留まって、継続して事に当たらなければ、何事も効果が上がらないと思います。

先ずはご近況をお尋ねし、あわせてお詫びと御礼を申し上げたく存じます。

澤柳政太郎

十月初旬

牧野公使閣下」

この二通の手紙の間に、澤柳の身辺には大きな変化があった。また日本の対外関係も国内事情も、大きく推移していた。まず注目すべきは日清戦争（明治二十七〜八年、一八九四〜九五）の終結後の政局不安定期に、内閣が頻繁に更迭して、文部大臣もそれに伴って二年余りの間に七回も交代したことであろう。戦後の社会できわめて重要視された教育施設の整備拡張も、掛け声ばかりで、一向に実現に向かって動き出そうとはしなかった。澤柳が牧野に当てた明治三十一年三月末の手紙で、内閣の変動と文部省内の人事について慨嘆しているのは、このあたりの事情を彼が詳細に把握していたことを示している。彼は一高に移った直後に、高等教育会議の委員に任命されるや直ちに「高等学校大学予科及帝国大学増設建議案」と「東京市内私立学校調査委員を設くる建議案」を文部大臣（尾崎行雄）に提出したのであったが、これも文部省を離れていた期間に世界の教育状況を研究しつつ、今後の日本の教育行政についての思案を重ねていたことの表れであろう。

普通学務局長時代始まる

明治三十一年（一八九八）十一月に、澤柳は突然、文部省普通学務局長に就任するように要請を受け、二十四日に人事発令が行なわれて、六年振りに文部省に戻ることになった。これには次のような事情があったと言われている。

明治二十七～八年の日清戦争は、日本の国運を決する大事件であったが、戦後の数年間は従来の藩閥政府と政党との間に激しい政権争いが続き、頻繁に内閣が交代した。教育施設の整備が国力の増進に必要だと叫ばれながらも、文部大臣がしばしば代わり、実際にはまったく改革の成果があがらなかった。明治二十九年九月に西園寺公望の後をついで蜂須賀茂韶が文部大臣になったが、それから浜尾新、西園寺公望、外山正一、尾崎行雄と続き、犬養毅が明治三十一年十一月に退任するまでの六代の大臣は、それぞれ平均たった二カ月あまりしか在職しなかったのである。

犬養の後任となったのは第二次山県内閣の樺山資紀《かばやますけのり》（天保八年～大正十一年、一八三七～一九二二）であった。この人は海相、海軍軍令部長、台湾総督（初代）などを歴任した人物であるが、教育にはまったくの素人であった。しかし彼自身がこのことをよく承知していて、自分の職責を果たすにはどうしたらよいのかを、友人である外山正一に相談した。外山正一《とやままさかず》（嘉永元年～明治三十三年、一八四八～一九〇〇）は明治三十年（一八九七）に東京帝国大学総長となり、それ以降学界と教育界に強い影響力を発揮した人物であるが、ほんの半年前に自分自身が文部大臣を二カ月間務めた経験もあって、文部省の内部事情を知り抜いていたのである。外山は樺山に、その最上の方法は部下に人材を集め、彼らに全てを任せることであると提案し、最高の人材として澤柳政太郎、上田万年、岡田良平の三名を推薦した。この三人は前にも述べたように、中学、大学予備門、および東京大学時代を通しての友人であり、しかも我が国で最初に、本格的に教育学を専攻した逸材たちである。こうして明治三十一年十一月に澤柳は普通学務局長に、上田は専門学務局長に、岡田は半年遅れて参与官に任じられたのであった。

岡田良平《おかだりょうへい》（元治元年～昭和九年、一八六四～一九三四）は静岡県掛川の出身で、父は二宮尊徳の弟子であり、大日本信用組合報徳社の社長であった良一郎である。前述のように、大学を卒業後第一高等中学校教授、山口高等中学校長などを経て文部省に入り、後に京都帝大総長、文部次官、文部大臣などを歴任し、澤柳と共に教育界の双璧と見なされていたが、二人の教育行政に関わる姿勢は大きく異なっており、政策決定に際して対立することが多かった。また後に文部大臣になった政治家の一木喜《いちき》徳郎《とくろう》（慶応三年～昭和十九年、一八六七～一九四四）は、先に述べたように岡田の実弟である。

澤柳は局長に就任した二日後、すなわち明治三十一年（一八九八）十一月二十六日に、「本年勅令第四百七号ニ関スル説明」と題する文書を公表した。

この勅令は、彼が局長に就任する数日前の十一月十日付で公布されたものだが、その第一条は「市町村立尋常小学校授業料ハ一ヶ月金三十銭以内トシ土地ノ状況ヲ量リ地方長官之ヲ定ム」と規定していた。「小学校令」は明治十九年（一八八六）森文相の時に出されたのだが、同二十三年に改めて第二次「小学校令」が公布され、同二十九年（一八九六）にもう一度改定された。しかし、授業料は未だ「受益者負担」であって、児童の保護者が支払うように義務づけられていた。その一方で、就学率を高めるためには保護者の負担を軽くする必要があるという声があり、「勅令第四百七号」の公布は、その声に応えようとした措置であった。ただしそこでも、従来通り小学校において授業料を徴収することを認めた上で、ただその上限を一カ月三十銭と決めているに過ぎない。当時の米価は白米十キログラム一円十二銭程度であったというから、もし現在の米価を十キログラム五千円として概算するならば、当時の三十銭は現在のほぼ千五百円程度になろう。しかし現在の物価は当時の金額の約三万倍であるとする説もあるので、その換算率を用いれば当時の三十銭は現在の約九千円となるから、子どもを学校に通わせる家庭の負担はかなり重かったと言わなくてはならない。しかも生活費に占める食費の割合が当時と現在とでは全く異なる上に、一家族が養う子どもの数も当時の方が現在よりも遥かに多かったことを考えると、授業料の負担は、貧しい家庭にとっては深刻な問題であったに違いない。また何よりも、子どもの労働力による収入に頼らなければ生活が成り立たない家庭が実際に少なくなかったから、生活に苦しむ家庭にとっては子どもに就学義務を課されるのは、出費だけではなく収入にも大打撃であった。

澤柳の「説明」は、この事実を直視して行なわれた提議である。すなわち彼は、公立学校の授業料が高額なために東京市の就学率が全国平均を下回っており、しかも貧者の子弟はただ授業料が安いという理由から、内容の整っていない私立学校に通学するほかない実体を指摘し、次のように断言しているのである。

「今日東京市に於ける如く公立学校は富者の専有とし、貧者の子弟を駆りて不完全なる私立学校に入るの外義務教育を受くるの途なきに至らしむるは断じて不可なりと言はざるべからず」

澤柳は全ての家庭の子どもに内容の充実した普通教育を与えるためには、義務教育施設の整備と公立小学校の授業料撤廃とが、早急に必要だと考えていた。そして公立学校の設備整備のための費用を潤沢に準備し、授業料収入がなくとも普通教育の運営に支障がないようにすることを、最初の目標に据えたのである。

丁度この頃に、日清戦争の終結により清国より得た多額の償金をどのように配分するかが、内閣諸大臣の間で協議されていた。澤柳は樺山文部大臣を説いて、諸大臣の反対を押し切って償金中の一千万円を教育予算に振り向けさせることに成功した。そして彼が局長に就任してまだ四カ月も過ぎない明治三十二年三月に、先ず「教育基金特別会計法」が、次いで十一月に「教育基金令」が公布され、一千万円が生む利子の五十万円を児童数に応じて毎年道府県に配分して、もっぱら教育施設の整備にあてることが法令化された。また翌明治三十三年六月には、続いて「教育費国庫補助法」が制定された。これは小学校経費を授業料と寄付金に頼ることから生じる弊害を除くために、毎年国庫から百万円を支出することを定めたものである。

明治三十二年八月二十四日、次男礼次郎が誕生した。

明治三十三年の小学校令改正

明治十九年に森有礼文部大臣の下で公布されて以来、小学校令は何度も改正を施されながら次第に形を整えてきたのであったが、しかし必ずしも、当事者の意識に一貫した理念が働いていた結果とは言いがたいところがあった。確かに「国民皆学」という理念は誰しも唱えていたのだが、その目的が何であるかと問われれば、答えは当事者の意識によって異なっていたのである。従って、小学校課程を「義務教育」にしようという意図の目指すところも違えば、実施条件の整備についての考え方も様々であった。

最初に小学校令を発令した森有礼は、教育を受けることを国家に対する国民の義務であるとした。そして就学が義務である以上、就学に要する費用の負担も義務であることは当然であるとして、公立小学校生徒の保護者から授業料を徴収したのである。また、教育を受けることは将来の立身出世のための投資であるから、教育費は当然自己負担とすべきであると考えていた当事者も多かった。先ほど引用した井上毅と澤柳との見解の差は、教育の普及が何故必要かということについての理解が、両者の間で根本的に相違していたことから生じていたことを思いおこしていただきたい。

澤柳が文部省に戻る二年前の明治二十九年（一八九六）に行なわれた小学校令の改正では、就学をこれまでの「奨励」から「義務」にすることを法的に規定した。これはある意味で一歩前進であったが、しかし義務化を実現するためには、先ず十分な数の学校が用意されなければならず、また教育が無償で受けられ、就学年齢の児童の雇用が禁じられる必要があった。この二つの要件が満たされていない間は、本当の意味での義務教育が成立しているとは言いがたい。澤柳は局長に就任してから直ちに前記の「勅令ニ関スル説明」を出し、その後三年足らずの間に「教育基金特別会計法」と「小学校教育費国庫補助法」を制定することによって、この問題に対する彼の姿勢を強力に打ち出したが、さらに小学校令をもう一度改正して、この問題を含めて、小学校教育制度に内在する多くの歪みを出来る限り修正しようと決意した。この間の事情を澤柳自身が『教育五十年史』（国民教育奨励会編、民友社、大正十一年刊）の「第十九章　三十三年小学校令の改正」の中で次のように書いている。

「明治三十三年に至り、樺山文部大臣の下に、奥田義人君を次官とし、私が普通学務局長として、其の年の八月小学校令の改正が行はれた。

恰度私が普通学務局長になつて二年ほどたつてから、私と野尻（精一）視学官とが、属官をつれて塩原に至り、朝から晩まで二週間の間非常に勉強して改正案を作り上げた。此の時の改正は先づ其の形の上からいふと、第一は義務教育延長の意味が含まれた点である。是迄義務教育は四年を本体としたが、三年でもよいといふので、三年の処が可なり沢山あつた。尋常三年をすましただけでも、就学の義務を終つたものと見做され、就学の義務の如きも極めて寛大で、百分の六十五、六に過ぎなかつたが、此の時の改正で全く之を廃して一斉に四年と改めた。次に義務教育は従来授業料を徴収することを本体として居たのを、此の時から授業料をとらぬ事を本体とし、但し特別の事情ある者に限り、之を徴収することを許るし、又正准教員の外に代用教員を認むる事とした。

併し此の時の改正は形の上よりも、内容実質に渉つての改正の方が、大きかつたのである。

内容の改正とは、第一に児童の成績考査に試験を用ゐない事にした。是迄は試験を施したが、其の弊を認め、各学年の課程の修了若くは卒業等は、平素の学業成績を考査して之を定める事とした。（中略）次に更に内容に立ち入つた点を挙ぐれば、初めて小学校で教ふべき漢字の数を制限し、一千二百字内外を限つて之を教授する事とした。それも漠然一千二百字内外に漢字を制限したと言はずして、これだけの漢字は教へるといふ事にした。又之と直接に関係のある字音仮名遣をあらためて、発音仮名遣とし、所謂世間でいふ処の棒引仮名といふものを採用したのであるが、此の仮名遣は小松原文相（文部大臣在職　明治四十一年七月～四十四年八月）の時に、元の通りに戻されて了つた。」

ここで澤柳が強調しているように、この時の改正によって義務教育を無償とする原則が立てられ、義務教育期間が四年間と規定された上に、義務教育期間中に児童を就労させることが禁じられた。そして課程の修了や卒業の際の学力査定には試験という方法を用いず、平素の学業成績で判定することとした。これは澤柳の年来の主張を実現したもので、児童の心身の健全な発達が、記憶の過大重視によって阻害される弊害を除くためであった。漢字制限や発音仮名遣の採用も矢張り同じ目的であったが、同時にこれが決して教えるべき漢字数の上限を示したものではなく、あくまで最低限度の設定であることを明記している点も、行き届いた配慮と言えよう。

さらに澤柳はこの法令によって、従来行なわれてきた兵式体操を尋常小学校から廃して、代わりに遊戯と普通体操を採用した。全ての学校に運動場が設けられることになったのは、この時からである。又各教科の授業時間数を大幅に削減し、習字、作文、読書の三学科をまとめて国語科とするなど、大胆で合理的な改革を実現した。校長は正教員の内から選出されなければならないという規定もこの時に生まれ、従来のように教育についての経験も見識もない人物が校長になる危険性が除かれた。彼の思いの内にはまだまだ不満が残ったと思われるが、しかしこれで兎も角も、義務教育としての小学校課程を健全に育てていくための、必要最低限の改正は成し遂げられたのであった。

高等教育機関の拡充に参与

普通学務局長としての澤柳にとって、最も重要な職務が普通教育の充実であったのは当然だが、しかし文部省内では、彼の学校経営の手腕も高く評価されていたに違いない。彼は局長に就任するや直ちに、高等商業学校長事務取扱をも命じられた。また翌年明治三十二年には第六高等学校建築委員、さらにその翌年には高等師範学校建築委員ならびに第二高等師範学校創立設計委員、その翌年（明治三十四年）には高等師範学校長事務取扱、明治三十五年四月には広島高等師範学校長事務取扱などを兼任し、積極的にこれらの学校の新設や組織替えに関与した。ちなみに高等商業学校は、明治三十二年に付設外国語学校を切り離して独立しており、第六高等学校は三十三年に発足し、女子高等師範学校の発足も同じ三十三年であり、高等師範学校は明治三十五年に広島高等師範学校（計画段階では第二高等師範学校と呼ばれた）の開設と共に東京高等師範学校と改称したから、澤柳がそれらの設置や改組の計画の殆んど全てに深く関係していたことが分かるのである。さらに帝国大学を、東京と京都に次いで東北と九州にも設置しようとする計画が生まれたのも矢張りこ

明治35年頃　左から勇太郎，義三郎（前），礼次郎（後），信（成城学園教育研究所澤柳文庫蔵）

の頃であり、その準備のために設けられた各種の委員会には、必ず澤柳が関わっており中心的な役割を果たしていた。従って彼の視野が普通教育の部門を越えて、あらゆる種類の高等専門学校から今後生まれてくるであろう全ての大学にまで及んでいたのは、不思議ではなかったのである。彼が普通教育を論じる場合には、その考察の背景に常に日本の教育の全体像があったのであり、また高等教育や専門教育の場で仕事をするにあたっては、その根柢を支えている普通教育、ないしは義務教育の実態についての具体的な認識があったことを、見落してはならないであろう。

明治三十五年五月には、フランシス・リーバー著『政治道徳学』の翻訳上下二巻が東京専門学校出版部より刊行された。また六月二十三日には三男義三郎が誕生した。その翌月十二日に、第十三回万国東洋学会会議に委員として派遣され、横浜港よりドイツ船ザクセン号に乗って出発した。

最初のヨーロッパ

澤柳は学生の頃から、ヨーロッパに留学することを熱望しており、青木貞三もまたこれを勧め財政的な援助を約束したのだったが、父信任が反対したため、志を果たせなかった。文部省に入ってからも、彼が色々な意味でヨーロッパを視察する機会のあることを望んでいたのは、先に述べた牧野伸顕宛の書簡にも明らかである。従ってこのたびのドイツへの出張命令は、彼の長年の望みに沿った処置であったに違いない。

一行は明治三十五年七月十二日に横浜港を出航し、八月二十一日にイタリアのジェノヴァに着き、ミラノやスイスのチューリヒなどを訪れてからドイツに入り、マインツ、ケルンを経てハンブルクに着いたのが八月二十八日であった。目的の東洋学会の会場がハンブルクであったので、ここで十月二十六日までほぼ二カ月間滞在し、さらにベルリンに移って会議のために二週間をすごした。これで公的な渡航目的が果たされたが、それから後のいわゆる視察旅行が、恐らくは公務よりも一層楽しく、実りも多かったと思われる。

ベルリンを十一月九日に出発して、翌年三月二十八日に横浜に帰り着くまでの約五カ月間に訪れた都市は、ブレスラウ、ブダペスト、ベルグラード、ウイーン、ミュンヘン、ニュルンベルク、ドレスデン、ライプチヒ、ハレ、イエナ、キール、ハーグ、アントワープ、ブリュッセルなどであり、パリには一週間滞在した。それからイギリスに渡って、ロンドンではクリスマスと新年を楽しみ、翌年二月二十二日まで滞在した後に、マンチェスターとリヴァプールを経てアメリカに渡った。アメリカではニューヨーク、ボストン、ワシントン、シカゴ、サクラメントを遊歴した後にサンフランシスコに出て、そこから海路で日本に向かったのである。横浜港に着いたのは前述のように三月二十八日で、その日のうちに東京の本庁に帰参した。

この旅行で澤柳が得たものは非常に多かった。彼はヨーロッパ各地およびアメリカに駐在する知人と会い、予め頼んでおいた研究資料などを入手し、各地の教育現場を自分の目で観察しているが、このことは彼の書き残した様々な文書から明らかである。そして彼は帰朝後直ちにヨーロッパとアメリカで得た体験を、雑誌や講演で報告した。ヨーロッパ各地、中でもドイツ各地の教育の実情、ケンブリッジやオックスフォードの学生生活の様子などを、教育者と被教育者の双方の側から眺めて、これらを日本の実情と照らし合わせながら、日本で何がどのように行なわれるべきかを考察しており、いま読んでも大変興味深い。収穫の中でも特に大きかったのは、ロンドンの近くのアポッツホルムにおけるセシル・レディー（Cecile Reddie, 1858～1932）の教育実践を知り、その著作を始めとする関係資料を集めて帰ったことであろう。これが日本における最初の本格的な「新教育運動」紹介となったことは、人の知るところである。またアメリカではコロンビア大学付設の師範大学、つまり現在でいう教育大学を見学し、その実態について詳しく調査した（「米国に於ける教育学研究の状況一斑」全集九）。師範大学の学長は「ルッセルと云ふ人であつて、永く独逸に於て研究をし、『独逸の中学校』と名《なづ》くる著書を公にした」とあるので、ことによると澤柳のかつての著書『ペスタロッチ』の原本であるド・ガンの著作を英語に訳したジョン・ラッセルその人であるかも知れない。またシカゴ大学の教授で教育改革者として高名なデューイ（John Dewey, 1859～1952）が経営する小学校も視察し、デューイの行なっている教育実験について具体的な認識を得たのも、貴重な体験であった。

澤柳が横浜の港を出て五カ月ほど経った明治三十五年十二月十七日に、教科書の検定と採用をめぐる汚職が暴かれて、不正を行なった政界官界と出版社の関係者が多数検挙された。不正の摘発は三十六年二月上旬にピークをむかえ、同年四月に終わったが、これが世に「教科書疑獄事件」と呼ばれるもので、当時の大事件の一つに数えられている。

事件は澤柳がヨーロッパやアメリカに視察に行っている留守中に起こり、帰国した頃にはすでに事件後の処置がほぼ終わっていたから、彼自身が直接この事件の生んだ混乱を収拾したわけではなかったが、しかし事件そのものは、澤柳の管掌する職務と深く関わるものであったのは言うまでもない。これを勘ぐるなら、司直当局が普通教育の行政を率いる澤柳の留守を狙って、懸案の教科書汚職の摘発を決行したのかも知れないし、またこの件を政権争いの道具にしようとする一派が、やはり同じことを考えたのかもしれない。何れにせよ場合によっては、文部当局の責任が問われる事態になりかねなかったことだけは確かである。それは次のような理由からであった。

当時小学校で使用する教科書は、各出版社が編纂・製作し、これを文部省が審査検定した後、検定を通った教科書をさらに各道府県の小学校図書審査委員会が審査して、道府県ごとに採用が決定されていた。この制度は形式上何の問題もなく、立派に整ったものであるが、しかし実際には以前から、業者と審査委員との間の贈収賄が慣習化しており、文部省にとって大変頭の痛い問題だったのである。

文部省はこの悪習を撲滅するために、これまでも様々な工夫を重ねてきた。特に明治三十四年一月に設けた取締り規則は厳重なもので、若しも或る教科書が不正な手段によって審査に通り、採用された場合には、その教科書の検定通過を取り消すばかりでなく、不正を行なったその出版社の発行する一切の書物は以後五年間、小学校教科書として採用しないとされた。しかし三十五年中にも相変わらず違反が繰り返されたので、澤柳の出張中に大掛かりな検挙が実施され、しかも殆んど全ての教科書出版会社が摘発されるという結果となったのであった。

この検挙の結果、これ以後五年間は、どの出版社も教科書を刊行することが出来なくなってしまった。教科書が無くては、小学校の授業が困難なのは言うまでもない。業者側が取締りを無視して贈賄をしたのは、この事態を招くことを見込んでの挑戦だったのかも知れないが、結果としては検察の行動を抑止するに至らなかったわけである。

さてこの時に文部省はどうしたのか。三十五年十二月初めに疑獄事件が発覚したのだから、三十六年度使用教科書の製作・検定・刊行はすでに完了していた。従って問題は三十七年度から後の五年間、民間の出版社には小学校教科書が作れなくなった事であった。この事態に対処する唯一の手段として文部省は急遽、小学校教科書を国定化することに決めた。そして翌年（明治三十六年）一月九日の閣議に、「小学校の教科書は文部省に於いて著作権を有するものたるべし」という原則を含む小学校令一部改正案を提出し、これが枢密院を通って、四月十一日に勅令第七十四号として告示された。澤柳が帰国したのは三月二十八日であるから、今述べた文部省の対応は、全て彼の留守中になされたものである。

ではどうして文部省は、このように素早く行動できたのであろうか。言うまでもなく文部省内には、すでに教科書国定化に向けての準備が進められていたからである。ただしこれをもって、汚職摘発そのものが、教科書国定化を実現するための政府の謀略であろうと勘ぐる人があるとすれば、それは思い過ごしで、事実は決してそうではなかった。

澤柳はこの事件の発生する数年前から、汚職を防ぐために教科書を国定化する必要のあることを痛感し、力説してきた。彼はすでに明治三十四年一月一日の日本新聞に、現行の小学校教科書採定の方法を続ければ、いずれ大きな社会問題を引き起こすに違いないことを理を尽くして説明した文章を発表し、これを

「要するに我輩は現行の制度の弊害を救はんためには教科書を国定とするの外良法なきを信ずるものなり。与論の熟する所一日も早くこの制度の採用を政府に逼るの機運に向はんこと希望に堪へず。」

という言葉で結んでいるのである。(『時代と教育』中篇　教科書問題、全集九)残された関係資料を見ると、この事件の前後に文部省には次のような動きがあった。

まず明治三十三年四月から、国定修身教科書の編纂準備が国家予算を得て始まり、ついで明治三十五年四月から、文部省内で独自に国語読本編纂準備が開始されたが、これらは疑獄事件の始まる前のことである。澤柳がこれらの作業に無関係であったわけはない。彼はいずれこのままで進むと大問題

が発生するに違いないと予測していたし、検定制度が廃止されれば当然国定化が要求されると考えていた。その証拠に、彼は早くから海外諸国の教科書編纂の実情を調査し、検定教科書と国定教科書の双方について研究を重ね、実務の責任者として何が生じても対応できるように準備を始めていた。

このような方向付けがあったので、彼の留守中に事件が起こったとき、文部省普通学務局内では、対応して取るべき処置の方向が、ある程度はっきり見えていたに違いない。しかし、ただその時期が予測よりも遥かに早く到来したので、文部省が十全の準備をした後に、政府ないし検察局がこの事件を意図的に引き起こしたなどとは到底言えないのが実情であった。先に述べた閣議案の提出の後、三十六年一月には歴史と地理の編纂準備が始められ、澤柳の帰朝を待って同年六月に習字、七月に算術、八月に図画というように、各教科の教科書編纂の準備が開始され、大車輪で仕事を進めて、ようやく三十七年四月の新学期までに国定教科書の製作をやり遂げたのであった。

明治三十八年七月二十八日に、四男の誠四郎が誕生した。

清沢満之の死

かつて清沢満之が澤柳を京都の大谷尋常中学校長に招聘し、共に大谷派本願寺の教学革新に力を尽くしたことは、すでに詳しく述べたところである。この改革運動が一時挫折し、澤柳は教学顧問を退いて再び文部省関係の仕事に戻っていったが、清沢はその後も宗門の同志と共に世に「白河党」と呼ばれるグループを結成して、『教界時言』という雑誌を刊行しつつ、宗門の改革運動を推し進めた。この運動を澤柳が背後から支え続けていたのは言うまでもない。清沢は上京すれば澤柳の家に泊まり、澤柳の書架を漁っては新しい思想に接するのであったが、清沢が生涯「西洋第一の書」と称して推奨し続けた「エピクタテス語録」も、澤柳から借りて読んだのが始まりであった。清沢たちの運動は一応の成功を収め、満之は再び宗門の指導者として迎えられ、大谷派の新法王が東京に遊学する折にその補導を懇請されて、明治三十二年に上京した。彼は若い新法王の教育と弟子たちを指導する傍ら『精神界』を発行したが、この雑誌も先の『教界時言』とともに日本の仏教改革に大きな影響を与えたことは、人の知るところである。明治三十四年一月十五日刊行の第一巻一号（創刊号）には、澤柳も「宗教と教育の関係」（全集七）と題する論考を寄せ、その後もたびたびこの雑誌に寄稿している。

清沢満之
（吉田久一『清沢満之』吉川弘文館より）

清沢はまた、東京の巣鴨に新設された真宗大学の学監をも引き受け、後進の指導に心血を注いだが、大谷尋常中学校長であった頃から結核に冒されており、さらに無理に無理を重ねてきたために病勢が募って、ついに明治三十六年六月六日にこの世を去った。同年七月十日発行の『精神界』第三巻七号に、澤柳が清沢の追悼会で行なった挨拶が掲載されている。その後もたびたびこの偉大な友について語っているが、特に切々たる思いの滲んだ文としてよく引用されるのは、矢張り『退耕録』（全集十）中の「清沢満之」であろう。その一節を引用して、澤柳の清沢観を窺ってみよう。

「明治の文明史上に於て埋没すべからざる偉人として中村敬宇、福沢諭吉、新島襄を挙ぐることは何人も異存のない所である。予は此等の人と匹敵すべき偉人として清沢満之を挙げたいと思ふ。（中略）三偉人は其の徳行の高潔なる、其の見識の卓抜なる、その信仰の堅固なる、予の最も敬服する所である。清沢氏はその三者を兼ぬるものにして而かも深遠なる学問上の基礎を有するに至つては三者の及ばない所であるとおもふ。（中略）中村敬宇先生は不幸にして先生の精神を以て精神とする崇拝者を有することが少ない。福沢翁に至つてはその感化を受けたるもの、今日多く生存し先生を崇拝するけれども多くは実業の社会に活動するものであつて翁の精神を長く後世に祖述せんとするものはない。新島先生に至つてもよく先生の信仰を奉じ、先生の人格を仰ぎ先生の志を成さんとするものに至つては、未だ其人あるといふことを聞かない。清沢氏に至つては清沢氏に対すること佛祖に対するよりも尚ほ大なる崇敬を表し、清沢氏の志を成さんとして居るものを数多有して居る。佐々木、多田、曉烏《あけがらす》、安藤等の諸氏は何れも小清沢である。（以下略）」

清沢満之を失った後、日本の仏教改革を指導する重荷の大半を、満之の弟子たちと共に澤柳が担っていかざるを得なくなったのは、改めて言うまでもないであろう。

文部次官となる

日露戦争（明治三十七～八年、一九〇四～五）が終結した後、日本の国際的評価は急速に高まったが、しかしヨーロッパ諸国には、日本の実情はまだ良く知られていなかった。イギリスはロシアの東方進出を牽制する目的で、一九〇二年（明治三十五年）以来日本と同盟を結んできたので、この国に日本との文化交流を一層密接にしようとする動きが活発になったのは、この時期において自然の成り行きであったと言えよう。

一九〇五年（明治三十八年）にロンドン大学が日本の教育状況に関する特別講義を企画したのも、そのような潮流に乗ったもので、企画内容はロンドン駐在の日本大使を経由して日本政府に伝えられた。講義は、第一部を教育学的に見た日本の初等・中等教育ならびに家庭教育にあて、聴衆を二分して、第一のグループを教育界の権威者と国会議員ならびに教育問題に関心を持つ人々とし、第二のグループを中等学校教員および初等学校教員より選ばれた人々として、合わせて二十回行なう。第二部は教育行政、学校組織、視学制度、地方教育に関するものとし、講義回数は十ないし十五回とする。日本政府はこの要望に応えられる人物を一名、講師として推薦し、一切の費用はイギリス側が負担して企画を実現する、と言うものであった。

日本政府はこれを受けて澤柳に依頼し、彼もまたこの招聘に応じて講師を引き受けるべく、講義に用いる原稿を準備した。日本を出発したのは明治三十九年二月十七日で、先ずヨーロッパに行き、さらにイギリスに渡る予定であった。しかし彼がローマに滞在しているとき、彼は牧野伸顕から次のような電報を受け取った（『吾父』）。

「小生文部大臣ノ大役ヲ拝命シタルニ附テハ特ニ貴官ノ協力ヲ切望シ貴官ヲ文部次官ニ推挙セントス、首相其他関係者モ小生ト共ニ御承諾ヲ望ム且ツ省務ノ都合ハ至急御就務ヲ要スルヲ以テ御同意ノ上ハ引返シ御帰朝アリタシ、大学ノ講話ハ代人ヲ派遣スル事ニ尽力スベシ又大学ヨリ供シタル旅費等ノ弁償ハ心配スベシ本件ハ機密ニ取扱ヒ折返シ回答アリタシ」

澤柳と牧野の関係については先に述べた通りだったので、彼は日本の教育界のために、そして敬愛する先輩のために、直ちにロンドン行きを中止して帰国の途についた。帰国は明治三十九年七月十六日で、文部次官に就任したのはその二日後であった。

ロンドン大学での講義は、澤柳に代わって菊池大麓がつとめた。澤柳が作った原稿はそののち若干の修正を施して、『我が国の教育』（全集八）という書名で、明治四十三年一月に同文館から刊行された。この本については後に改めて触れることにしたい。

明治四十年の小学校令改正

澤柳は普通学務局長のとき、すなわち明治三十三年（一九〇〇）に小学校令を改正したが、その折に幾つかの問題を直ちには解決できないと判断して、次回の改正でさらなる修正を加えようと考えていた。そのうちの最大の懸案が、義務教育年限の延長であった。彼は普通教育の充実なくしては、日本国民全体の社会的文化的水準を高めることが出来ないと確信しており、普通教育を徹底するのに必要な年限を、八年間と考えていた。明治三十三年の改正では、ようやくその半分の四年を「義務教育」として認めさせるところまで漕ぎつけたので、次の目標は、義務教育を六年間にすることであった。しかし実現されれば当然ながら、其の分の負担を国民に求めることになる。そこでこの改正令には「もしもそれぞれの土地の状況によって直ぐに実行できなければ、完全なる実施は先に延ばしてもよい」という意味の便宜法が付せられたが、幸いにもこの時期には教育の必要性が全ての階層に浸透しており、翌年の就学率は九七、八パーセントにまで達したのであった。

義務教育の六年化は明治四十年（一九〇七）四月より実施することになったが、それに先立つ三月二十五日に澤柳は次官として訓令を発し、そこに次のように記した。

「固ヨリ今回ノ改正ハ未ダ之ヲ以ツテ足レリトスルニアラズト謂モ我国現下ノ状況ハ遽ニ之ヲ六ヵ年以上ニ延長スルコトヲ許サザルヲ以テ暫ク之ニ満足シ其ノ完成ハ更ニ之ヲ他日ニ期セントス」

つまり澤柳の胸にはこの時すでに、次のステップとして義務教育期間を高等小学校卒業まで延長し、その上でさらにもう一年増やして、近い将来に義務教育九年制を実現しようという計画があった。それを物語るのが高等小学校の制度の改正である。というのは尋常小学校の就学年齢延長によって、従来の高等小学校の最初の二年間が、尋常小学校の方に移される。すなわち尋常小学校が六年（義務教育）となり、高等小学校が二年となるわけだが、この際さらに、これを三年に延長してもよいという条項をつけ加えたのである。これで普通教育だけで学業を終えようとする児童にも、通算九年間の普通教育を受けることが可能になったわけだが、これは高等小学校を事実上の中等教育機関と認め、普通教育と中等教育の間の質的相違を無くそうとする考え方であって、「全ての人に中等教育を普通教育として与える」という教育理念を、制度化するための第一歩であった。しかしこの思想は、その後澤柳が文部省を去るとたちまち変質し、高等小学校の教科に実業課目を増やす方針が採られるようになったので、尋常小学校を卒業した段階で、中学校進学者と高等小学校進学者の間に教育的な意味での質的差別が生じた。つまり富裕な家の子どもは小学校六年から中学校に進学して、さらに上級の学校に行くという道をとり、経済的に余裕のない家の子どもは高等小学校に進んで実業を身につけ、卒業後すぐに社会に出て働くという道を辿るようになったのである。

澤柳が次官であった時期に行なわれた改革は、しかし決して普通教育の分野に限られていたわけではない。先に述べたように彼は、普通学務局長の頃から高等学校、各種高等専門学校や師範学校、高等師範学校などの創立や整備に携わっており、特に日露戦争(明治三十七~八年)後の高等教育機関の充実に深く関与してきたのであったが、明治四十年(一九〇七)には東北帝国大学の創設(開校は四年後)と奈良女子高等師範学校の開設が実現し、九州帝国大学の創設(明治四十三年に開校)の準備も進められた。その他各地に高等専門学校が設置され、高等教育部門の施設が大いに拡充された。これは牧野文部大臣が、古河鉱業と親しかった内務大臣の原敬を通して古河家(古河鉱業の創始者)を動かし、百万円を寄付して貰って、これを大学などの設立基金に充当することが出来たからであった。

2　大患と病気静養中の著述

大患とその予後

明治四十一年（一九〇八）一月九日に次女謙《けん》が誕生し、澤柳は三男二女の父となったが、彼は折悪しく年頭から高熱を出して床に就いていた。侍医が来診したのは謙が生まれた翌日の十日であったが、その後も熱が引かなかったので、十四日に東大医学部の青山《あおやま》胤通《たねみち》博士が来診し重態の真性腸チフスと診断されて、即刻東大付属病院の青山内科に入院した。これは澤柳家にとっての重大事で、『吾父』によれば、出産したばかりの妻初《はつ》は言うに及ばず、父信任の心痛も非常なものであった。澤柳は入院してからも非常に容態が悪く、一時はきわめて危険な状態にまで陥ったので、信任は万一を考えて、当時海軍士官で佐世保に勤務していた澤柳の末弟猛雄を急いで東京に呼び寄せたという。

この病気で澤柳は青山内科に三カ月入院し、幸い一命を取りとめて退院したのは三月三十一日であった。当時青山博士の助手として澤柳を担当したのは、若かりし日の真鍋嘉一郎博士であったが、彼は澤柳が第一高等学校長の頃の学生であったこともあって、進んでこの役を引き受けた。澤柳は治療に当たる真鍋の姿勢の真摯さに感動し、この時以来彼を信頼すること厚く、真鍋もまた澤柳の人格に深い尊敬の念を抱いて、以来澤柳の生涯を通じて彼の健康を見守り続けることになったのである。真《ま》鍋《なべ》嘉《か》一郎《いちろう》（明治十一年〜昭和十六年、一八七八〜一九四一）は青山胤通の下で内科を学び、後に大正七年

（一九一八）に物理療法研究所が新設された折その主任となり、大正十五年（一九二六）には教授に任じられた物療内科学の草分けである。当時は青山博士の助手を勤めていた。

澤柳は青山内科を退院してから後、四月から酒匂の旅館松涛園の離れを借りて、そこで病後を養った。父信任もすでに老衰していたので、母錫《すず》と共にそこに呼び寄せ、そのまま六月末まで一緒に過ごした。六月末に一度東京に帰ったものの、自分の体力もまだ回復せず父の状態も悪かったので、藤沢市の片瀬海岸に、土地の富豪山本家が所有する貸別荘を借りて、七月初めからしばらく父と共に療養を続けることにした。

酒匂の松涛園に逗留していたとき、澤柳は日頃忙しくて遊んでやる暇のなかった子どもたちを呼んで一緒に過ごした。また片瀬に移って海岸近くの別荘で静養していた年には、暑中休暇に入った子どもたちとこの別荘で一夏を共に楽しみ、子どもたちは隣の別荘に滞在していた若い皇族たちと網打ちなどして遊んだという。

静養中の著作活動

丁度この月すなわち明治四十一年七月に内閣が更迭され、牧野伸顕が文部大臣を辞職したので、澤柳も辞表を提出し七月二十一日付で文部次官の職を退いた。そのため彼には、しばし公務を離れて思索と執筆に専念する時間が生まれた。そして澤柳の著作のうちでも代表的なものと見なされている一群の作品が、この時期に執筆され、刊行あるいは殆んど刊行できる程度にまでまとめあげられた。その概略は次の通りである。

先ず『教師及び校長論』（全集六）が明治四十一年十一月に同文館から刊行されたが、これは三年前に発行した『教師論』に加筆し、さらに新たに「校長論」を書き足して一冊にしたものである。明治三十八年刊の『教師論』は反響が大きく、直ぐに中国語に訳されて翌年東亜公司から出版され、中国でも広く読まれていた。しかし澤柳はこれに満足せず、以前から持ち続けていた「校長論」の構想を、速記法による口述筆記を用いてこの時期に一気呵成にまとめ上げたのである。この著作において澤柳は、明治二十八年に出版した『教育者の精神』（全集六）や、同三十年刊の『ペスタロッチ』などで主張した「教育にとって最も大切なのは、教師の人格であり、その影響力である」という信念を、さらに敷衍して述べていると言ってよい。また校長職にある者に対しては、教師及び教師集団を統率するために要求されるのは、教職の意義の自覚から生まれた内発的な、そして弛むことのない修養であり、そこから生まれた自信自尊の念に基づく判断と行動であると説き、統率者たるに必要な修養のあり方を、具体的かつ詳細に提示することを、この書の目的としたのであった。

続いて『学修法』（全集二）が、同じく明治四十一年十二月に同文館から刊行された。この本は澤柳自身の説明によれば、次のような目的を持って書かれたものである。

「今日までの教育学は如何に未成熟者を教育するかと云ふことを研究したるものである。教師の力、教育の方法を以て未成熟者をよくすることを研究したるものである。而して被教育者が自ら進んでよくなる辺を忘れて居る。学修法はこの忘れられた辺を主として論ずるものである。教師に教育学が必要である如く、学生には学修法が必要である。」

（第一章緒論より）

このような発想は、教育が何のために必要であり、誰のために行なわれるかについての、澤柳の基本的な姿勢から生じたものである。彼がかつて『読書法』（明治二十五年五月、寛永舘、全集二）を書いたのも全く同じ考え方から出ており、要するに学ぶ者が自学自習の精神と能力を身につけられるように具体的な援助をしようとするのが、彼の教育学の原点だったのである。従って彼にとっての教育学とは、被教育者の置かれている現実から出発し、被教育者が必要としているものが本当は何かを探知して、それが適切に得られるように援助するための研究であり、また研究結果の具体的検証でなければならなかった。

『実際的教育学』の刊行とその反響

明治四十二年（一九〇九）二月には、同じく『実際的教育学』（全集一）が刊行された。この書は周知のように、教育学の分野における澤柳の代表作とされているが、これも同様に、教育者と被教育者の双方の営みの現実を重視する見地から発想されている。第一篇第一章第一節の書き出しに

「教育学は今や全然改造されなければならぬ。教育に関する研究は日に月に進歩して居ると唱へる教育学者もあるが、予を以て見れば教育学は他の科学に比し最も幼稚なるものであると思ふ。所謂新しい説は出るかとも思ふが、幾んど皆一家の私見を唱道するに過ぎずして、科学的価値のある研究は之を見ることが出来ない。而して教育学は依然として大体旧套を墨守して居る。然らば如何に改造すべきか。本書は即ち改造されたる教育学につき予の意見を述べたものである。」

と記されているのは、教育学者が教育現場の現実とかけ離れた所で、哲学的論理的に構築された理論をこね回していても、現場で生じている問題を解決する方策が生み出せるわけがないという指摘にほかならない。澤柳はこれを学理論的に見るならば、教育学が未発達であることに因があるからだと考えた。そこで従来の教育学に未だ備わっていない部分、つまり科学的実験的方法を駆使して、教育現場に現れる様々な具体的な問題に解決を与えうる教育学上の新しい分野を提唱し、これを仮に「実際的教育学」と呼ぶことにしたのだった。

この本が世に出たとき、日本の教育学者の間に一種の衝撃が走った。大学や高等師範学校および師範学校で教育学を担当している学者たちは、先ず「実際的教育学」という題名が「理論的教育学」を否定ないしは批判するものと受け取り、激しく反発した。彼らにとっての教育学研究とは、主として西洋の教育理論を学んで、これを紹介・祖述したり、教育上の諸問題にその理論を当てはめて説明したりすることであった。西洋で何か新しい学説が発表されれば、それを誰よりも早く日本に紹介し、その説の解説者になることが手柄であり、世間からも評価された。そのような学問の在り方がこの書によって徹底的に批判されたのであるから、彼らは面目にかけても反論せざるを得ない状況に追い込まれたのは必然であった。この書の第一篇第一章「従来の教育学を論ず」は、次のような節から成っている。

第一節　従来の教育学はあまりに空漠である

第二節　従来の教育学はあまりに実際と没交渉である
第三節　従来の教育学はその説く所あまりに区々である
第四節　従来の教育学は教育上の大問題に触れない
第五節　従来の教育学は教育学の系統上入門若しくは序論と称すべきものである
第六節　従来の教育学は大体の教育的思想を養ふに過ぎないものである

澤柳は「従来の教育学は空漠である」という過激な宣言をすれば、教育界に何が起こるかを十分に予測していた。そこから、本当に日本の教育にとっての価値あるものが創造される気運が生まれることを、期待したのである。すなわち、教育界に有益な論戦の巻き起こるきっかけを作ることもまた、この書を執筆した目的であったのである。

澤柳はこの書の刊行の二週間余り前にあたる二月二日、上野精養軒における全国師範学校付属小学校主事談話会において、来賓として出席している教育界の論客たちを前に、間もなく出版されるこの本の内容を要約しながら自分の意図するところを説明し、来賓諸氏の著作を含む現今の教育学書を片端から批判した。これに対して出席者たちからの反論が相次ぎ、午後四時に始まった会が夜十時を過ぎても終わる様子がなかったので、ついに主催者が時間切れを理由に終会を宣言したという。

こうして出版前夜から開始された『実際的教育学』をめぐる論戦は、『教育学術界』など主な学術誌上に場をうつして、半年ばかりの間に二十数回に及ぶ批判・反批判の応酬が続いた。澤柳は批判されることを歓迎し、批判が出るたびに、その一つ一つに懇切丁寧に対応した。そして批判が犯している読み違い、論理の飛躍や不整合、学問的な知識の不足、事実についての認識の欠如などを指摘して、徹底的な反撃をもってこれに答えた。彼は「議論することが唯一の趣味」である人間だと評されたが、本当に彼が目指したのは、仲間褒めに終始して自分たちの地位を保持しようとする学界に対して、覚醒を促すことにほかならなかった。この論戦で澤柳が批判した主な相手は、大瀬甚太郎、吉田熊次、田中義能、樋口勘次郎、池田残菊、堀尾太郎、山田邦彦などであるが、彼らの論点とそれに対する澤柳の反論については、全集第一巻巻末に稲垣忠彦、竹下昌之両氏の行き届いた解説が載せられている。

「教育学批判」の発表

『実際的教育学』をめぐる論争が終わりに近づいた頃、澤柳は教育界にむけて、さらにもう一つ新しい贈り物をした。それは同じく明治四十二年八月に行なわれた「東参一市四郡教育会連合夏期講習会」での連続講演である。講演の筆記は書物として刊行されることがなかったので、速記録に多少の字句修正を行なって旧全集に収められた。新全集もそれをそのまま再録（全集二）しているが、内容といい分量といい、優に一冊の大著となるはずのものであった。従ってここでは敢えて著書として扱うことにしたい。

この書の緒論第一節で自ら言っているように、澤柳は『実際的教育学』の続編として「教育学批判」を書いてみたいと思っていた。そこへこの連続講演を依頼されたので、この機会に「日本の教育学者が、最近数年間に著はした書物に就いて稍々精しく批評を加へて見たい」と考えて、この講演を引き受けたのであった。

この講演は先ず第一章と第二章において、批判方法の全体にわたって詳しく述べた後に、具体的個別的な作品批判に入っている。

澤柳が最初に取り上げたのは、（第三章）谷本富著『系統的新教育学綱要』（明治三十九年刊）である。谷本富《たにもととめり》（慶応二年～昭和二十一年、一八六六～一九四六）は東京高等師範学校教授だった頃、明治三十三年から三年間ヨーロッパに留学し、帰国後すぐに京都帝国大学理工科大学の講師に任じられ、三十九年に文科大学が発足すると文科大学教授となった。当時としては澤柳、大瀬甚太郎などと共に、日本の教育学の草分けの一人と見なされていた人である。

澤柳は谷本のこの著作の内容を細かく分析し、記述の無秩序、論理の不整合、主張の矛盾などを一つ一つ指摘して、たとえ部分的には従来の教育学書にない新しい観点が見られるとしても、表題に「系統的」と謳っているにも拘らず「系統として大なる矛盾を含んで」おり、全体としては多くの学説の寄せ集め以上のものではないことを明らかにしている。

次に取り上げられているのは（第四章）小西重直著『学校教育』である。澤柳は小西の著書に見られる研究者としての真摯な姿勢、論述の具体性と論理的整合性の高さを指摘した上で、「教育学書として日本に現はれた書物の中に於ては、此の『学校教育』と云ふ書物は、最も善良なる書物であると云ふ事を深く信じて、諸君の十分に研究せられん事を希望致す次第」

であると評価し推奨している。しかしまた、小西が教育勅語を

「個人的主義も、国家的主義も、社会的主義も、倫理主義も、実用主義も、凡て調和しているから、日本ばかりに於いて価値があるのではなく、客観的価値ないしは普遍的価値がある」

としていることに対しては、これは説明が甚だ不十分であると指摘し、その上ただ言葉で社会的個人主義とか個人的社会主義とか言って説明してみたところで、それによって調和がとれるわけではなかろうと、著者の批判精神の弱さを突いている。

第五章は「従来の教育学の問題」と題され、これまで発表された全ての教育学書に共通する問題を総ざらいし、従来閑却せられて来た問題が指摘され、今後あるべき研究方向の展望が示されている。其の後第六章に乙竹岩造著『実験教育学』の批評、第七章（補遺、広島夏期講習会講演筆記抄録）に、結語として「吉田熊次氏の『系統的教育学』を評す」の順に続く。当時乙竹岩造《おとたけいわぞう》（明治八年～昭和二十八年、一八七五～一九五三）は東京高等師範学校教授、吉田熊次《よしだくまじ》（明治七年～昭和三十九年、一八七四～一九六四）は東京高等師範学校教授兼東京帝国大学助教授であった。この二人の著作も、著者がその著作で論じていると自認していることが実は全く、或いは殆んど何も論じられておらず、考察ないし研究されてもいないと手厳しく批判されている。

澤柳は大学出身の教育学研究者としては、ここで扱われているどの教育学者よりも研究歴が長く、

その上非常な勉強家であって、彼らが言及するヨーロッパやアメリカの学術書の殆んどに目を通していた。いわばこの分野での最古参であると同時に、また最先端の研究者でもあった。しかも、大学を卒業して以来教育行政の中枢にあって、教育界に関係するあらゆる法制、組織、内容、およびそれらの実態を、実務家として知り尽くしていた。従って大学や高等師範学校の教授たちは、学術研究の視点からも、研究・教育の実態についての見識という観点からも、澤柳の批判には否定し難い根拠のあることを認めざるを得なかったと思われる。しかしこれだけの批判を受けて、それに甘んじて引っ込むわけにはいかない。そのような切羽詰まった状況に立たされたとき、研究と教育に責任のある人たちが是非とも発奮して日本の教育界の発展のために努力してくれるようにというのが、澤柳の一連の教育学批判の狙いであり、また願いでもあった。

3 『孝道』刊行前後

父の死

澤柳は病後の静養のために、前述のように片瀬海岸の近くに別荘を借り、そこに父信任も招いて、老衰の進んできた父に孝養を尽くしていた。しかし信任はすでに胃癌に冒されていて、床に就くことが多かった。『吾父』には

「(信任は) ひどい便秘で、下剤や浣腸ではなかなか便が出にくかつた。孝心厚き父 (政太郎) はそ

の度に、自ら指で祖父の便をとつたのであつた。それも二度や三度ではなく、祖父が病床にあつた二年間を通じてであつた。」

と記されている。

信任は倒れてから二年ばかりの闘病の後、明治四十二年（一九〇九）三月八日に死去した。先に述べたように、彼は武士気質の厳格で几帳面な人であったが、明治維新の後の社会の変化にうまく対応することが出来ず、次第に頑なな性格になっていたので、そのために一家を支えるための苦労も倍加したものと推察される。そして澤柳が大学を卒業する一年前に、下級官吏の職を引退して恩給生活者となった。恩給の年額は百七円だったそうである。しかし澤柳が大学を卒業してから後は、苦労ばかりだった前半生とは反対に、孝心の厚い息子の世話によって幸福な後半生をおくることができ、次第に性格も温和になり、満足してこの世を去ったという。行年六十七歳だったというから、退職して後は二十三年もの間、この優れた息子に大切にされ、息子は父の前半生四十四年の苦労を、世にも稀な孝養をもって酬いたのであった。

澤柳の孝心は生まれつきの性格ばかりではなく、教育者としての信念にも深い関わりを持っている。彼は教育に宗教を持ち込むことを否定したが、それは、宗教教育をする場合には宗派の教条に拠らざるを得ず、どの宗派にも偏らない宗教教育を成立させることが不可能だと判断したからであった。しかし学校教育においては、知育と体育と徳育の三つが均衡をとっていなければ本当の教育とは言えない。もし徳育に宗教教育を用いることを認めないならば、一体どこに全ての日本人が共有する道徳的倫理的感性の根底を求めたらよいのであろうか。仏教にも神道にも、そのほかのいかなる宗派信仰にも国民道徳の根源を求めないとしたならば、公教育においての徳性涵養の根拠を何に見出すべきなのか。この問題に対して澤柳は、「孝道」こそ日本人にとっての根源的倫理感の根拠となるものだという考えに到達していた。彼の親孝行は具体的で、そして同時に哲学的でもあったのである。この問題は後に彼の大著『孝道』について述べる際に取り上げるが、信念と実践とが一体である澤柳の学問の特徴が、ここにも現れていると言えよう。

雲照律師の遷化

父が世を去って一カ月後に、続いて雲照律師が遷化した。澤柳は目白僧園の設立以来、雲照律師を師と仰いで敬慕し、律師の宗教家として、また教育者としての活発な活動を支援し続けてきた。律師は八十歳の折に、日露戦争戦没者回向のため大陸に渡ったり、日本国民教育革新のため教徳学校という学園を創設しようと奔走したりして、老いてなお矍鑠《かくしゃく》としていたが、明治四十二年四月六日の青木貞三追悼法会の日に発病し、入沢達吉博士らの努力も効無く四月十三日に死去した。行年八十三歳であった。

澤柳が雲照律師についての思い出を述べた記録は幾つかあるが、そのどれを見ても師に対する尊敬の念に満ちている。一例を挙げると、律師の三回忌に臨んでの追悼の辞「衷心の帰依」（全集七）には、次のような一節がある。

「明治二十二年初めて和上に謁しました以来、其御遷化に至りますまで、丁度二十一年間直接間接に教を蒙つた者でございます。併しながら、和上の御教を蒙つた者と致しましては、甚だ不調法なものでありまして、和上に対して恥ぢることが多いのでありますが、併し今日恥づることの多い中にも、幾分か人なみのことがあると致したならば、是は皆和上の徳の然らしむるところであると深く信じて居る次第であります。多くの人に接して見ましたが、一見して成程偉い人である、感心な人であると思ふことは度々ありまするが、永く交際して居る中に、初め考へた如くに真に偉い方であり、感心な方であると云ふやうに尊敬の続くことは、少なくとも私の経験に於きましては、甚だ少ないのであります。是も私の驕慢な心がありまして、或は人を軽んずると云ふやうな悪い考の然らしむるところであるかも知れませぬが、併しながら、故和上に対しては、二十一年の間年と共に和上に対する尊敬の念は増しまするけれども、豪も前の和上に対する尊敬心が減じたと云ふことはないのであります。」

澤柳は生涯を通じて、職務上あるいは立場上口に出せないことは多かったであろうが、しかし心にも無いようなことは決して言わなかった。同時にまた、相手が目上であろうと権力者であろうと、その言行に理の通らないところがあれば容赦なく批判するのが常であった。それにも拘らず、澤柳において雲照律師を批判する文は全く見当たらない。雲照律師は澤柳から尊敬のみを捧げられて、一つの批判も受けなかったきわめて数少ない人物の一人であった。大切にしていた父と、心から敬愛していた律師の二人を相次いで失った彼の悲嘆は、非常に深かったに違いない。

『退耕録』の執筆と刊行

『退耕録』（全集十）は、澤柳が随筆集として出版した最初の書物である。明治四十二年四月一日に丙午出版社から刊行されたが、六年後に出された『随感随想』（大正四年五月、冨山房刊、全集十）と合わせて、良く知られ良く読まれた本である。彼は公職についている間、職務上ほかの人たちに迷惑をかけるのを慮って、言いたいことを十分に言い尽くせなかったが、その気持ちを「序文」の中で次のように記している。

「官遊十数年その間時に已むことを得ずして論じたることあるも、累を公職の上に及ぼさんことを恐れ、腹ふくるる心地するを忍んで、言はんと欲する所を尽くさざりしこと少なからず、今や退て身体を養ひ心田を耕すに余念なく、悠々自適す。言論に由つて罪を江湖に得ることあるも累を他に及ぼすの虞あるなし。されど曩に言はんと欲して云はざりしもの、今日に至り之を言ふも多くは十菊六菖の憾あり。故に本書に収るもの前日之を言はんと欲して、今日漸く之を述ぶるもの多しとせず。」

文部次官を辞してようやく、これからは遠慮なくものが言えるという解放感が全編を通して感じられる。幾つかの所感の末尾に短歌詩歌の類が書きつけてあるのも、彼のそのような気持ちを象徴しているようである。「思想家」と題する冒頭の一編は比較的短いので、例としてあげておこう。

「思想家。
思想家といふ語は立派なる日本語である。不穏当なる熟語ではなからうと思ふ。しかしながら此文字に適当するものが現今の日本にあるか否かは、一の疑問であらうとおもふ。西洋に於ては思想家といふ文字のあるは勿論、思想家と称すべき人士は少（な）くない。我国にも学者はあるであらう。文章家もあるであらう。雄弁家もあるであらう。何事に就いても議論をなす論客はあるであらう。研究に従事して居るもの即研究家もあるであらう。書物を広く読んでいる読書家は勿論多くある。（中略）しかしながら我国に思想家と称すべきもののないのは甚だ遺憾である。思想家は上に揚げたる何れのものよりも国家に取つて大切なるものであらうかとおもふのである。思想家の出でんことを望んで已まない。
世の中は八重山吹の花心
実なきことのみもてはやしつゝ
（足代弘訓）」

『退耕録』に収録されている所感は序をいれて九十編、挿入された詩歌は全部で二十五編であるが、澤柳がどのような傾向の詩歌を好んだかは、これらを読むと多少の推測がつくであろう。

申酉事件を解決する

公務から解放されて病を養い、執筆にいそしむことのできたのも束の間、明治四十二年九月初めに、澤柳は突然呼び出されて、高等商業学校長事務取扱を命じられた。これには次のような事情があった。

東京商業学校が昇格して「高等商業学校」と改称したのは明治二十年十月であるが、さらにこれを単科の商科大学に発展させようという運動が、渋沢栄一などの支持を得て始められた。明治三十五年四月に神戸高等商業学校が発足し、従来の高等商業学校が東京高等商業学校と改称してから、この運動はさらに激しくなり、明治四十年の春に「商科大学設置に関する建議案」が議会に提出され、両院を通過した。しかしこの時点では、東京帝国大学法科大学の政治学科を改造して商科大学とするか、それとも東京高等商業学校を整備して昇格させるのかが未解決であった。

ところが突然明治四十一年四月三十日に、東京帝国大学法科大学に経済学科を設置するという決定が発表されたので、東京高等商業学校は慌てて十一人の教授の連名で牧野文部大臣に覚書を提出し、総合大学と単科大学の性格の違いを理解するように要望した。澤柳は大学は本来総合大学であるべきで、単科大学の設立よりもむしろ高等専門学校の充実の方を重視するのが本筋であると考えていたが、普通学務局長の時代から高等商業学校の問題に深く関わっており、文部次官になってからも高等商業学校側と何度も折衝をしていたので、当然ながらこの間の事情は十分に理解していた。しかしこの覚書が牧野文相に提出された時期は丁度病気療養中で、申し入れについては直接に対応も対処もできなかった。

文部省が東京高等商業学校への回答を準備する前に、折悪しく明治四十一年七月に内閣が替わり、第二次桂太郎内閣が誕生し、文部大臣牧野伸顕が退陣した。そして澤柳も文部次官を辞職した。桂内閣の文部大臣には松原英太郎、次官には岡田良平が就任した。東京高等商業学校の松崎蔵之助校長は早速文部省を訪ね、交渉を再開しようとしたところ、松原文相も岡田次官も「商科大学問題は引継ぎ事項ではない」と言って話し合いを拒否したので、高等商業学校側は非常な危機感に襲われ、教授と学生とが一丸となって文部省、特に松原文部大臣と岡田次官に抗議する運動を開始した。この紛争はなかなか決着がつかず、次第に実業界の代表者たちを巻き込んで複雑になっていった。そして翌明治四十二年になって、松崎校長に対する不信の念が校内にたかまり、松崎校長は責任を取って辞表を提出した。松崎蔵之助は先に述べた通り澤柳とは東京府中学以来の友人であるが、経済学者として東京大学農科大学、法科大学などの教授を歴任し、丁度この時期に高等商業学校長の職にあった。法学博士、帝国学士院会員、また日本銀行設立委員なども務めた人である。

これに対して文相は松崎校長の辞職願を受理し、専門学務局長の真野文二を東京高等商業学校長事務取扱（兼務）に任命した。また東京帝国大学評議会は、東京帝国大学法科大学内に商科大学を設置し、高等商業学校卒業生を無試験で受け入れることを決め、文部省は五月六日の省令をもって、高等商業学校専攻部の廃止を通達した。

この時点で東京高等商業学校の大学昇格運動は変質し、高等商業学校の専攻部存続運動に移行せざるを得ない情況となった。なぜなら、専攻部は従来すでに卒業生に商学士の学位を与える権限を持っていたので、東京高等商業学校としては例え単科大学に昇格できないまでも、専攻部の廃止だけは絶対に認めるわけにはいかなかったからである。事態がここに至って、全学学生の退学宣言や、高等商業学校出身の教授たちの辞表提出宣言にまで進展した。危機感を抱いた実業界の代表者たちは、ついに事件に介入し学生側を説得して、文部省との交渉の一切を引き受けて事態の収拾に当たることにした。その結果文部省が譲歩して、六月二十五日に「専攻部は今後四カ年間存続させる」という暫定的な案を認めたのであった。世にこれを一橋の申酉事件と呼んでいるが、それは明治四十一年が申年、四十二年が酉年だったからである。

しかしながら事件はこれで決着したわけではなかった。さしあたって専攻部が四カ年間存続することが決まっただけで、その先をどうするかも、また肝心の商科大学昇格問題も、まったく棚上げのままであった。当然ながら東京高等商業学校には、いつ爆発するかもしれない火種がくすぶり続けていた。その上文部省にしても、文部省専門学務局長をいつまでも校長事務取扱にしておくわけにはいかない。そこでようやく大患から回復したばかりの澤柳に、事件の後始末をするために、東京高等商業学校の校長に就任するよう要請したのであった。

澤柳はもともと、単科大学を設置するよりも高等専門学校を充実するのが本筋であると主張してきており、その考えは変わらなかった。だが今度の紛争については、高等商業の教授陣にも学生たちにも言い分のあることを理解していたので、最も理にかなった解決をするために尽力しようと決心した。しかしあくまでもその目的で要請に従う以上、問題が解決して学校に平和がもどったら直ちに身を引くので、校長ではなく校長事務取扱とするように要求したのであった。明治四十二年九月のことである。

就任後彼は教授、学生および関係者たちとの話し合いによって、一同の納得のいく形で解決する方針を貫いた。そして高等商業学校一橋会雑誌に毎号執筆して、自分の教育上の所信を発表した。このような具体的な努力によって次第に学内は落ち着きを取り戻し、文部省との交渉も進み将来の見通しがついたので、学校当局も学生も安心して本来の営みに戻っていったのである。

明治四十四年三月に澤柳は当初の目的を果たし、後任に山口高等商業学校長であった坪野平太郎を推薦して辞職した。それから一年後の明治四十五年三月二十五日、文部省は省令をもって、岡田次官の発議になる専攻部廃止に関する四十二年五月六日付省令を撤廃し、改めて専攻部の永久存続を表明した。これを祝する会が四月二十七日に高等商業学校同窓会主催により築地精養軒で開かれ、「本件に就いて最も深く尽瘁せられたる青淵先生（渋沢栄一）を首め中野武営、島田三郎、旧校長澤柳政太郎、現校長坪野平太郎諸氏を招待し鄭重の謝意を表し」（一橋会雑誌）たという。

東京高等商業学校専攻部は、その後大正九年（一九二〇）に東京商科大学に昇格し、日本で最初の官立単科大学となった。

長男勇太郎の死

澤柳には当時男児四人、女児二人があり、長男勇太郎は東京高等師範学校付属小学校から中学に進み、明治四十二年に同校を卒業した。いわゆる蒲柳の質であったが頭脳明晰で、また文学や芸術を愛し、詩や小説を書いたり芝居を鑑賞したりするのが好きだった。特に絵を描くことが巧みで、水彩画を大下藤次郎に学び、才能を高く評価されていた。ただ祖父信任が古風で、文学や芸術にまったく理解がなかったので、芸術方面に進路を定めることの出来るような雰囲気が家庭にはなく、自分自身もまた学問によって父政太郎の後継者になること以外は考えておらず、中学を卒業した年に第八高等学校の理科を受験した。しかし受験勉強の無理が災いして肋膜炎を発し、さらに腹膜炎を併発して、明治四十三年六月二十日に死去したのである。澤柳は一年前に父の死に会い、さらに今度は長男を失って、悲嘆のあまり寝台の傍で涙にくれたという。

長男勇太郎の死を、その後の子どもたちの人生選択に際して澤柳がきわめて寛大であったことと関係があるように言う人もいるが、恐らくそうではないであろう。長男勇太郎が育ったのは、澤柳が孝心から父信任を労わり、その家長としての権威を損なわないように努めていた時期であり、それだけに勇太郎に対する澤柳の思いは切なかったのだと思われる。澤柳は毎日激務に追われていたが、そのために家庭を顧みないという人ではなく、家にあっては父母に孝養を尽くし、妻子を慈しんだ。後に長女の藤尾信が記した「亡父澤柳政太郎の思い出」(『現代教育学』月報、岩波書店、昭和三十六年、一九六一、十一月)には、次のように記されている。

「(父は)東に西に、公務の旅はおおむね夜行を用ひ、在宅の折は朝より訪客打続き、その間に執筆読書書簡の返事等に追はれる、誠に寸暇なき日常であつた。それにもかかわらず、私の脳裡には祖母の病床に侍して不自由な手先をもんでゐる父、少しの暇に廊下をはき、愛犬にブラシをかける等の姿が浮かぶ。ことに幼児の守りは天才であつたと思ふ。口数少なく、ただ膝元にすわらせて置くだけで、幼子は飽きない。八人の兄弟姉妹なので、長い間常時幼児が居り、私は長女として守りには苦心したので、特に感心した次第である。」

修身教科書の執筆

小学校の教科書が国定になり、明治三十三年四月に修身教科書調査委員会が設けられて、委員長には加藤弘之、幹事に澤柳、委員に井沢修二、井上哲次郎、井上円了ほか数名が任じられた。この時に、修身教科書編纂の基本方針を、小学校令と小学校令試行規則に基づいて「教育ニ関スル勅語ノ旨趣ニ基キ児童ノ徳性ヲ涵養シ道徳ノ実践ヲ指導シ健全ナル日本国民タルニ必須ナル道徳ノ要旨ヲ授クルヲ目的」とすることが合意された。そして教科書の執筆には平出鏗二郎、乙竹岩造、吉田熊次が当たることになった。その後に前述の教科書疑獄事件が起きて、修身だけではなく国語、地理、歴史、理科などの教科書も国定化されたので、実際に出来上がって使用が始まったのは明治三十七年四月であった。

この時に国定化されたのは小学校で使用する教科書だけで、中等学校以上は義務教育ではない以上、そこで用いる教科書はこれまで通り商業出版社が刊行し、文部省の検定を経て採用されるものであった。しかし澤柳は中等教育が広い意味で普通教育の延長線上にあり、義務教育で学んだことが基礎になって、その上に積み重ねられるべきものだと考えていた。彼は若い頃から特に修身教科書と関わることが多く、それだけに経験もあり独自の見解もあり、また一種の責任感も持っていた。そのような思いが、各種の中等学校修身教科書も、小学校における徳育が、中等学校でさらに発展深化されるような内容でなければならないという気持ちに繋がっていったのであろう。病気療養中に「中学修身書」五巻及びその「備考」を仕上げたのを手始めに、「女子修身訓」四巻及びその「備考」、「実業修身訓」五巻及びその「備考」を、次々と同文社から刊行した。中学修身書は明治四十二年十月に、女子修身訓は同四十三年九月に、実業修身訓は同四十四年二月に出版されているから、ほぼ毎年一揃いということになる。

『吾父』によると、これらの書を著すにあたり澤柳は非常に多くの資料を集めたが、対象とするそれぞれの学校に適した内容にするように、取捨選択して使用した。それらの中でも、明治四十年（清国の年号では光緒三十三年）に上海商務印書館から発行された蔡振という人の編纂になる「中学堂用修身教科書」が、中学修身書を著すのに非常に参考になったという。蔡振は日本の文献から多くの材料を採っているそうだが、澤柳は漢学の造詣が深く儒教倫理にも通暁していたので、その意味でこの作品に強く惹かれたのかもしれない。

澤柳が目指した教科書編纂の目的は、その「編纂要旨」に書かれている通りである。次にそのうちの注目すべき点だけを選択し、抽出しておこう。

① 中学における修身科の目的は「勅語の趣旨に基づいて道徳上の思想及び情操を養成し、中等社会の男子に必要なる品格を具へしめん」とするにある。すなわち単に知識を与えるだけでなく、進んで行為に影響することを期待し、行為を指導するだけでなく、全人格の陶冶に資するものでなければならない。

② 本書はこの目的で編修したもので、従来のように徳目を羅列し、それに蛇足の説明を施し、独断的訓戒を行なうようなものとは、全く類を異にする。生徒が感奮し、積極的に徳行を実践し

たくなるように書かれている。

③「…しなければいけない」「…してはならない」という命令的訓戒的形式を避け、生徒が自ら考え、自ら覚って修養にいそしむようになることを目指している。

④徳は人格より派生するという感覚を養う。

⑤各巻は各学年の生徒の心的状態に合致するように、また生徒の心の琴線にふれて自ら発奮するように構想されている。

つまり当時の政府と文部省、および教育界に課せられた「勅語の趣旨に基づく教育」という原則的な枠が、扱い方によっては普遍的な徳育の理念と矛盾するものでないことを先ず印象づけ、次いで従来の徳目羅列方式の修身観を否定して、自己の人間としての品位と人格を高めようとする願望を、各自の内側から生じさせることこそが、徳育の本義であり目的であるとする。そしてこの目的を達成するには、子どもの年齢と成熟度に合致した教材を与えることが大切で、それには現在の言葉で言えば、発達心理学的な視点が欠かせないというのである。実際にこの主張が教科書の本文に十分に反映しているかどうか、果たして澤柳の望むように、この教科書を使えば生徒に真の徳育が施せるかどうかは、恐らく色々議論の生じるところであろう。また、授業を行なう教師の認識が不十分であったならば、効果が上がらないかも知れない。澤柳もこの危険については十分に承知していて、未然にこれを防ぐ対策として、授業者のために『中学修身書備考』を準備した。これを読むと、彼の教育意図がさらにはっきり理解できる。彼の教育方法は具体的事実から出発し、現実密着的であるとともに論理的かつ構成的でもあって、しかも理想を追求する情熱を秘めている。それが教師に分かるように書かれているのが興味を引く。少し長くなるが、教科書巻一、すなわち一年生用の始めのところを開いて見よう。念のために明治四十二年の初版、明治四十五年の修訂版、大正八年の改訂版の新訂第三版（大正十四年刊）の三種を比較してみたが、版を改めるたびに少しずつ記述が充実しているので、ここでは最後の版を採ることにする。

第一　今と昔

本課は選抜試験に合格して入学するを得て得意なる生徒をして、往時の状を知らしめ、現時の大に幸なることを深く感ぜしむると共に、新文明に伴ふ弊害を反省せしめ、以て戒心する所あると同時に奮励する所あらしめんとするを目的とす。

- 今と昔
  - 今昔の差
    - 一、交通上
      - 昔、道路険難、橋梁なし、汽車汽船なし、東京、京都間の旅行十数日を要す、通信の不自由
      - 今、汽車あり、両京の間十余時間、郵便、電信、電話あり、通信自由
    - 二、学習上
      - 昔、藩学、寺子屋、読書算、書物少高価辞書の謄写、教育法無理

「今、所在学校あり、各種類、学科目書物得易し、教育法無理無し
利不利
一、昔
利、心身の鍛錬、覚悟決心を要せり、自修自学の念、堅忍不抜の気象
不利、総てのこと不便
二、今
利、総てのこと便利なり
不利、自修自学の念起り難し、堅忍不抜の気象養ひ難し

[参考]

一　古人苦学の例話は多々あるべし。今その一例を挙げん。

勝安房幼時兵学を学べる頃、偶々舶来の兵書を某書肆にて発見し代金五十円余りを非常なる苦心をして調達し急ぎて書肆に至れば其の書は既に某氏の手に入れり。安房其の人を訪ね出して訪問し、切に情を陳じて其の書の譲与を請へども許されず、已《やむ》を得ずして更に借覧を請へども許されず。是に於てか更に「昼間は足下に必要なるべけれども夜間は其の要なかるべし、足下の已《すで》に寝に就きたる後借覧せしむるも敢えて差支なかるべし」と頼みけるに、某は其の意地強きに驚き「然らば夜分四ツを過ぐれば貸すも可なり、然れども大切の書なれば之を戸外に持出すを許さず」と答へたり。安房は乃ち其の翌日より通勤を始めたり。一里半に余る道程を少しも屈する色なく、豪雨風雪の夜と雖も未だ曾て其の往復を廃せざるのみか一夕も其の時刻を違へしことなく

斯くて其の浩瀚なる兵書の全部を半歳有余の間に手写し了へたりといふ。（偉人百話）

二　大学、論語、庭訓往来、商売往来、実語教等、往時寺子屋、藩学等にて教科書として用ひたるものの数種を示すを可とす。大学、論語等に関しては簡単に孔子の述べし所なることを語れば足れり。込入りたる解題は之を為すとも其の効なかるべし。後に至りて之を為す時期あるべし。

［問題］一　学修上に於て今と昔とどんな差異があるか。二　設備の不完全な時代に大人物の出た理由を述べよ。三　新文明の修養上に於ける利弊を論ぜよ。四　新文明の短所を去り長所を利用して修養に資するにはどんな覚悟を要するか。

教師が授業準備をするための参考とするように書かれた「備考」は、大体においてこのような調子である。「第二　勉強」「第三　服従」「第四　物は思ひやう」「第五　小事とは何ぞや」「第六　悪は長じ易し」「第七　称賛と非難」「第八　活発と粗暴」等々と続き、巻一から巻四までは各巻に二十課、巻五には十三課が収められていて、合計すれば全五巻で九十三課となる。（教科書の本文は全集五に全文が収められている。）

この教科書は教育界の全体から、きわめて大きな好意をもって受け入れられ、全国にわたって殆んどの中学校がこれを採用した。また別の出版社から刊行される同種のものに対しては、頼るべき手本あるいは亀鑑となって、その後も長く影響を与え続けたのであった。

各種の修身教科書を執筆したのとほぼ同じ頃に、澤柳はかつてロンドン大学で行なうはずであった講演の英文草稿を日本語に書き直し手を入れて、同じ同文社から、明治四十三年一月に『我国の教育』（全集八）と題して刊行した。ロンドン大学での講演は、先に述べた事情から急遽菊池大麓が代わって引き受け、菊池が行なった講演「日本の教育」はロンドンで英文で刊行された。澤柳はこの講演記録を読み、自分が述べようと思っていたこととは必ずしも一致しないのを遺憾として、改めてこの書を世に問うことにしたのである。

『我国の教育』

彼は日本における教育の実情を記述するにあたって、先ず日本文化を全体として展望し、あくまで日本文化史の視点を基本に据えて、我国固有の教育の思想と構造を説明しようと試みた。また教育問題は国民全体が関心を持つべき大事なことであるから、全ての人が教育問題を考えるための手がかりを、この本によって与えようとする意図もあった。彼は序文の中で、次のように述べている。

「教育の事は大部分常識を以て論議することを得べく、又苟も子弟を有する者は皆教育に関係を有して其の幾分を知るものと云ふを得べし。然して大中小学等教育の全般に渉り、其の大体を知り、且現時我国教育の大要を知るは、国民として又父兄として必要なるのみならず、之を知ること亦必しも不能にあらざるなり。然るに今日此の種の書物なきが為に此等の事に通ずるもの誠に少《すくな》きは遺憾ならずとせず。本書若し聊かたりとも如上の欠を補ふを得ば著者の本懐とする所なり。」

また目次は次のように立てられている。

第一章　日本文明史の大要
第二章　日本教育の沿革
第三章　社会の風俗習慣より日本人の学問教育に対する思想を論ず
第四章　維新前の教育学者
第五章　日本固有の道徳
第六章　天皇と日本の教育
第七章　維新後に於る教育制度の沿革
第八章　学校の種類及系統
第九章　小学教育
第十章　中等教育
第十一章　女子の高等普通教育
第十二章　師範教育
第十三章　普通教育に於ける国民科
第十四章　実業教育
第十五章　高等教育

第十六章　私立学校と国家
第十七章　現今の日本教育の特点
第十八章　視学制度
第十九章　学校衛生
第二十章　海外留学生の制
第二十一章　日本教育制度の特色

明治四十年代に書かれたため、その時代の文化史的社会史的な制約があり、それが例えば第五章や第六章に特に色濃く現れていることは誰の目にも明らかだが、それを十分に承知した上でこの書を通読して見ると、自分自身がこの書の著者に匹敵するだけの広い視野と精密な知識をもって考え、事に当たっているかどうか、自問せざるを得ないであろう。その上さらに、現在の我々もまた、現在という時点の持つ視界の制約から逃れられないことをも考え合わせれば、一層その感が深い。

『孝道』の刊行

明治四十三年十一月に冨山房から刊行された『孝道』上下二巻（全集五に上巻の本論のみ所収）は、澤柳が最も心をこめて書き上げた作品の一つであろう。刊行以来何度も版を重ね、大正七年に縮刷版も発行され、一時絶版になっていたものの、昭和十六年に至って次男礼次郎の「孝道と父」と題する序文を付して、同じ冨山房から復刊されている。この序には次のように記されている。

「父が何時頃から『孝道』の執筆を思ひ立つたかは、私にははつきり判らない。併し父が此書を書かんとした動機及びこれに要する材料を集め始めたのは、余程以前からであつたと思ふ。父が少年時代から親昵《しんじつ》した漢学、大学時代に学習した哲学及び倫理学、明治の生んだ傑僧釈雲照から受けた仏教の影響、そして父が一生の仕事として選んだ教育、是等のものが渾然と一つになつて、父の脳裏胸中を往来し、それが彼の初期の著述となり、次いで修身教科書の編纂となり、斯かる中に、父は東洋の一大道徳たる孝道の危機に瀕するを憂へ、その研究と実践を鼓吹するために『孝道』の執筆を思ひ立つたのであらうと思ふ。

而して明治四十二年の三月には、父は彼自身孝道の実践者として其迄孝養を尽したその父を失ひ、次いで翌四十三年六月にはその愛児たる長男の夭折に逢ひ、あたかもこの重なる二つの不幸に対する贐《はなむけ》の如く『孝道』上下二巻の大冊がこの年十一月に出版されたのであつた。」

この序文に書かれているように、澤柳は孝を日本人の道徳観念の基本であると考えていた。近代国家の成員ならば、その奉ずる宗教や信仰は個人的な体験などによって相違してくるのは当然であり、どのような信仰告白をするのも自由であるが、しかし一つの国家或いは民族には、感覚的にも思想的にも全ての人に共有されている道徳観念がなければならない。万人に共通する道徳的倫理的な感覚が養われていなければ、個人的な宗旨や信仰を超えた次元での倫理的合意は成り立たない。それでは国家或いは民族が、一つの精神共同体としての実をあげることができないのは明らかである。徳川幕府が倒れて明治政府が誕生したとき、近代化に向かう日本民族は、これから倫理の根本を何処に求めるべきかが問われ、その問いへの答えが、政治家にも思想家にも教育者にも求められたのは当然であった。

周知のように明治政府は、この答えが「忠君愛国」の理念であるとし、また「君に忠、親に孝」であるとして、「教育勅語」を作成し発布した。すなわち天皇への忠義を国民道徳の要《かなめ》にするために、忠を孝の延長とみなす中国思想を利用して理論付けをしたのである。もともと封建時代の「主君への忠誠」と、「天皇への忠義」とは少し趣きが異なるが、しかしそこは無視して、天皇への忠を明治日本の倫理の根幹に据えるために、戦国時代から幕藩時代を通して養われた「忠孝」の道徳を利用したのである。

澤柳はこの手法に懐疑的であった。彼は「孝」という倫理感情には儒教哲学によって培われた長い伝統があり、それが国民感情の根底に深く浸透していると見ており、忠を鼓吹することによって、却ってこの根底が薄弱になっていくことに危惧を抱いていた。極端に言えば、国策によって虚構した忠の倫理を強調すれば、国民が本能的に孝の倫理にもいかがわしさを感じるようになるという危機感であった。澤柳が書いた「序」は、冒頭からこの問題を取り上げている。

「曰く、忠孝は道徳の大本なりと。曰く、忠孝一本の大義は我が国民道徳の特色なりと。又曰く、孝は百行の本なりと。顧みて現代道徳の実際を観るに、維新以来忠愛の精神の益々発揮せらるるに反して、孝道は愈々頽廃する虞なくんばあらず。忠と併せて孝を称すること、今日甚だ盛んなるに拘らず、予を以て看れば、孝道は今や危機に瀕するものの如し。」

そしてその証拠に、維新の後に忠を称え勧める書物は沢山出ているのに、孝を主題にして書かれた書物は、明治六年刊行の『明治孝節録』ただ一冊しかないことを指摘し、かつては奈良時代以前より幕末まで、夥しい数の孝道に関する書物が著されていて、庶民のすみずみにまで孝の感覚が浸透していた状況が、如何に明治政府の世になって変わったかを述べ、続いてこの書を執筆した目的を、次のように示している。

「予深くこれを憾《うらみ》とし、敢て本書を世に公にす。若し夫れ世の実際教育に従事せる諸子、その材料を本書に採り、適宜斟酌して教誨に資するあらば、孝徳を涵養して百行の本を固くし、我が国体の精華を発揮するに於て庶幾《ねがわ》くは裨補する所あらん。」

さてこの『孝道』は上下二巻に分かれ、上巻に第一篇本論、第二篇孝道に関する論説、下巻に第三篇孝道に関する詩歌格言等、第四篇孝道行実が収められている。本論の部分（全集五）に比して、それを支える資料の部分の圧倒的に多いことがこの本の特異な性格であって、孝に関して何かを考えたり発言したりする際に調べなければならない文献の大部分が、ここに揃えられていると言ってよい。

著者自身も「序」の中で次のように書いている。

「予は孝道に関する理論的研究の必要なるを認むると共に、其の実行を奨励するの一層緊切なるを信ずるものなり。即ち第三篇、第四篇に掲ぐる詩歌格言の類竝びに孝道行実は、専ら孝道の実践に資せんとするもの、その孝子の事蹟に至りては、普く諸書を渉猟し、数千百人中より選出せるものたり。支那に於けるものは、亦甚しく其の選択を誤らざるを信ず。西洋に関するものについては努めて之を採録せんことを欲したれども、予の寡聞なる、或は脱漏少からざるべきか。孝に関する詩歌等にして、諷誦すべきもの少からざるべしと雖も、更に現代文学者の覃思《たんし》構想に待つもの頗る多し。予は孝を中心とせる大文学の出でんことを切望するもの、その孝道の実蹟に力あること理談の比にあらざるべし。」

中でも「孝経定本」、「孝経考」、「仏説孝子経」、「父母恩重経」「仏説父母恩難報経」などの原典は、現在では見つけ出すのも容易でないのが実状なので、その意味でもこの本の価値は非常に高い。澤柳の主張そのものに賛成するにしろ、或いは反発を感じるにしろ、客観的に孝の道徳を論じるにあたって必要な原典を全て揃えて提供しようとする澤柳の姿勢には、誰しも学ぶべきところが大きいであろう。

第四章　東北・京都両帝国大学総長時代

1　東北帝国大学の創立

総長就任

東北帝国大学の設置計画は、前述のように明治三十四、五年頃より文部省内で進められていたが、同三十九年末に閣議決定がなされ、翌明治四十年三月に貴族院と衆議院を通過して成立した。そして同年六月二十一日に「東北帝国大学設置ニ関スル勅令」が公布されて、いよいよ東京、京都に次ぐ第三番目の帝国大学が仙台に設置されることになった。全て澤柳が文部次官を務めていた時期の出来事である。

新設の東北帝国大学も、複数の分科大学よりなる総合大学として構想され、中核となる理科大学を仙台に置くことを前提に、先ず札幌農学校を昇格して東北帝国大学農科大学とし、一分科大学のみで同年九月に発足した。当初は大学総長は置かずに、農科大学長の佐藤昌介が総長を兼務する形をとっていた。理科大学の創設事務は文部省専門学務局長の福原鐐二郎が中心となり、理科大学創設時に初代総長として澤柳が赴任することも、すでに内定していたという。また理科大学の教授となるべき人物の人選も進み、その内の八名ばかりを留学生として海外に派遣した。彼らの殆んどが帰国し、校舎の建設もほぼ完成して、一応の準備が整ったのは明治四十三年末のことであった。

東北帝大総長の頃（成城学園教育研究所澤柳文庫蔵）

こうして明治四十三年十二月二十一日に「東北帝国大学官制」が公布され、翌四十四年九月から理科大学の各学科が開講される運びとなり、曲りなりにも複数分科大学を有する総合大学の形を整えることになった。しかし総長に予定されていた澤柳は、前述のように、その頃東京高等商業学校長事務取扱としての職務に専念していたので、その職務が完了する時点まで、文部次官であった岡田良平が「総長事務取扱」を兼務した。

東京高等商業学校専攻部の存廃問題をめぐって生じた紛争が収拾され、専攻部の永久存続の見通しがついて学内が平静にもどったのを確かめてから、澤柳は山口高等商業学校長の坪野平太郎を次期校長に推薦して、明治四十四年三月に校長事務取扱の職を退いた。そして直ちに東北帝国大学初代総長の辞令を受け、仙台に赴任した。理科大学の学長には東京帝国大学教授の長岡半太郎が内定していたが、東京帝大総長浜尾新が長岡を手放そうとしなかったので、東京高等師範学校から東北帝大に転任した小川正孝教授が、急遽理科大学長に推挙された。

澤柳は広瀬川の見下ろせる場所に家を借り、女中と書生の三人で生活することにした。新帝国大学の発足準備は順調に進み、三月の末までに大学一般の庶務規定が制定され、理科大学規定も完成して四月から施行された。

澤柳の大学観

澤柳は大学が、各種高等専門学校のような単に高等専門教育を行なう場ではなく、「学術的研究」こそが、その本務であると考えていた。つまり大学教授は、現在までに得られている最高水準の知識を教授することに甘んぜず、さらに進んで新たな文明を開拓していく責務を担っているという認識に立っていた。例えば、明治四十三年一月の『帝国教育』第三百三十号に載せた「単立大学説に反対す」という論文で、彼は次のように述べている。

「専門教育に於ける最高教育は、当時の文明が有する処の最高の知識を与ふるを以て満足し、直に之を応用せんとするものであるが、大学は更に進みて、新たなる進歩を企て、文明の先頭に立つて進まんとするものである。この見解からすれば実用大学だの学問的大学だのいふ区別は殆ど意味をなさぬ。（中略）扨《さて》其の研究、深い研究のためには広き設備を要する。一分科の研究をするのにも、いろいろ之に関係ある他分科の書物や実験場がなくてはならぬのである。例へば動物の研究のためには、化学や、物理の実験室も入用であらうし、参考書籍も各般のものを要しやう。又法律を修むるにしても、哲学、社会学、心理学、倫理学など文科的の補助を必要とする。単に実験室や、書物のみならず、学者等が相互に知識を交換することも必要である。此等の諸点を考へ合せれば、大学は総合制でなくてはならぬことが明瞭になるであらう。」

このような見解は彼のみのものではなく、彼と共に文教政策を動かす位置にいた文部官僚たちも、澤柳と相似た大学の理念を持っていた。彼らはドイツの大学を手本にしていたので、ベルリン大学創設時に形成されたフンボルト（Karl Wilhelm von Humboldt, 1767～1835）の思想の影響を受けていて、特に大学出身の人たちにその傾向が強かった。大学教育の本質よりは政治的、財政的な効率という観点を重視するのは、文部省関係の官僚よりも政治家や財界人たちに多く、それに反して文部省の指導部は、今ある大学を学術研究の府として整備し、その水準を高めることを焦眉の急と考えていたのである。本務が大学教授であった上田万年はもとより、澤柳とは異なり政治家や財界の権勢家と強く結びついていた岡田良平などでさえ、大学の構成や教授の責務などについての見解は、澤柳のそれと大差なかったと言ってよい。

澤柳が他の文部省関係の高官たちと違っていた点は、教える側と学ぶ側の資格を認定する基準であった。言い換えれば、どのような人間を教授とし、また学生として選択するのかという問題についての、基本的な考え方であった。澤柳は人間の資質を重んじ、出身階級や性別や出身学校による差別を非とし、これらの差別を次第に消滅させていこうとしていた。彼が政治家や財界人のみならず多くの官僚や大学教授などと決定的に異なっていたのは、まさにこの点であると言ってよい。

しかし澤柳は大学の機能を、「学問のための学問、真理を発見するための学問」の研究に限定していたわけではなく、一方では大学の教育機関としての機能も重視していた。すなわち学生の多くが、大学を出てから後に高等の学術的知識と技能を必要とする仕事につき、大学で学んだ知識技能によって社会に貢献できるようにすることも、大学の使命であると考えていたのである。この見解を彼自身は次のように語っている。

「元来大学教育といふものも単に学問の為めに学問をする真理の発見をする為めに学問をするといふ一面の目的は確かに有つて居りますけれども其れだけの為めではない。大学の教育といふものは確かに高等の学術技芸を要する職務に従事せんとする者に必要なる準備を為す処の教育所であるのであります。大学に進入する処の大多数といふものは即ち大学を卒りまして後に夫々高等の学術技芸を要する職務に就かんとして居る処の人々であります。言換て見ると大学教育は一種の職業教育・職業の為めに専門の教育を施す処のものであるのであります。さういふ点から考へて見ますると女子にして学術技芸を基礎とする職業を執らんとする者は大学に入ることも差支ない」

(「一等国の大学」全集三)

澤柳はこの二つの考え方に基づいて、新しい大学の創設に向かっていったのであった。

「東北帝国大学理科大学規定」の特色

明治四十四年四月に布告された「東北帝国大学理科大学規定」は十一章からなり、学年制・学期制・学位授与・休学・退学などを始めとする大枠は、他の二帝大と甚だしく変わるところがないが、入学資格や提供される教育科目などに関しては、きわめて斬新な内容を提示している。ここで影山昇著「澤柳政太郎と女子高等教育」（成城文芸第一七〇号、平成十二年〈二〇〇〇〉三月）の記述を参考にしながら、大きな特色のみを取りだして列記してみると、以下の三点があげられると思う。

（ア）各科共通随意聴講課目として「科学哲学」「教育学」「工業経済学」「外国語」などを設け、いわば専門を超えた教養を身につけることを奨励したこと。

（イ）授業料免除の特待生制度のほかに、待給、補給の制度を設け、前者は月額十円の生活補助、後者は学術研究に必要と認められた場合の特別研究費として、給付されることにしたこと。

（ウ）入学資格者の範囲を従来の高等学校卒業者のみとせず、以下の順序で採用を決めることにしたこと。

①　高等学校の大学予科第二部（理工農学系）及び農科大学予科の卒業者を入れる。

②　右の資格を持つ入学志望者が定員を超過するときに、選抜試験を行なう。

③　右記の結果欠員があるときは、他の帝国大学からの転入志望者を入れる。

④　次に、文部大臣が高等学校大学予科部と同等と認めた学校の卒業者を入れる。
⑤　中等教員免許状所有者や中学校卒業者も、試験の結果適正な学力を有することが認められれば入学を許可する。

これらをまとめてみると、一、高等学校卒業生のみではなく、各種の高等専門学校卒業生や中等教員免許状所有者にも、大学で学ぶ道を開こうとしたこと。二、現に職についている人たちが、大学に入学したために経済上の困難が生じる場合には、授業料免除や奨学金の給付などによって援助できるように配慮したこと。三、本格的な専門研究者になるには普通教育（一般教養）が欠かせないという認識から、その遅れを取り返す必要のある者のために、各科共通の選択科目を準備し、彼らの便宜を図ったことなどだと言えよう。

明治四十四年九月五日に理科大学の入学試験が行なわれ、十日に入学者が発表されて、その翌日に入学宣誓式が挙行された。定員は数学科、物理学科、化学科それぞれが十名、すなわち合計三十名であった。合格者は二十六名であり、化学科では九名がすべて高等学校出身者であったが、他の二学科にはそれ以外の、いわゆる「傍系」から来た学生も含まれていたのである。

この年（明治四十四年）の八月二十三日に、五男大五郎が生まれた。後に美術史学者として名をなしたので、この人物については記憶する人もあろうかと思う。澤柳の父信任が存命中は、孫たちの命名を信任が引き受けていたので、長男勇太郎、長女信、次男礼次郎、三男義三郎、四男誠四郎、次女謙というように、儒教の徳にちなんで「勇信礼義誠謙」のそれぞれ一字を付した名を選んだが、澤柳自身にはそのような趣味は無く、父が他界した後はごくあっさりと、五男には大五郎、三女（大正三年五月二日生まれ）には中《なか》という名を与えている。

しかし彼は決して家庭生活、特に子どもたちに対して無関心であったわけではなく、威厳があるとともにまた非常に優しく、年の暮やお正月などで帰省しているときには一家で西洋レストランに食事に行ったり、映画や相撲を見に出かけたりもした。仙台に滞在していた明治四十四年の夏には年長の二人の男の子、すなわち礼次郎と義三郎を仙台で過ごさせているし、京都帝大に移った後の大正二年の夏にも、この二人と姉の信の三人を吉田町の官舎に呼んで一夏を一緒に過ごして、京都や大阪見物をさせ、休暇が終わって子どもたちが東京に帰る際には、伊勢鳥羽から名古屋まで同行して一緒に観光を楽しんだという。

教授たちの学術研究活動

学生の入学資格を大幅に緩和した一方で、澤柳は教授陣の研究活動を活発にすることと、良心的で水準の高い授業を行なうことを積極的に奨励した。またそのための便宜も可能な限り図って与えることに努めた。

その目に見える成果として、先ず『東北帝国大学理科報告』の発刊が決まり、第一巻第一号が明治四十五年一月に刊行され、掲載された五篇の論文は、そのうち二篇がドイツ語、三篇が英語で書かれていた。執筆者は本多光太郎、林鶴一、真島利行の三人であった。四月に第二号、九月に第三号、十二月に第四号、翌年の大正二年三月に第五号と続いてゆき、全ての論文をヨーロッパ語で書くという伝統も保たれた。

また明治四十四年七月には数学の林鶴一が個人的に『東北数学雑誌』を創刊し、第二号を十月に、第三号を翌年一月に、第四号を三月に出しているが、後にこれが大学出版物に移行して、次第に世界的な数学専門誌に成長していったことも注目に値しよう。

澤柳はさらに教授たちが相互に刺激し合うことを重視し、教授たちが他の教授の講義を自由に聴講出来るような、自由で開放された雰囲気を作るように気を配った。また自分自身が好奇心と向学心の塊のような性格だったので、時間の許す限り色々な講義を聴講した。当時四十七歳だった彼が、自分より年上の学生も混じっている教室に入り、目立たないようにそっと後ろの方で聴講していると、フランス人のフランス語教師が澤柳を学生だと思って問題をやらせた、というエピソードも残っているほどである。

総合大学完成への布石を打つ

東北帝国大学が理科大学を新設し、札幌農学校を大学に昇格させ、これを農科大学として併合し、ようやく二分科大学を持つ総合大学という名目で成立した経緯は、すでに述べた通りである。しかし北海道もまた大学を設置することを望んでおり、札幌にある農科大学は北海道帝国大学が設置される際に、そちらに吸収されるのは明らかであった。そうなれば東北帝大は理科大学だけの単科大学になってしまう。

澤柳はこの事情をよく知っていた。また東北地方の地理的条件から考えても、近い将来に東北帝大が工科大学、医科大学、文科大学などを備えた総合大学に発展することが必要であるのは明白であった。将来農科大学を手放すことをも視野にいれながら、複数の分科大学を創設するにはどうすればよいのか。澤柳はこの方策をどのように立てたのであろうか。この辺の事情も、前記の影山昇氏の論文に大変よくまとめられているので、次にその要点を紹介しておく。

澤柳は着任した翌年、すなわち明治四十五年三月二十九日に、「東北帝国大学官制」を改正し（勅令第六十五号）、東北帝大に専門学校程度の医学専門部および工学専門部を付置することに成功した。もともと仙台には医学専門学校と工業専門学校があったが、これらを直ちに大学に昇格させることは、教授陣や設備などの不足から直ぐには実現できなかった。そこで先ずこれらを、専門部という名目で大学に吸収しておき、教授たちを順次留学させたり、施設や設備を充実したりしていって、次第に大学に相応しい水準に引き上げた上で、分科大学に昇格させるという方針をとったのである。

彼の方針はそのまま後任の総長たちに引き継がれ、大正四年七月に医科大学が設置され、同七年に農科大学を分離して新設の北海道大学に移管し、翌八年の大学令改正によって分科大学が学部に編成替えされた際に、理学部、医学部とならんで工学部が誕生し、十一年に法文学部が新設されて、澤柳の計画した通りの規模での総合大学が完成したのであった。

女子が大学で学ぶ道を開く

東北帝国大学理科大学の第一回生の入学が許可されたのは、前述のように明治四十四年九月十日であったが、翌年の七月に元号が大正に変わったので、従って第二回生が入学したのは大正元年の九月であった。

澤柳はすでに「理科大学規定」で、いわゆる傍系の学校の卒業生と中等学校教員資格所持者の入学を認めたが、彼はまた「帝国大学令」に女子の入学を禁ずるという項目が無い以上、東北帝大では男子女子を問わず、入学試験に合格したならば入学させる考えであった。この考えは翌大正二年に京都帝大総長に就任した後も変わらず、同年八月九日に京都で行なった講演「一等国の大学」（全集三）には、次のように表現されている。

「殊に仙台に於ては（中略）中学校師範学校高等女学校の教員免状を持つて居る者は本科生として語学だけ試験して入学を許すといふ資格を認めた以上は男子でなければならぬといふことはない女子も中学教員免許状を持つて居る者は拒むに及ぶまいといふのでありますが之は単り私の考へばかりでなく仙台の理科大学の教授は皆殆んど同じ考を持つて居つたのであります。（中略）又人数の多い時は撰抜試験もしなければならぬ幾何とか微分積分といふことに就て撰抜試験をするといふことに致したいといふのであります。」

第三回目の入学試験は大正二年八月に行なわれることになっていた。ところがすでに女子採用に関する澤柳の意思は関係者たちに伝わっており、女子高等師範学校や私立日本女子大学などが卒業生を受験させる準備を始めていたのである。この知らせが文部省に届くと、文部省は八月九日付で東北大学総長に「詰問状」を送付した。その内容は次のようなものである。

「本年貴学理科大学入学志望者中数名ノ女子志願者致候様聞及ヒ候処右ハ試験ノ上撰科ニ入学セシムル御見込ニ候哉　元来女子ヲ帝国大学ニ入学セシムルコトハ前例無之事ニテ頗ル重大ナル事件ニ有之大ニ講究ヲ要シ候ト被存候ニ付右ニ関シ御意見詳細様知致度此段及照会候也

大正二年八月九日

文部省専門学務局長　松浦鎮次郎

東北帝国大学総長　　北条時敬殿」

つまり女子の帝国大学入学には先例が無いので、入れるのならば正科ではなく撰科にせよというのであった。この時には澤柳はすでに東北帝大総長の職にはなく、北条時敬《ほうじょうときゆき》（安政五年〜昭和四年、一八五八〜一九二九）が彼の後を継いでいたが、彼は澤柳の意志を受け継ぎ、しばしば文部省に赴いて説明と説得に努めた。また教授会もこれを支持して、結局は女性受験者五名のうちの三名が合格し、化学専攻の黒田チカ、同じく丹下ウメ、数学専攻の牧田らくが、我が国初めての帝国大学正規学生として東北帝大に入学したのである。黒田は東京女子高等師範学校助教授、丹下は日本女子大学校助教授、牧田は東京女子高等師範学校研究科の卒業生であった。

その後三人は大学を卒業し、日本最初の理学士が東北帝国大学から誕生した。黒田チカは卒業後も仙台に二年間副手として留まり、有機化学の研究を続けた後、母校である東京女子高等師範学校の教授となった。また大正十年には文部省よりオックスフォード大学に留学を命じられた。彼女は後に植物の色素に関する研究によって、理学博士の学位を得ている。
丹下ウメは病気のために卒業が遅れたが、卒業後は大学院に進学し有機化学と生物化学を専攻した。さらに十年間アメリカに留学して、帰国後はビタミンの研究で有名な鈴木梅太郎の下で研究を続け、昭和十五年に農学博士の学位を得た。牧田らくは数学を専攻し、黒田チカと同様に母校の女高師の教授になった。牧田は仙台で過ごした学生時代の日々を、後年次のように回想している。

「黒田チカは女高師の先輩で三十歳、丹下うめは日本女子大卒で三十五歳、この二人は化学専攻、のちに長くそれぞれの母校に帰って教壇に立った。全国に先駆けて女人禁制を解いたのは、前総長澤柳政太郎の英断である。（略）大学はほんとうに楽しかった。理科は創立三年目で、先生も学生も一生懸命です。ただただ勉強でした。寄るとさわると数学の話です。林鶴一教授宅をよく訪問しました。図書館にフランス語の本がはいると、あなたの本が来たと言われた。（略）本多光太郎教授の物理学理論や田辺元講師の科学概論の講義も聞いた。数学と無関係ではなかった。（略）」（朝日新聞昭和四十五年五月三十日）

2　四帝大総長一挙更新の人事

京都帝国大学総長就任

東北帝国大学に第三回生が入学する前に、大正二年五月九日付で、澤柳は突然京都帝国大学総長に任命された。任命の日付から見て、この人事がきわめて不自然なものであったのは明らかである。あと数カ月後に東北帝大には理科大学三回生が入学し、これでようやく全学年が揃うことになるので、大学としての完成を見る前に総長を転任させる必然など全くなかったのである。また転任先の京都帝大においても、前学長久原躬弦は就任してまだ一年ばかりであって、いくらか管理職には適性を欠く面があったにしても、特に辞任を求める理由などは存在しなかった。すなわち理由は東北帝大にも京都帝大にもなく、実は東京帝大総長の後任選定をめぐる問題が内閣更迭とからんで生じた、行政府の事情による人事であった。

東京帝大の総長であった浜尾《はまお》新《あらた》は、明治四十四年八月に枢密顧問官に任命され、東京帝大総長の方は後任が決まるまでの兼務となった。しかしそのまま数年が過ぎ、その内に総長公選制を推進する動きが生じて問題が複雑になっていたところ、大正二年二月二十日に山本権兵衛内閣が誕生し、奥田《おくだ》義人《よしと》（万延元年～大正六年、一八六〇～一九一七）が文部大臣に任命された。奥田は文部行政に詳しい官僚であった。また彼は澤柳が普通学務局長のときの文部次官であり、二人は互いに腹蔵無く意見の交せる関係でもあった。奥田はかねがね帝国大学の水準を向上させる必要を感じており、また教授の資質と品性に関しても一種の危惧の念を抱いていたので、文部大臣となったのを機に帝国大学の改造に乗り出したのである。

彼は先ず九州帝大の総長山川健次郎（安政元年～昭和六年、一八五四～一九三一）を、九州帝大から東京帝大に移した。山川は東京大学の初代物理学教授であり、明治三十四年六月から東京帝大総長の職にあったが、同三十八年にいわゆる「戸水《とみず》事件」が発生した折に、これを円満に解決するために辞任した。そして、その後明治四十三年に九州帝国大学が創設された際に、初代総長に任じられたという人物である。九州帝大総長の後任には文部省実業学務局長だった真野文二が就任したので、東京帝大総長問題はこれで解決したはずであった。だが、京都帝大の久原総長が、この機会に総長職を返上して純粋な研究職に戻りたいという意向を示したので、奥田文相は京都帝大総長に澤柳を、東北帝大総長に北条時敬を任用することにしたのである。

こうして大正二年五月九日に、四帝国大学総長一挙更新という思い切った人事が行なわれたのだが、ここに至るまでには、それなりの事情があったのは言うまでもない。なかでも京都帝大の教授たちと文部省幹部との間に生じていた相互不信が、総長や文科大学長の任命・進退問題なども関連して複雑化しており、奥田文相が澤柳に、その抜本的な解決を期待したのが最大の理由であった。この経緯を様々な資料から辿っていくと、同一の史的事実に対しても、観察する光の当て方によって、事実の意味する内容自体が全く別の色彩を現すことが実感される。すこし時間をさかのぼって、澤柳が京都に赴任するまでにどのような動きがあったのかを、大筋で辿り直しておこうと思う。

前史その一、澤柳と狩野亨吉

京都帝国大学の創設が決まったのは明治三十年六月であり、初代総長には木下広次《きのしたひろじ》（嘉永四年～明治四十三年、一八五一～一九一〇）が予定され、その翌年から文部省は、教授予定者たちを海外留学に派遣し始めた。分科大学は理工科大学、法科大学、医科大学の順に開設されていき、文科大学の開設は明治三十九年と決められた。東京専門学校（後の早稲田大学）講師であった大西祝が明治三十一年にドイツに派遣されたのも、京都帝大文科大学が発足する際に初代学長に就任するための準備であった。大西祝《おおにしはじめ》（元治元年～明治三十三年、一八六四～一九〇〇）は号を操山と称し、帝大文科大学哲学科を卒業したのち東京専門学校の講師となって、坪内逍遙と共に後の早稲田大学文科の基礎を築いたことで知られ、また哲学者としても文明批評家としても名声の高かった人物である。しかし彼は留学中に病魔に冒され、翌年帰国し同三十三年に死亡した。

そこで文部省はこの年に、東京高等師範学校教授の谷本富をヨーロッパに派遣した。彼は三十六年に帰国すると京都帝大理工科大学講師に任命され、さらに三十九年に文科大学が発足すると同時に、文科大学に移籍して教授に昇格した。

谷本は大西とともに早くから文科大学開設の準備に関わっていたので、大西の亡き後は当然自分が学長になるものと思い込んでおり、それを既定のことのようにあちこちで宣伝していた。しかし彼は、ヨーロッパで発表される新しい思想や学説を手当たり次第にジャーナリズムに売り込んで名声と報酬を得ることに熱心であり、本格的な学術研究には殆んど見るべきものが無かった。従って文部省には谷本の行動に不信の念を抱く空気が強く、結局は澤柳の強力な推薦によって、狩野亨吉第一高等学校長が京都帝大初代文科大学長に決定した。

文科大学開設委員は狩野亨吉（哲学、倫理学）、谷本富（教育学）、狩野直喜（中国哲学）、松本文三郎（インド哲学、宗教学）、桑木厳翼（哲学）の五人であり、九月十一日に文科大学が開設されるために必要な準備がなされ、哲学科、史学科、文学科の順に毎年一つずつ学科が開講されていったのである。

狩野学長は澤柳の友情と信頼に応えて、担当の倫理学では後々までの語り草となるほどの優れた講義を行ない、大学行政においては文部省を説得して、学歴や教歴に乏しい幸田露伴や内藤湖南などを教授に招聘し、人文学の領域における京都帝大文科大学の特色を明確に打ち出していった。

当時文部次官であった澤柳は、このような狩野の努力を中央で支え、彼の大学運営が着実に成果を上げていくように配慮した。それとともに、狩野自身の学術上の研究にも注目すべき発展があって、特に今でいう科学哲学の分野が開拓され、次々に新しい視点から論文が書かれ発表された。それらの中でも江戸時代の学者安藤昌益の再発見は、狩野の大きな業績として今日まで称え続けられている。これらの業績が評価され、明治四十年十月に、狩野に対して文学博士の学位が贈られた。

しかしこの頃、狩野は体調を崩し始めていた。一説によると、留学経験のない狩野が教授となったばかりか、学長にまで任じられたという異例の文部省人事に反感を持つ同僚があり、特に自分こそ初代学長であると広言していた谷本教授が、ことごとに陰湿な嫌がらせをしたのが原因であると言うが、或いはそのような事実もあったのかもしれない。狩野が東京の大学病院で診察を受けたところ、「脳神経衰弱症、肺気腫、静養を要す」という診断が下されたので、彼は退職願を提出したが、文科大学の教授会は彼を懸命に説得して、ようやく慰留することに成功したと言う。

ところがその頃、創立以来京都帝大総長であった木下広次が退陣し、澤柳と並ぶ文部省の実力官僚として聞こえた岡田良平が後を継いで、明治四十年十月に京都に赴任してきた。木下前総長は狩野をよく理解し援護してくれて、狩野も大変仕事がしやすかったのだが、狩野の予備門以来の同窓である岡田は狩野が最も好まない種類の人間で、政治家としての手腕には秀でていたが功名心が強く、権力迎合型の官僚であった。狩野は一旦辞表は撤回したものの、大嫌いな岡田の下で仕事を続ける気にはなれず、結局は再度退職希望を提出し、一年後の明治四十一年十月に退官が認められて東京に帰った。しかし皮肉なことに、この直前に内閣が交替し、牧野文部大臣と澤柳次官が共に辞職したので、岡田総長は第二次桂内閣小松原文部大臣の次官に任じられて、七月に狩野より先に東京に帰っていったのである。

もっとも、狩野の辞職は必ずしも「神経衰弱」のためばかりではなかった。彼は先年父親を失い、家督を相続して早々に、家長として整理しなければならない財産問題を抱え苦慮していた。そしてすでに「狩野文庫」として世に知られていた自分の蔵書を、まとめて売りに出そうと考え、当時東北大学総長であった澤柳に相談した。澤柳は親友を救うためと、学術上貴重なこの文庫を最も望ましい機関に保存するための二つの理由から、様々な努力の結果、東北帝国大学で一括購入することに成功した。書籍の搬入は大正元年から始まり、最終回が昭和十八年（狩野の死の一年後）であったというから、彼が一生買い続けた書籍の全てが、順次現在の東北大学図書館狩野文庫に納められていったことになる。狩野は古物と古書の鑑定にかけては当代一と称えられた人物であり、特に「和算」に関する図書、資料については、日本に存在するものの三分の一を蒐集所蔵していた。東北帝大の林鶴一教授もこの方面の書籍の三分の一を蒐集していたので、これを合わせれば、東北大学には世に存在する限りの「和算」関係文書の三分の二が収蔵されているということになる。東北帝大に法文学部が設けられたときに、「狩野文庫」に惹かれて教授就任を承諾した人が少なくなかったと言われているのも、恐らくは事実であろう。

前史その二、奥田文相の大学刷新計画

澤柳が大正二年五月に京都帝国大学の総長に任じられたことは、先に述べたとおりである。彼は東北帝大総長の後任に狩野亨吉を推薦したが、狩野にはもう官職に戻る気持ちはなく、今後は古物商として生計を立てると言って澤柳の勧誘を受け入れなかった。その結果、広島高等師範学校の初代校長で名声の高かった北条時敬が、澤柳の後任に決まったのである。

このあたりから先の経緯は、谷脇由季子「京大澤柳事件とその背景」（『大学史研究』第十五号、大学史研究会、平成十二年〈二〇〇〇〉三月）に詳しいので、これを参照しながら、あらましを辿ることにしよう。

澤柳を京都帝大の総長に任命したのは、たびたび記した通り奥田義人である。彼は文教政策に詳しく、早急に帝国大学の水準を国際的に遜色のないものに高める必要があることを痛感していた。特に

京都帝大には問題が多く、当時の教授の中には老いて最早研究にも教育にも精進できない者や、本職のほかに私立学校に出稼ぎに行ったり、売名のための講演会を行なったり、新聞や雑誌にお粗末な原稿を売ったりして金銭を稼いでいる者などが多く、学術研究と後進の指導に手抜きをしても、それが仲間内で黙認され放置されているという事実があり、心ある人たちの間には以前から、これを憂慮する声が上がっていた。

また一方では、留学経験のない狩野亨吉が教授として、また文科大学長として赴任したときに強力な抵抗のあったように、教授に任命されるのは外国留学経験者に限るという意識があり、優秀な人材でも学歴と留学歴に乏しい場合には教授の席に就くことが難しかった。

それゆえ大学の改革は、先ず不適任教授を退職させ、学歴や留学歴にこだわらずに優秀な人材を登用するところから始めなければならないのだが、教授たちには当時すでに、大学教授の適性を判断する能力は教授自身にしかないという思い込みが強かった。これらの事実に対して義憤すら感じていた奥田は、文部大臣に任命されるや直ちに京都帝国大学の体質改善に乗り出したのである。

前に述べたとおり、奥田は澤柳が普通学務局長の頃の文部次官であった。二人は協力して様々な改革に取り組んできた間柄であったから、当然ながら奥田は、澤柳の抱く大学観や大学教授観について熟知していた。また澤柳が学校行政の手腕において抜群であり、中学校や高等学校、および高等専門学校、東北大学などで示した業績の如何に優れたものであるかをも理解していた。だからこそ奥田は文部大臣になったとき、澤柳を京都帝大の総長に据えることを真っ先に考えたのであろう。

澤柳の大学観については、すでに彼の単科大学否定論を中心にして簡単に述べたので、ここでは大正二年七月に雑誌『太陽』に発表された「大学教授の権威」（全集三）という論文の大要を紹介しておこう。この論文の主要な箇所には、著者自身による圏点が付されており、それらの箇所を継ぎ合わせていけば、著者の主張が的確に把握できるようになっている。そこでそれらを中心に、前後の文章を適当に補足して、番号を付して抜き出してみよう。

①　大学教授は、絶えず研究を為しつつある学者でなければならぬ。独創的学説を樹立する事の出来るものでなければならぬ。学問の進歩に貢献する所の力あるもので無ければならぬ。切に言へば、其の専門とする学問を代表する所の人物で無ければならない。

②　其故に、先づ学者として第一流であり、其の専門の学問を代表し得ると云ふ資格を以て、大学教授たる必須要件と看做してよからう。

③　而して如何にして、其の第一流たる事を認むるかと云へば、常に新しき研究を自家専門の学問に試み、其の結果の発表せらるゝ事によつて、之を認むるより外は無い。

④　固より、大学教授たるものは、日常、質素簡撲なる生活を営む可きが当然であつて、其の楽む所は、自ら凡俗と其の趣を異にし、主として精神的であるからして、偏へに物質的欲望の満足に腐心するが如きは、勿論、大学教授たるもの、本分と両立せないと謂はねばならぬ。故に其の待遇は、専心一意学問の研究に従事して他を顧みる要なく、学者としての体面を維持するに

足るを以て、標準として然る可き事であらうと思ふ。学者も亦人間である以上は家族の扶養子弟の教育を為す余裕は無ければならぬ。苟も学者たらむほどのものが、一家を支持するがために、学問研究以外に、種々の内職に憂き身を窶して、別途の収入を図らねばならぬ境涯に在るとしたならば、（中略）専心研究に従事する事の出来なくなるのは、必然の事である。故に大学教授に対しては、怎生《いかに》あつても、何の顧慮する所なく、其の能く自家専門の学問研究に従事する事の出来るだけの待遇をせなければならぬのである。

⑤ 少壮にして元気旺盛であつた時代に、大なる研究を遂げて学海に大なる貢献をした事が有つたにしても、其は已に過去の事に属して、老来、精神衰憊して復た新研究に従事する当年の元気消失したる場合には、是又屑く高踏勇退す可き時機であらうと思ふ。（中略）大学教授は、決して世人が考ふるが如く、閑散な職では無い。精神的に於て、将た知識的に於て、尤も活動に富んだものでなければ、務まる仕事ではない。

奥田文部大臣は、このような大学教授観を持つ澤柳に自分の理想を託して、京都帝大の大学としての品位を回復させようと試みたのである。それに応えて澤柳は、誠実に一つ一つ課題を解決すべく努力を始めた。よく知られている事であるが、例えば当時哲学科の助教授であった西田幾多郎《にしだきたろう》（明治三年〜昭和二十年、一八七〇〜一九四五）を、教授会の抵抗を押し切って教授に任命したことなどが先ず挙げられよう。西田はすでに名著『善の研究』の刊行によって、きわめて高く評価されながら、東京帝大の本科ではなく選科の出身であり、留学経験も無いというだけの理由で、教授に任命されることを阻まれていたのである。しかし大学改革にとって何よりも重要であったのは、やはり不適任教授の罷免であり、またそれが一番の難事業であった。

法科大学教授会の反発

澤柳は奥田から託された仕事を、単に自分の判断のみで断行すべき次元の問題とは受け取らず、文部省の内部調査を確認し、大学内で様々な情報を集め、さらに尊敬する諸先輩やかつて京都帝大総長であった菊池大麓などに自分の改革案を示して、彼らの意見を聞いた。そして先ず、老齢などの理由ですでに教授としての責務が果たせていないことが明らかな人たち、また大学教授には不適任だが民間に出れば素晴しい活躍が期待できる人たち、さらには研究者ないし教育者としての責務を果たさず、もっぱらジャーナリズムの世界での名声と収入を追求する人たちに、直ちに教授を勇退して適切な職に移るようにと、個別に交渉し説得することから始めたのであった。澤柳が勇退を要請したのは、医科大学の天谷千松、理工科大学の三輪恒一郎、村岡範為馳、横堀治三郎、吉田彦六郎、吉川亀次郎、文科大学の谷本富の合計七人であった。彼らは全員が澤柳の説得を受け入れた。牧野伸顕宛七月十四日付の書簡には次のように記されている。

「拝啓愈御清祥奉賀候時下国政御苦心之段拝察仕候さて大学内一層生新の元気を振起することは独り学界の為のみならず国家の為に一大急務と存今回多少の決心と且幾多の苦心とを以大学七教授に対し高踏勇退を懇談候処何れも小子の苦慮を諒とし呉潔く退職することに相成候小子は此一事独

り京都大学に止らず他に対しても一服の刺激剤一服の清涼剤たらんことを窃に祈居候（以下略）」

澤柳のとった七教授への勇退勧告とその結果は、文部省関係者や学界の指導者たちからは全面的に支持され、京大の当該三分科大学にも特別に異議を唱えるような雰囲気はなかった。しかし法科大学は、この七教授退職勧告に引き続き、法科大学教授にも退職勧告を受ける者の出ることを予想した。そして法科大学教授たちのこの恐怖感から、事態が急速に緊迫化したのである。これが京大澤柳事件と呼ばれる騒動の発端であるが、同事件の経過は影山昇「京都帝国大学における澤柳事件」（『成城文芸』一六八号、平成十一年〈一九九九〉九月）、および伊藤孝夫著『瀧川幸辰』（ミネルヴァ日本評伝選、平成十五年〈二〇〇三〉十月刊）に詳しい。伊藤氏は、この事件を大学の自治権獲得への道程と見る立場から、多くを京都大学所蔵の資料に依拠しながら、東京帝大戸水《とみず》事件に始まり京都帝大滝川事件に至る学界・教育界への政府干渉事件の流れの中に位置づけている。これらの論述を参考にしながら事件を概観すると、おおよそ次のような経過を辿ったと言えよう。

法科大学の教授たちは、先の七教授退職勧告に引き続き、法科大学教授にも退職勧告を受ける者の出ることを予想した。そこで大正二年七月十三日の卒業式の後に協議会を開き、さらに二十三日にも再度協議会を開いて、次のような「意見書」を作成し、教授・助教授の全員が署名して澤柳に提出した。原文は官庁用語の多い文語体であり、漢字混じりカタカナ書きなので、一通り現代式の文章に直しておく。

「教授を任命したり罷免したりするのは、大学の生命に関わることなので、慎重に決めなければならない。社会の進歩に随って教授たちスタッフに新陳代謝が行なわれるのは当然のことだとしても、あらかじめ適当な方法を決めておくことをしないで、当局者が好き勝手に教授人事を動かすようなことになれば、弊害の及ぶところは少なくないであろう。

今度たまたま七人の教授が罷免されるという事件が起こり、我々は大学の将来について深く考えざるを得ない。そして教授を任命したり罷免したりする場合には、その教授の所属する教授会の同意を得た上でなければならないと思う。次にその理由を列記する。

一、学問の進歩は、学者がそれぞれ自分の学問研究に専念することから生まれる。それなのに、若しも総長が好き勝手に教授を任命したり罷免したりするならば、教授の地位は不安定なものにならざるを得ない。そのために一生懸命に学問をするのは馬鹿馬鹿しいと思い、学者を志す人間が少なくなるであろう。そして今後優秀な人材を招聘することが出来なくなるのみならず、現在教授の職にある者も、優秀な人ならば現職に未練がなくなり、別の職を求めて去ってゆくようになるだろう。

二、学問の進歩は学問の独立によってもたらされる。だから大学を本当に学問の源にしようと思うのならば、教授が政府や官僚の干渉を受けたり、世間の評判などの圧力にさらされたりすることの無いようにする必要がある。若し教授会が教授の任命や罷免に関わることがないならば、学問の独立は決して保たれることはない。それでは、政府や官僚の干渉が行なわれたり、世間から圧力が掛けられたりしても、どうすることも出来ない。

三、学者の能力と人格は、その人の学識が優れているか、そして研究心が旺盛かどうかで判断すべきものである。この判断は同僚の学者でなければ出来るものではない。若し総長が単に表面的な印象や世間の風評などによって教授の価値を判断し、教授の地位を左右するようなことがあるならば、そのような判断が不当であるばかりでなく、教授というものの価値が下がってしまい、普通の行政官と同じ程度のものになるであろう。

四、総長と教授とは共に大学を構成する要素であって、両方が協力して大学の利益を図らなければならないものである。総長の職が管理職だからと言って勝手に教授を任命したり罷免したりするのは、総長が政府を代表する権力者として教授に向き合う姿勢であり、それでは両者の間に溝を作り、総長の責任が果たせないだろう。

五、従来、教授を任命する場合には、先ず教授会が銓衡を行なって人を選び、推薦するのが例となっていて、この方法をとることが既に不文律のようになっている。何故ならば、これがどの学科に誰が適任かを決めるのに最も優れた方法だからである。そうだとすれば、総長が教授を罷免しようとする場合に教授会の意見を尊重するのは、教授を任命する場合と等しく、公平な処理の仕方であると言うべきである。

六、総長が自分だけの判断で教授を任命したり罷免したりすれば、教授の地位が自然に軽蔑されるようになり、大学内では学生の気持ちの上に影響を与え、大学の外においては社会が学問を軽視するようになる。これは学問の権威を高める道ではない。

以上の理由から、教授の任命と罷免は教授会の同意を得なければならないと考える。教授会が教授の進退を決めることになれば、そこに情実が働く恐れがあると言う人もいるかも知れないが、教授会は公平無私を目指しているものであるから、断じてそんなことは起こらないと信じる。若し教授会が情実に左右されると言うのならば、総長も又情実に左右されないということも保証できない。そして総長が情実で動くことの弊害は、教授会が情実で動くよりも更に大きい。要するに我々の意見を否定しなければならない理由は、一つもないのである。」

この「意見書」で言われていることを要約すれば、「教授の罷免は総長の一存で行なうべきものではなく、教授会の意見を聞いて、それを尊重して為すべきだ」というに尽きる。それ以外の一切は、この要求を正当化するための理由付けであって、従ってことさらに反論すべき点などは含まれていない。つまりこの時の総長と教授会の対立は、「総長の教授任免権には制約が掛けられるかどうか」という一点をめぐる法律論に収斂する性格のものだったのである。

さてこの「意見書」は、同時に他の分科大学にも回付された。回付を受けた文科大学教授会は討議の末、「文意強硬に失す」として、法科大学教授会の提案を受け入れなかった。大学はそれから夏期休暇に入ったが、休暇の明けた十月六日に澤柳と法科大学教官との会合がもたれ、十月二十九日に澤柳は法科大学教授会に対して、次のような「答弁書」（全集三）を与えた。これも公式文書が漢字カタカナ混じりの文語体なので、現代的な文章語に直しておく。

「大学教授の任命と罷免は、その分科大学の教授会が同意した上で決定するのがよいとする提案は、大学の設置を決めた法律に照らして考えるべき問題で、若しそれが良いということになれば、全ての分科大学にもそれを適用すべきは勿論のこと、全ての帝国大学にも適用しなければならない性質のものである。そしてこれは、言うまでもなく現在の法律にはその規定はなされていない。自分は大学教授の地位を終身保証する制度に絶対反対をするものではないが、そうかと言って、今すぐ法律の改正を行なってこれを実現する必要があり利益があると認めるのには、躊躇する者である。意見書に列挙してある六カ条の理由は、すでに詳しく説明したように、教授の任命と罷免について教授会の同意が必要だという提案を支持する理由にはならないと信じる。すでに制度上では認められていないと知っているのに、ここ暫くは制度はそのままそっとしておいて、臨機応変の処置としてこの提案に同意せよと言うのは、理解できない要求である。たとえ臨機応変の措置としても、現在の法律の下では、自分が教授の任命と罷免に関して予め教授会の同意を得るという手続きをとるのは、穏当な処置ではないと信じる。ただし、教授の任免は最も慎重を要し、絶対に間違いを犯すことの許されないのは勿論である。

大学教授は素より第一流の学者でなければならないし、しかも常に学術の研究と学生の教育とに向かって全力を尽くし、常に前進している人物でなければならない。もしそのような人ならば、その人の学問上の発言や議論が政府や政治家などの主義に反していても、また時代の趨勢に従っていないとして嫌われることがあっても、そのような理由でその人の地位を動かすようなことは、絶対にあってはならない。自分は不肖な人間ではあるが、現在の職を任されている以上、政府権力者などの干渉や世間の圧力によって教授の任命や罷免などが行なわれるようなことは、断じてしないことを誓う。ただ、精神上身体上などの故障によって研究心が衰え、努力もまた学術の進歩に追いつかないようになり、学問上の進境に見込みがなくなったならば、潔く職を退いて後進に譲ることを、学問のため、大学のために、敢えて希望する。

大学教授において大切なのは学問であると言うけれども、品性や行動において非常に大きな問題のある人物の場合は、大学教授としての資格が無いと信じる。

大学教授の信望や権威は、教授という地位が制度上保証されているから保たれるのではない。そうではなくて、第一流の学者であるという事実にあるのだと思う。もしも研究を怠っている者がいても、地位の保障があるのでどうすることも出来ないというようなことでは、却って大学教授の信望は地に墜ちるであろう。

大学教授の退職を決めるのには、その同僚たちの集団である教授会の決定に依らなければならないという規定は、何処の国にも見られないもので、不穏当であると感じざるを得ない。澤柳政太郎」

この答弁書で澤柳は、以下の三点を教授会が理解するように望んだわけである。

① 大学教授の任免が予め教授会の承認を得るという規定は、現行の法律にないのだから、法科大学の要求を入れるには法律の改正が必要である。自分が勝手に臨機応変の処置として行なえることではない。

② しかし自分は教授の任命と罷免について、公権力や世論などの干渉や圧力が影響を及ぼすことは絶対に許さない。総長職にある以上は、断じてそのような事が生じないことを確約する。

③ 大学教授には、第一流の学問研究者・教育者でなければならないという責務がある。教授たるもの、その職務に応える努力が不可能な状態になったら、潔く職を後進に譲るだけの自覚を持って欲しい。それが学問と大学の未来のために、絶対に必要である。

これに対して法科大学教授会は、さらに「辯駁書」を提出した。その内容を要約すれば次の通りである。

「教授任命について教授会の推薦によることは、すでに現制運用上の慣例であるのだから、教授罷免もまた教授会の同意を経て行なうことはむしろ当然のことだというのであり、これを認めない総長の真意は、或いは任命の場合の慣例をも破壊しようとするものであろうか。大学の新陳代謝の必要は我々も勿論認めるところであり、しかしそれを円満に行なうためにこそ教授会同意の手続きが必要だというのである」

法科大学教授会の要求とそれに対する澤柳の返答には、教授任免権についての両者の姿勢に根本的な相違がある。これを見落とすと、これから先の事件の紛糾と決着の意味が理解し難くなるので、簡単に整理しておくと次のようになるであろう。

① 法科教授会は七教授の罷免を撤回することを求めていない。これを要求しての総辞職宣言ならば、明らかに法律の規定に服従することを拒否する意志表明なので、処罰はまぬがれない。法科教授会は罷免された七教授を救うために自己犠牲の危険を犯そうと意志しているのではない。

② 澤柳はこの時点で、法科教授を罷免していないし、彼にはまた罷免予定もなかった。法科教授会は教授の適性についての澤柳の判断が誤っているという根拠のもとに、教授任免権の委譲を要求したのではない。

③ この人事についての法科教授会の関心は、今後法科大学教授が総長の判断で罷免されることのないように、総長と教授会の間に合意をつくることであるに尽きる。

④ 総長には教授任免権を教授会に委託ないし委譲する権限はない。法科教授会の要求を実現するには大学令を改正する必要がある。

以上を総合すれば、澤柳のとるであろう判断は自ずから明らかであろう。すなわち、「法科教授会の要求を認めれば大学令に違反することになるから、要求自体が総長に無理を強いているのである。しかし大学令自体は彼ら全員を退職させてまで守り抜くほどのものではなく、何れ時が来れば総長選挙も教授の任用権も認められるようになるに違いない。自分としては大学教授たるものの自覚を促すために、一石を投じることが目的であったのであり、それが果たせたのだから、別に総長職などに固執する必要もなく、またそんな気持ちも毛頭無い」というのが、彼の結論であったと思われる。そうであれば、後は法科教授会の自己努力に任せて、成り行きを眺めていればよいということになろう。

法科大学教授会はこの「辯駁書」を提出した翌日、すなわち大正二年十二月十一日に、これ以上総長と交渉しても無駄だという判断のもとに、仁保法科大学長、中島、小川教授の三名を東京に派遣して奥田文部大臣に直訴し、大臣の裁決を求めた。しかし文部省側がこの要求に応じるわけはなかった。

事件の決着

事件はそれからさらに幾つかステップを踏んだ後、法科大学の教授が揃って総長に辞表を提出することになった。そして翌大正三年一月十二日に仁保学長ほか数名の代表が総長室に澤柳を訪ね、総長に「最後の決答」を迫った。このあたりの事情が『京都大学百年史・総説編』に記載されているので、前記影山氏の論文からその部分を転載する。

「十二日『最後の決答』を求め総長室に来た仁保学長らに澤柳は、法科の主張は『教授の任免は必ず当該分科大学教授会に諮ふべきこと、教授の任免に関する教授会の決議は総長の高等官進退具状に対し拘束力を有すること』の二点に帰着することを確認、そして十二日午後四時半より法科協議会に出席した澤柳は、前記法科意見とこれに対する自己の意見『現行制度の下にありては法科大学教授の意見に同意するは不穏当ならんと思考す、然れ共文部大臣に於て其同意は現行制度の下に於て不穏当にあらずと裁決せらるれば敢て同意を表せんとす。先づ文部大臣の裁決を請ふ』ことを、覚書にしたものを朗読した、十二日午後八時頃官舎へ来訪した田島、戸田、市村三教授は、法科意見を『教授の任免に就ては総長は必ず当該分科大学教授会の同意を経べきこと、従て教授会の意見は総長を拘束すること、右は現行制度上毫も差支なく且最も適当なりと認む』と記載ありたしと述べ、文相裁決を乞はず直ちに以上の意見に同意せんことを求めた、しかしさらに懇談を遂げた結果、相互協力の必要については意見が一致し局面一転、『総長と教授会とは相信頼し共同一致京都帝国大学の発展に尽力せんことを期す、従て教授の任免に就きても以上の方針に遵由すること』という覚書がまとまり、三教授は全体の意向を問うとして午後十一時退去した、十三日午前九時来訪した三教授は、覚書後半を『従て教授の任免は教授会の同意を経べしとの意見に同意す』と修正することを求めたが、澤柳はこれには同意できないと答え、熟談数刻の末、さらに修正したものが公表された覚書になった、しかしその解釈は食い違っており、十四日の法科協議会では解釈の相違を述べて退席した。」

澤柳はこうして、法科大学の教授たちと何度も議論を重ねながら、現行の制度のもとで彼らの希望を生かせる道を探し、先ず法科協議会の席上でその方策を示した。すなわちこの問題は、文部大臣のところに持っていけば事務的に片付くということを、法律の専門家たちにそれとなく教えたのである。しかし協議会はそれに納得せず、また論議を蒸し返して、文部大臣の裁決を待たずに総長自身の判断で同意せよという要求を携えて、澤柳のもとに三人の代表がやってきた。澤柳は彼らに、もし大臣にまで持っていくのが嫌なら、お互いに協力するという表現をとることにより、法律問題を回避する方法もあるだろうと示唆した。それには代表三人も納得した。そして改めて「覚書」が作成されたが、彼らが教授会に戻ると再び強硬意見に押されて、この覚書に「総長が教授会提案に同意した」という文言を入れるようにと、重ねて総長に要求するよう求められた。三代表がこれを持って澤柳を訪れると、この形で要求する限り総長としては為すすべがないので、さらに少し文言を修正し、その上で協議会に出席して「覚書」の最終案を示したが、こうして作り直された覚書についても、協議会は澤柳に、法科大学の提案に「総長が合意した」と解釈することを要求した。その時点で澤柳は、交渉を決裂の形にすることにより、問題を文部大臣の所まで持ち上げるように事を運ぶことを決断したのであった。

こうして十四日の夜、澤柳は法科大学教授一同の辞表を受け取った。そして自らも辞表を書いて、翌日午前零時の京都発の列車で東京に向かった。澤柳から詳しい事情説明を受けた奥田文相は、電報で仁保法科大学長に上京を促し、仁保は戸田、中島両教授を伴って上京して奥田に改めて事情説明をしたが、奥田は法科大学教授および助教授の全員と会談することを求めた。こうして病気などで上京出来なかった二名を除いて、法科大学教官全員が文部省に出頭したのであった。

この時点で、これまで直接に関与することを避けていた東京帝大法科大学の穂積陳重、富井政章両教授が文部省の懇請を入れて、遂に調停に乗り出した。日本法学界の大長老二人に対しては京都帝大法科大学教官一同も礼を弁え、師弟の節を守って、感謝して先達の説得に耳を傾けることになったので、一月二十二日午後三時より京都帝大法科大学教官一同は両教授と文部省で会談し、さらに同六時から文相官邸で奥田文相と会見した。翌二十三日には法科大学教官たちと穂積・富井両教授、後に奥田文相も加わって、最終的に全員の見解には大きな相違がないことを確認するに至ったのである。

澤柳はすでに京都に帰っていたが急遽また上京し、二十四日午後六時からの文相官邸での会合に参加した。ここで文相、両教授、法科大学教官一同、ならびに澤柳総長の全員が、奥田文相の示した次の「覚書」に同意して、遂に事件が落着することになった。

「教授ノ任免ニ付テハ総長カ職権ノ運用上教授会ト協定スルハ差支ナク且ツ妥当ナリ」

この合意で特に教授会側の大学自治の主張が認められたわけではなかったが、しかし法科大学教授については、もう総長からの勇退勧告を受ける恐れが無くなったという判断が生まれ、法科大学教授会は教官総辞職の決議を撤回した。澤柳も事件後の大学運営を軌道に乗せた後、総長職を退くこととし、それが暗黙の了解となった。法科教授一同は穂積・富井両教授を招いて祝宴をはった後、満足して京都に帰ったということである。一方奥田文相は、有名なシーメンス事件による三月二十四日の内閣総辞職によって閣僚を去り、後継の第二次大隈内閣が四月十六日に成立し、文相には澤柳と予備門の同窓であった一木喜徳郎が就任した。澤柳は同四月二十八日に辞表が受理されて京都帝大を去り、後任が決まるまでは、京大医科大学長荒木寅三郎が総長代理になった。そして八月十七日に東大総長山川健次郎が京大総長を兼任することが決まった。同時に文部省から専任の京大総長を推薦する任務を託された山川は、様々な苦労と奔走の末に、結局は荒木寅三郎を推薦し、各分科大学もこれを可として、翌大正四年六月十五日にようやく荒木に京都帝大総長の辞令が下りたのであった。この事件決着について、後に上田万年が思い出の中で、

「澤柳君が京都帝国大学に於て一大廓清を断行せんと試みて失敗したのは一つには当時の文部大臣奥田義人氏の不誠意に基く事もその原因の一つをなすけれども、澤柳君が事を余りに急ぎ過ぎた事にも起因する」

（『学苑』昭和三年〈一九二八〉三月号）

と評しているが、当たらずと言えども遠からずという所であろう。

第五章　帝国教育会会長就任と、成城小学校設立と

1　会長就任

帝国教育会会長に選出される

澤柳は大正三年（一九一四）四月二十八日に京都帝国大学総長を辞職し、文部官僚としての仕事の一切を終えた。彼は三年前の明治四十四年、当時はまだ郊外であった目白（当時の地番で東京府北豊島郡高田村大字雑司ヶ谷旭出四十三番地）に比較的ゆったりした家を新築したが、その家に自分自身が住む間もなく、仙台にそして京都にと仮住まいを続けていたので、久しぶりに家族と一緒に生活出来ることを楽しみにしていた。この年の五月二日に三女の中《なか》が誕生し、家族は母錫《すず》、妻初《はつ》、子ども七人（信《しん》、礼次郎、義三郎、誠四郎、謙《けん》、大五郎、中《なか》）さらに弟猛雄とその妻安子、猛雄夫妻の長男正一と澤柳自身を加えて合計十三人、その上に女中や書生も加えれば、なかなかの大所帯であった。彼は家族と共に自宅で過ごす時間を得て、久しぶりに家庭的な、賑やかで平安

目白の家で（大正４年頃）左から信，誠四郎，政太郎，大五郎（前），義三郎（後），錫，謙，中（前），初（後），礼次郎（成城学園教育研究所澤柳文庫蔵）

な生活を楽しんでいた。この年の七月十八日には、日本医史学の樹立者として高名な富士川游と共に、文学博士の学位を贈られている。また翌大正四年十一月には、長女信が銀行家の藤尾《ふじお》鷲三《しゅうぞう》と結婚した。その翌年には、以前から気に入っていた長野県下高井郡平穏村（現在は山ノ内町）の上林温泉に土地を買って、夏には自分もそこで休養し、子どもたちには健康のために夏休みの避暑をさせる目的で、小さな別荘を建てた。すぐ近くに寺崎廣業画伯の別荘があり、地獄谷にも家族をつれて遊びに行き、そこで温泉宿を経営する柴野家とも親しくなった。ちなみに柴野家の三人姉妹の長女美《み》春《はる》は後に天才棋士木谷實（明治四十二年～昭和五十年、一九〇九～一九七五）の妻となり、夫を支えて多くの棋士を育てたことで知られている。澤柳の子どもたちは、夏になると美しい柴野三姉妹と会えるのを楽しみにしていたという。

大正三年と四年は、特に様々な分野にわたって著書や論文や随想などを数多く執筆し発表した年でもあった。また、学校や研修会や祝賀会などに招かれて行なった講演で、筆記されて残ったものも少なくない。これらの内で最も知られているのが、大正四年五月に冨山房から出版された著書『随感随想』（全集十）であって、明治四十二年四月刊行の『退耕録』（丙午出版社刊）と並んで彼の代表的な随筆集であると言ってよい。しかし彼の主たる関心は、あくまで普通教育や中等教育の上に注がれていて、「我が国教育社会の急務」、「学齢改正案について」、「修身教授は尋常第四学年より始むべきの論」「修業年限短縮の要否」「中学校に関する改正案を批評す」「教育の権威」などの論文に、彼の真面目が窺われる。

上林の別荘で（成城学園教育研究所澤柳文庫蔵）

しかしこうして家庭的にくつろぎ、読書や執筆を楽しめたのも束の間で、あたかも彼が官を退くのを待ち兼ねていたように、様々な教育関係の機関が澤柳を会長に、顧問に、或いは評議員に招聘しようと押しかけてきた。澤柳は自分がすでに私人として安らかな生活をすることの許されない運命にあることを、否応なく悟らざるを得なかった。そして今後は社会のため教育事業のために、残りの人生を捧げるほかはないと観念したのであった。この時期大正四年十二月三日に、郷土松本の出身で教育界の大先輩でもある帝国教育会会長辻新次が死去した。

辻新次《つじしんじ》（天保十三年～大正四年、一八四二～一九一五）は、蛮書取調所でオランダ語やフランス語を学び、化学の勉強も積んだ後、開成所教授から南校校長を経て、明治四年に文部省が設置されてからは学制草創期の文教政策を担当し、澤柳が大学を卒業して文部省に入った頃は文部次官であった。澤柳は文部省が採用した最初の帝国大学卒業生である上に、また同郷の後輩でもあったので、辻は澤柳の才能を愛し、澤柳もまた生涯この大先輩を敬してやまなかった。

辻はすでに明治十六年の大日本教育会創立の頃から、日本中の教育者を一つにまとめて教育の水準を上げようとするこの会の活動に、深く関わっていた。彼は国を支える原動力となるのは教育であると信じ、行政担当者の理想を高め現場教師の質を向上させることを、この会の使命だと認識していたのである。彼は結成時には副会長に、そして翌年には会長に選ばれ、それ以後一貫してこの会の発展に努めてきた。明治二十九年一月から三十一年十一月末までの三年足らずは、近衛篤麿に会長職を譲ったものの、会名が帝国教育会と変更された後に、再び会長に選ばれている。澤柳が常議員としてこの会の運営に関わるようになったのはこの時からであるが、明治三十一年十一月といえば、まさに澤柳が文部省普通学務局長に任じられた直後であるのを見ても、この会の当時の性格を察知することができよう。翌三十二年二月に帝国教育会は財団法人となり、澤柳は専門学務局長の上田万年と共に理事の一人に加えられており、また明治四十年四月の会則改訂の際には、評議員に選ばれた。辻会長は明治初期から日本の文教政策を牽引してきた経験と見識をもって、これ以後の生涯を帝国教育会の指導と運営に捧げ、前記のように大正四年十二月三日に、七十四歳をもって死去したのであった。

辻会長を失った帝国教育会は、翌年一月二十二日に臨時総会を開いて次期会長の選出について協議した。そして先ず選考委員を選び出し、彼らがあらかじめ会長候補者を絞り込み、総会に報告することになった。選考委員に選ばれたのは十五名で、文字通り日本の教育界の重鎮たちであった。彼らは協議の末、全員一致して澤柳を推薦した。この結果は直ちに総会に報告され、満場一致でこの推薦が承認された。選考委員の代表が澤柳にこの決議を知らせにいったが、澤柳もすでに会議の出す結論を予想していたので、これを平静に受け入れた。辞令は二月一日に発せられて、この日から澤柳は帝国教育会の会長としての活動を開始したのである。

活動開始　帝国教育会には、すでに辻会長の時代から多くの「調査部」が設けられており、教育に関する個別の問題についての研究と、その成果の発表、およびそれに基づいての提案を行なってきた。提案は主に文部省や議会に対してなされ、しばしば政府機関との間に軋轢を生むこともあった。中でも明治三十三年に出発した「学制調査部」、大正二年に設置された「初等教育調査部」と「通俗教育部」などが、最も活発に活動していた。

澤柳はこの制度を継承し調査研究を継続させたが、同時に各調査部の専門委員に違和感を覚えさせない範囲で、次第に従来とは異なった視点を導入していった。先ず学校制度（学制）に関しては、これまでは普通教育期間を短縮する方向で論じられる傾向が強かったのであるが、これを澤柳の年来の主張である「義務教育期間を最終的には八年間とする」という方針に切り替えた。また従来は行政と帝国教育会の側からの啓蒙によって教員の資質向上を目指すことばかりに熱心で、教員の社会的地位を高めることには無関心であったのを改め、教員自身の内発的な努力によって教職者が尊敬され、尊重されるようになるための施策に転換した。

明治44年頃の教育会館
(『日本教育会館50年沿革史』より)

さらに澤柳は会長就任とともに、日本の教育者全体の代表であるという立場から、機関誌『帝国教育』を始め各種の教育関係専門誌上に、文部大臣や文部省に対する諸種の要望を発表した。これらの要望が根拠としてふまえているのは、前もって各地の教員たちからアンケートをとって得た教育現場からの直接の声の集計と、文部省が作成してきた膨大な統計資料であった。そのため彼の議論は教育者たち、特に小学校・中学校の教師たちの絶大なる信頼と支持を得ただけではなく、行政当局者たちにとっても示唆するところが大きかった。文部省内には、かつて澤柳の周辺にあって強い影響を受けた人たちが多く、澤柳を尊敬し「澤柳時代」を懐かしむ雰囲気が濃厚であった。それだけではなく、澤柳が文部省を去ってからも、大きく政策を転換する必要が生じた時には、政策の立て直しについて彼に意見を求める者も少なくなかったのである。彼も自分の発言が教育界にとって必要とされていると判断した折々には、時を外さずに所信を発表した。次にその一例として、澤柳が岡田良平にあてた要望書を挙げておこう。

澤柳が帝国教育会の会長に就任した数カ月後の大正五年十月に、寺内内閣が成立し岡田はその文部大臣に指名されて、文教政策の最高責任者となった。澤柳は岡田の文相就任の三カ月ほど後、『教育界』大正六年一月号に「岡田文相に望む」（全集三）という一文を発表した。次にその重要な部分を抄出しておく。

「由来、文相が更迭する毎に、その施政方針を一変し、是まで懸案となつて居つた問題の如きも、之を解決することに努めないのが常であるが、当局者が変つても、従来の懸案中解決すべき問題は、之を打ち捨つべきではない。昨年来、我が教育社会に於て、盛に唱へられ居る教育尊重の問題の如き、如何なる時代にも、重大な問題であつて、我教育社会も首を長くして、その解決を待つて居るのである。私は、岡田文相に対して、先づ第一にこの問題を解決せられんことを望んで已まぬ。

然らば如何にこの問題を解決すべきか、（中略）即ち、教育者の意見を尊重する事の如きも其の一つである。例へば、教育制度の改正に際して、教育者の意見を虚心坦懐に聴いて見ることは、教育者を自憤自発せしむる所以となるのである。然るに、従来の文部当局には、兎角教育者の意見を軽視する傾が見える。教科書の改正とか、教則其の他諸規則の改正に際しても、一向、教育者の声に耳を傾けやうとしない。僅か一二の意見、甚だしきは其の事から云へば局外者たるもの丶意見を傾聴し、寧ろ其れに動かされて居る。斯くの如くんば、教員の俸給を高めても、決して教育尊重にはならない。（中略）大臣以外文部省の人々の頭の中に、果して教育者は尊敬すべきものである、同情すべきものであるといふ考へがあるかといふと、甚だ疑問である。口にだしていはぬ迄も、腹の中では、教員は詰まらぬ、訳の分らぬ奴と思つてゐるではないかと疑はれる。成る程、多数の教員の中には、人格の下劣なもの、つまらぬ者、不都合の者もあるであらう。乍併《しかしながら》、一方には人格思想心掛けに於て、何人も感心すべき者もあるのである。児童父兄の教育者に敬意を表すべきは勿論であるが、一般社会も亦大に敬意を表すべきである。況んや文部当局は、率先して然ういふ心掛けを有たねばならぬ。これ教育尊重上の重大問題であつて、制度以外、費用以外に、かくの如き方面に於て、教育尊重の実を挙ぐる事は、目下の急務である。（中略）

今一つ消極的ではあるが、無用の長物である、かの教育調査会を廃して貰ひたい。一体同会委員の多数は教育上の事に関しては、素人であつて、教育上の事を論議する資格はないのである。殊に学制改革案の如き、文部省が朝から晩までやつても、容易に出来ぬのであるから、到底起案することは出来るものではない。ただ是等会員が根気よく再々会合して居る事だけは感心せざるを得んが、文部当局が斯の如き重大問題をかかる素人に一任して、傍観して居るが如きは、無責任極まるものといはねばならぬ。（中略）若し夫れ現当局にして、学制改革に志あらば、其を起案して広く世間の意見や、批評を求めるがよい、或は特に意見のある人に送付して、意見を求むるもよい。斯くて世の意見で、参考してよいものは、それによつて修正すべきである。乍併、自分は数年の経験から見ても、其の以前からの沿革について考へて見ても、今日迄の所、多くの人を首肯せしむる様な案がない。是は当局にもなければ、又其の以外の人にもないので、このことは、最早明になつて居る事である。それよりも寧ろ、当分斯の如き事に屈託する事をやめて、是等改革論のために、実行がのびのびになつて居る、実質内部に関する改正をなし、更に進んで、真に大切なる仕事に手を着け、着々実蹟をあげて行つて貰ひたい。（中略）
其の他、注文は沢山あるが、現内閣が果して何年続くかしつかり見込みのつかぬ事であるから、余り多くを望むべきでもあるまい。従つて此の位に止めておく。」

この文の前半は、教育行政に当たる者の心構えについて、もともと権威主義的な傾向の強いかつての学友に、遠回しに忠告しているとも取れる内容である。また、小学校教員の俸給を国庫負担とし、彼らの地位を国家直属の職種とする懸案を忘れないようにという要求の含まれていることも見落とせない。

後半はいわゆる「学制改革論」をめぐる問題であって、澤柳の要望の背景を簡単に説明すれば、その要点がさらに明確になろう。すなわち当時の政府や実業界の代弁者には、学生が専門教育を受けた後に社会にでる年齢を引き下げて、専門技能者を早急に必要としている産業界の要望に応えるべきだと主張する者が多かった。その多くが、専門教育や実業教育にかける年数を確保する一方で、普通教育にかける年数を削減するという方策を支持していた。これに対して澤柳は文部省時代に、普通教育が義務教育として全国民に与えられる年数を四年から六年に延長したが、さらに出来る限り早急に、これを欧米各国の標準に近い八年にまで延長することを、関係者の共通理解とするように努めてきた。そして高等教育機関卒業生の平均年齢が高いのは、中等学校および高等学校、大学の入学定員が入学希望者の急激な増加に追いついておらず、そのため何年も浪人した後に初めて希望した上級学校に入学する学生が激増していることに原因があると、多くの統計資料を示しながら強調し続けて来たのであった。それは当時まだ少数の有産階級の師弟しか高等教育を受けることが出来なかったという、現実を踏まえての判断でもあった。事実、小学校を卒業すると直ちに実社会に出て仕事に就く子どもの数が、かなり後年まで圧倒的に多かったのである。澤柳は、全国民が普通教育を同じ場で共通に受ける権利があり、この貴重な期間を、有産階級の都合に合わせて短縮するなどは以てのほかであると考えていた。

また上級学校進学のための受験競争が激化し、前途有望な若者たちが無理な勉強をして健康を害し、過度の記憶強制によって健全な精神的発達を阻害されている事実を指摘して、これこそ文部当局が主導権を発揮して早急に改善すべき課題であると叫び続けてきた。すなわちそれは、国民の要望に応じた中等および高等教育施設拡充の要求であり、試験による選抜制度によって、若者の将来を限定することへの抗議でもあった。

以上の諸点を踏まえて読めば、澤柳が岡田文相に何を要望しているのかは明白であり、岡田もこれは道理であり否定できないと認めたのであろう、澤柳の指摘通りに教育調査会を廃して、自分の意志を反映できる「臨時教育会議」を組織した。そして澤柳にもこの会議の委員となって参加することを要請し、彼も又これに応じたのであった。こうして岡田は在任中に「市町村義務教育国庫負担法」を制定し、原則として国庫が教員の俸給の半分を、市町村が残りの半分を負担するという決定を行なった。このほか中学校および高等学校の終業学齢、大学と専門学校の終業年限ならびに学位授与権、さらに普通教育機関、中等・高等教育機関の系列系統の関係づけなどに関しても答申案を作成し、勅令や省令の形で法制化を試みたが、詳細はここでは省略しよう。澤柳はこれらの動きのあるごとに、そのつど筆を執って批評と要望を表明した。大正六年九月刊の『教育学術界』に載せられた「教育調査会の改造」、翌月の『帝国教育』所収の「中等学校教授要目廃止論」、『教育学術界』大正七年一月刊所収の「中学教育の延長」、同じく『帝国教育』大正七年六月刊所収の「義務教育年限延長の一理由」などがそれである（全て全集三に収められている）。しかし澤柳の予見した通り、大正七年九月に寺内内閣が倒れ、岡田もまた学制関係の改正に関する法規を整備できないまま、文相の座を退いた。後継は原敬の率いる内閣で、中橋徳五郎が文相になった。この内閣の文教政策、特に義務教育関係の改正案に対しての帝国教育会の抵抗については、また改めて後に述べることにする。

成城小学校設立に至るまで

澤柳が帝国教育会会長に選出されて間もなく、東京市牛込原町の成城学校から、衰微したこの学校の経営を立て直すべく、校長となって運営に尽力して貰いたいという依頼がきた。この学校は明治十八年に日高藤吉郎によって築地に創設され、初めは文武講習館と呼ばれたが、翌年に成城学校と改称し、幼年科と青年科を設けて陸軍幼年学校と陸軍士官学校に入学するための予備教育を行なっていた。従って、陸軍軍人の子弟にこの学校で学んだ者が多かったのは当然である。また川上操六、児玉源太郎などが校長を務めたこともあり、陸軍士官を志す者の憧れの名門校であった。宇垣一成、寺内寿一、松井石根などもこの学校の卒業生である。

この学校では、次第に増加する中国（清国）からの留学生のために、これまでも中国人留学生向きの教育に力を入れてきた。中国からの留学生対策を含めて陸軍の政策と深く関係していたことから、牛込原町に校舎設営の為の土地を宮内省から寄付されて、明治二十四年九月ここに移転した。その後明治三十年に通常の中学校となったが、一貫して陸軍軍人を志望する者たちの養成と、中国人留学生の教育に力を注いできたのであった。しかし陸軍士官学校への進学率が時とともに減少して、明治末から大正初期にかけて、一時的に衰亡しかけていた。そのためにこの学校では、文部省関係の実力者を校長にいただき、教育方針を一新しようという計画が練られており、その頃に澤柳が文部行政から身を引いたので、絶好の機会と澤柳に校長就任を懇請したのであった。児玉源太郎の長男で、長年この学校の理事を務めた児玉秀雄は、後年このあたりの事情を次のように回顧している。

「想ひ起す明治二十八九年の頃自分が仙台の第二高等学校に在学中全校の生徒が当時の校長に対する不満の結果彼の有名なる同盟休校の事件が勃発したのであつたが而も事態はますます紛糾を極め遂に校長は其責を負うて職を退いたのであるが其後任として事態の収拾に当るべく二高に新任せられたのが実に我が澤柳先生であつたのである。（中略）

然るに自分は当時先生の就任と入違ひに二高を出で丶東京の帝大に入つたのであるから直接先生から指導を受けた訳ではないけれども而も自分達が関係した母校の事件を円満に且つ公正に解決せられた事柄に対して自分は衷心から感謝して居た。此等の意味に於て自分は常に先生の徳望を慕ひ其識見に敬服して自づから師弟の関係を因縁づけたやうな訳である。

先生と自分との関係は単に之ばかりではない。其後先生は我が成城学校に校長として就任せられたのであるが此の成城学校は亡父が校長として生前何彼と世話を焼いて居た関係上亡父の後を承けて自分は先生と共に財団の理事として直接間接に学校の経営に従事して居たのである。

顧れば成城学校は軍人の養成と支那留学生の教養の為めに創設された相当古い歴史を有つて居る学校であるが時勢の進運に伴うて之に一大改革を要する事となり其改革の基礎を樹てたのも亦実に校長澤柳先生であり爾来今日の隆盛を見るに至つたのは蓋し先生に負ふ所鮮くないのである。即ち成城学校としては澤柳先生は学校再興の大恩人と云はねばならぬ。（以下略）」

児玉秀雄（明治九年～昭和二十二年、一八七六～一九四七）は源太郎の長男で、後に拓殖大臣、逓信大臣、文部大臣などを務めたが、父親との関係で陸軍の要人たちと親しかった。成城学校の経営には理事として長年関わってきたので、澤柳とはしばしば共に仕事をする機会があり、澤柳の人柄に深い尊敬の念を抱いていた。この文は昭和三年二月に牛込の成城中学校から出版された『成城第五十五号澤柳先生記念号』に載せられた追悼文の一節であるが、児玉は澤柳の突然の死去の後を承けて、一時牛込の成城中学校の校長を引き受けたのであった。その後私立成城中学校は順調に発展を続け、現在は成城中学・高等学校内に牛込幼稚園も吸収して、特色ある教育の伝統を守る学校として高く評価されている。

牛込成城小学校校舎（『成城学園70年の歩み』より）

澤柳は成城学校からの申し出を、条件付きで受け入れた。条件とは、この学校に新たに私立の小学校を付置し、そこを自分が主宰する教育実験校とすることを認めてくれるならばという事であった。成城学校はこの条件を直ちに受け入れ、大正五年九月二十二日付で澤柳は成城学校長に就任した。成城小学校設立の認可申請は九月七日に提出されており、認可が下りたのは十二月四日、そして翌年一月に成城学校は校名を私立成城中学校と改称し、四月一日には私立成城小学校が創設されて、澤柳は自ら校長となってこの学校の目標を定め、運営の基礎を築いたのである。

成城小学校の発足

成城小学校を発足させるにあたって、先ず澤柳から相談を受けたのは長田新《おさだあらた》（明治二十年～昭和三十六年、一八八七～一九六一）であった。長田は大正四年七月に京都帝大哲学科を卒業した後に澤柳の秘書となり、常に彼の身辺にあって万事にわたってブレインとしての務めを果していたのである。長田は澤柳の計画に心から賛同し、その後も長く澤柳を補佐して、この学校の発展に寄与することになった。

長田新は周知のように後の広島文理科大学学長であり、自らが原子爆弾の被爆者で、「日本子供を守る会」の結成や、『原爆の子』の刊行などで、日本の平和運動の中心的存在となった人である。澤柳の後を継ぐペスタロッチ研究の泰斗として知られるばかりでなく、彼自身が日本のペスタロッチと称えられ、全ての教育者の等しく仰ぎみる偉大な生涯をおくったことは、改めて説くまでもないであろう。

ところで一つの学校を創設するには、その準備から運営の全体にわたって指揮をとる人物が必要であり、帝国教育会会長の澤柳自身がその仕事を引き受けることは不可能であった。彼はこの大役を担える人物を得るために、かなり早くから長田と共に小西重直に助力を求めていた。小西重直《こにししげなお》（明治八年〜昭和二十三年、一八七五〜一九四八）は澤柳が第二高等学校長であった頃からの教え子であり、東京帝大の哲学科を卒業した後ヨーロッパに留学し、帰国後は広島高等師範学校教授から第七高等学校長を勤め、澤柳が京都帝大で谷本富教授を罷免した後に、その後任として京都帝国大学文科大学に教授として迎えられた。小西は自分が京都帝大で指導している学生の中から、平内房次郎（後に藤本と改姓）を選んで澤柳に推薦したので、それからは平内が成城小学校主事となって澤柳を補佐することになった。

平内房次郎はかつて一年ほど小学校で教員をしてから、短期間ではあるが中国雲南省の中学校の顧問をしていたことがあり、帰国後に京都帝大の哲学科で教育学を専攻し卒業したばかりであった。彼は勇躍して東京に居を移した上、京都帝大の学生で自分よりも小学校教員の経験の長い、後輩の村上瑚磨雄にも協力を求めた。

澤柳の指導のもとに、平内は成城小学校の開設準備に取りかかった。その最初の成果が、二人の密接な共同作業によって作成された「私立成城小学校創設趣意」である。この趣意書を読むと、澤柳が意図したのが「理想的な私立小学校」を作ることにあったのではなく、日本の教育水準を高めるために必要不可欠ではあるが、しかし公立小学校にも師範学校付属小学校にも、また通常の私立小学校にも求められない、きわめて特異な使命を持つ学校を生み出そうとしていたことが理解できる。かなりの長文で全文を引用することは困難なので、澤柳の意図のよく表れている部分だけを抽出し、彼がこれまで一般論として論じてきた一群の「私立学校論」中で論じている「私立学校」と、私立成城小学校という校名に付されている「私立」という同じ言葉が、どのように異なる内容を含んでいるのかを考えてみよう。

「私立成城小学校創設趣意」は、先ず学校の設置位置、職員名簿から始まり、それに続いて、創設趣意の説明がなされる。この部分でもっとも注目すべきは、次の文言であろう。

本校は今、将《まさ》に生まれんとするの故、其の特色の如何は他日を待たねば明言できません。また一定の主義の如きも未だ標榜すべきではありません。本校は内外各種の学校の長所を見逃さず採用すると同時に校長主事訓導の創意工夫を加え且、常に顧問その他の意見を聞き飽くまで研究しつゝ、改善して行く内に自然に或る種の特色が現はれようと思ひます。只茲に明言し得る事は我校の希望理想と云ふが如きものであります。

この説明に続いて「希望理想」が四項目に分けて示される。各項目の題名を挙げながら、そこに目標として提示されている重要な部分を抄出しておく。

一、個性尊重の教育　附、能率の高い教育

①　真の教育は個々具体の人を対象とすべきもので（中略）目前の生きた児童を対象として其の個人の性情能力に適合した教育をせねばなりません。

②　教授の方法も教材の分量程度も固定した形式に囚はれずに、個々具体の生きた場合に適合した教育を施して、出来得る限り能率の高い結果を得るやうに努力する積りであります。

二、自然と親しむ教育　附、剛健不撓の意志の教育

都会の環境から受くる刺激によつて早熟となり神経過敏となつてゐる子供を怜悧だなどと喜んでゐるのは寧ろ悲惨事と云ひたいのです。されば本校は都会生活より来る悪影響と戦ひつゝ、児童を教育せうとの覚悟を持つてゐます。そして児童をして自然的な正常的な而して健全な発育を遂げしめる事に努めます。（中略）要するに教育上の生物学的発生学的見地からして児童固有の心身発育の過程を重んじ、なるべく児童をして遠き祖先の原始的生活を繰返さすことによつて、心身の健全なる発達を図ります。此点から云へば、体育として、かの人為的な体操の如きよりも、児童の自然に愛好する遊戯を重んじたいと思ひます。（中略）都会の児童の動もすれば陥りやすい柔弱逸楽の傾向に警戒を加へて常に艱苦欠乏にも堪へ得る習慣をつけ不撓不屈の精神を涵養し

つゝ、将来、剛健敢為の国民となるべき素地を作りたいと思ひます。かのおとなしくする事に是れつとめる消極的訓練や児童をして自ら努力奮発せしめないやうな教育を排して、大に児童の意志の鍛錬を図りたい。

三、心情の教育　附、鑑賞の教育

① 教育と云ふ事は生徒可愛との愛の一念を基礎とせねばならんと思ひます。此の一念の上に総ての施設、工夫、研究が築かれねばなりません。（中略）最後の項目に述べます如く、本校は教育的研究に重きを置く学校ですから、研究的精神の盛な、そして明晰な頭脳の人たる事を必要としますが、尚それよりも温かい心情の人たる事を要します。（中略）子弟の関係は真に人格対人格の関係で、（中略）かの道徳教育とか、美育とか宗教教育（成立宗教の教育ではありません）とかは、皆教師其の人の人格によつて解決される事と信じます。

② 滔々として人は皆実利実益を是れ重んずる一世の傾向に反抗して、崇高なる生活をなし、高尚なる趣味を味ひ得る程の人になるやうに教育したいのが私共の願ひであります。（中略）従来、唱歌や図画や手工を単に技能科として生徒の発表的方面にのみ力を入れて、鑑賞的方面を閑却してゐるのは誠に遺憾の事であります。

四、科学的研究を基とする教育

由来、小学教育に関する研究は他の教育に比しては盛んなりと云つてゐゝが、しかし其の研究や議論は多くは抽象的にあらざれば西洋丸写しで其の是非当不当に至つては結局、水掛論に終つて了ふ有様であります。是れ一は教育者が親しく児童教育の任に当つて、やむにやまれぬ真摯の要求から湧き出た研究でなくて、附焼刃的のものが多いからだと思はれます。尚又一には学者と教育実際家との間に一大溝渠が横はつて居て学者の研究は実際家に省みられず、実際家の施設は根拠なき思付から割り出したものに過ぎないからだと思はれます。（中略）能率の多い教育をするには是非とも学者と実際家との間に存するこの溝渠を埋めねばなりません。それ故、本校は科学的研究の素養あり、且つ其の精神の旺盛なる者を訓導とし、教育的研究を実際と一致せしめんと努める積もりです。之を他の言葉で申せば理論化せる実際、実際化せる理論即ち真の意味の研究的学校を以て理想としてゐます。（中略）貴重なる教師としての日々の経験に重きを置き、綿密なる観察実験によつて根本的研究を積み教育の実際に科学的の根拠を与へたいとの希望抱負を以てかゝつて居ります。

最後に置かれた「結語」は、全文を引用しておこう。

之を要するに、衷心より児童教育を楽む者が協力し、一学級の児童数を適当なる範囲にまで減少し、内外の研究経験を斟酌して是れに本校自らの工夫研究を加へて毫も独断的僻見に流れず、科学的実験的精神を以て改善に改善を加へ、進歩して息まざる覚悟で、現今、我国教育に最も欠如してゐる徹底した教育を実現したいのであります。

一　開校　大正六年四月

最後に経営について一言致せば、本校は成城学校の所有にかゝる約千坪の敷地と二階建約二百坪の校舎とを使用するのでありますが、創業費は別として年々の経営費は月謝の収入に頼る考であります。素より篤志者の進んで助力せられるのを拒むのではありませんが、本校は自ら進んでは一銭の寄附をも求めません。しかも一学級の児童数は三十人以下とし教育上の必要の設備は申すまでもなく備へなければならず且つ教師の進んで研究する為内外の図書や雑誌の如きは世間普通の小学校よりも完全に備付ける要があります。それで三円の月謝と致しました。即ち校舎や創業費は別として経常費は自給自足の経営法に依るのであります。

こうして澤柳を校長とし、小西重直を顧問、平内（藤本）房次郎を主事、三島通良を顧問兼学校医とした成城小学校が発足した。ちなみに三島通良《みしまみちよし》（慶応二～大正十四年、一八六六～一九二五）は明治・大正期の学校衛生研究者で、学校衛生学の草分けである。東京帝大医学部を卒業後、文部省より学校衛生調査を嘱託され、全国の学校を巡回し、明治二十九年（一八九六）に文部省学校衛生主事となり、東京高師教授を兼ねた。明治三十六年（一九〇三）から翌年にかけて欧米に留学し学校衛生などを研究、三十八年（一九〇五）に退官し三島医院を開業したが、四十四年（一九一一）に廃業し学校衛生の研究に専念した。彼は学校衛生の生みの親であるばかりでなく、母子衛生法の改良、三島式種痘法の発明なども行なっている。澤柳は三島博士と以前から親交があり、彼の識見に対して深い敬意を抱いていたので、学校運営にあたっての医学顧問となるように依頼したのであった。

その他、児童を直接に指導する訓導には、平内の他に村上瑚磨雄、佐藤武、諸見里朝賢、真篠俊雄（音楽専科）、田中末広の五名が就任した。

澤柳の「私立学校論」と私立成城小学校の設立と

澤柳は大学卒業後直ちに文部省に入り、以後一貫して日本の学校教育制度の発展と整備に尽してきたが、直接に責任を負うのは公教育の部門であった。しかし文部省には私立学校の監督も任されていたから、実務家であった澤柳は私立学校関係の法律の整備なども手がけ、私立学校の実情に詳しかった。

彼が著した私立学校に関する考察のうち最も早いものは『公私学校比較論』で、明治二十三年（一八九〇）四月に刊行されている。文部省に入って二年にも満たない頃の論考であるが、現状分析の的確さと主張の理路整然としていることは、すでに彼の特質をよく示している。この著作についてはすでに触れたので詳細は省くが、執筆の目的は「私立学校が整備されて来たから、学校教育は私立学校にまかせ、公立学校にかける費用を節約してよい」という政治家たちの主張の誤りを指摘することにあった。すなわち「私立学校」の存在を原理的に否定したのではなく、現況では、本来の教育施設としての条件を満たしている私立学校がまだ少なすぎて、公立学校が担っている国民の教育責任を私立学校に担わせようとするのは暴挙であることを指摘したに過ぎない。

それでは私立学校が本来あるべき姿とは、どのようなものなのか。どのような条件を満たしていれば、私立学校に教育を委ねてよいのか。また一歩進めて、理想の私立学校とはどのようなものであって欲しいのか。澤柳はこの問題を、『退耕録』に収められている三篇の論考「我国の私立学校」「私立学校の改良」「理想の私立学校」の中で論じているが、これらもすべて原理的な観念論ではなく、現実の不備を解消するように要望する具体的な提言であることに変わりはない。

「我国の私立学校」では、私立学校の精神、生命はその設立者の精神と意見にあると思われるが、慶應義塾や早稲田大学などほんの僅かの学校を除けば、殆んどの私立学校にはこれが欠如しているという指摘が先ずあり、次に、学校を経営していくための資産が乏しくて、専任の教師を少なくし他校との兼任の教師を多く用いているので、在学生に充分に目が行き届かない。これに加えて、不相応に多数の生徒を入学させ、一つの学級に多数の生徒をつめこんで授業するという不都合の生じていることが、批判されている。

次の「私立学校の改良」では、澤柳が文部省普通学務局長だった頃に私立学校を監督する法制度を強化したのは、私立学校の発展を妨げるためではなく、私立学校の内容を充実させるためであったことが述べられ、その結果、特に私立中学校の水準を高めることに成功した事実が指摘されている。ちなみに、中学校の監理を普通学務局の管轄下に配置したのは澤柳であった。彼は中学校の教育をあくまで「中等なる普通教育」、つまり基礎教育と考えていたからである。

三つ目の「理想の私立学校」は、先の二つの論考と重複するところが多いが、要するに「理想の私立学校は教育上の理想より生まれ出でなければならない」という主張の、敷衍的説明と見てよいであろう。三つの論考を締めくくる発言として、次の一節を引用しておこう。

我国の私立学校は特色ありと標榜するものならざるはない。併しながら多くは官立学校に望んで入ることの出来なかつたものが入る有様である。官公立学校に至つては教育上の意見方法に於て特色なきを特色とするといはなければならぬ。公費を以て経営するものにあつては已むことを得ない次第である。（中略）之に反して私立学校は特色を以て生命としなければならぬと思ふ。少くも理想的私立学校は特色ある主義方法に基く教育を施さんければならぬ。

皮肉なことに澤柳の死の三十年ほど後には、この「特色」を有名上級学校入学試験の合格率の高さに置く私立学校が輩出する。これが彼の望んだ私立学校の「理想」の形態であるはずがないのは明らかだが、この現象の出現が文部省の監督の不行き届きの結果なのかどうかは別として、「理想の私立学校は教育上の理想より生まれ出でなければならない」という澤柳の主張が、時代の推移に関係のない真実であることだけは明らかであろう。

しかし澤柳は、ここで述べている「理想」や「特質」を実現し発揮するために、成城小学校を設立したのであろうか。『退耕録』中の論考で述べられている私立学校の「理想」と、「私立成城小学校創設趣意」に謳われている四つの教育目標は、同じ性質のもの、あるいは同じ目的を志向するものと言えるであろうか。

およそ東西の教育学を学んだ者ならば、「趣意」に掲げられた最初の三項目が、初等普通教育の普遍的な原理であることを知っているはずである。すなわち私立、国公立の区別無く、どのような小学校にあっても、この三項目を実現する努力をすべきなのに、これが必ずしも実現出来ていないことこそ、我国の初等教育の抱える本質的な問題点なのではなかろうか。

そう考えることによって初めて、第四項目「科学的研究を基とする教育」の真意が理解される。すなわち「科学的研究の素養あり、且つ其の精神の旺盛なる者を訓導とし、教育的研究を実際と一致せしめんと努める積りです。之を他の言葉で申せば理論化せる実際、実際化せる理論即ち真の意味の研究的学校を以て理想としてゐます」という決意表明の意味するところが、明らかになるのである。

澤柳はかつて『実際的教育学』で主張したように、理論的研究が実際的結果によって試され、実証される場が欲しかった。しかし彼自身がすでに存在するどこかの学校の校長になって、そのような学校運営をしようとしても、この目的は達せられるわけはない。何故ならば国公立の学校には公的機関として守らねばならない規制があり、そこでは自由な研究や、新しい試行錯誤は思い通りに行なえるものではないからである。では私立学校ならば可能かというと、もしも自分がかつて論じた意味での「理想的」な私立学校が存在しているのならば、それを改めて別の目的の学校に作り直す必要など全くないし、不完全な私立学校を引き受けて「理想的」私立学校にするのは、澤柳の目下の目的とは全く別の範疇の努力なのは明らかである。いずれにしても澤柳の目的は、既存の存在形式をもつ学校を改造することでは達せられない「全く新しい種類の学校」を創設することであった。

このような、これまでに存在しないきわめて特殊な性質の実験学校の創立を文部省が承認したのは、むしろ驚くべきことだったと言えよう。これは澤柳にしか出来なかったことであり、そのことを彼自身も充分に承知していたに違いない。私立成城小学校の設立の意味と、そこにおける教育活動の実態は、この事実を正確に把握しなければ、理解することも批評することも困難であろう。

野口援太郎の招聘

澤柳が帝国教育会会長に就任した頃、郷土松本の出身で青山師範学校長であった滝沢菊太郎（嘉永七年～昭和八年、一八五四～一九三三）から望月軍四郎（明治十二年～昭和十五年、一八七九～一九四〇）を紹介された。望月は静岡県富士市大宮町の出身で、明治四十三年（一九一〇）に望月証券株式会社を設立し、後に田口銀行頭取や京浜電鉄の社長になった実業家で、教育界への関心が強く、蔵書家としても知られた人である。彼は大正七年（一九一八）に証券業界を代表してニューヨークの株式市場の調査に赴いたが、その折に中国人留学生がアメリカで厚遇されていることを知り、衝撃を受け、深く感じるところがあった。そして帰国後直ちに滝沢に相談して、中国人留学生の為に私財五十万円を寄附したいと申し出た。滝沢はこのことを直ちに澤柳に相談し、望月を澤柳に引き合わせた。澤柳は望月の志に感動し、この寄附を有効に使用することに尽力しようと約束したのだった。

成城学校は、大正六年の成城小学校発足と共に「成城中学校」と改称していたが、澤柳は望月の寄附金の内の二十五万円をあてて、成城中学校で学ぶ中国からの留学生のために、郊外に宏壮な寄宿舎を新設した。それと同時に望月資金より五万円を帝国教育会にも割いて貰って、新に「専務主事」の制度を設けた。澤柳は帝国教育会の活動を積極的に展開するためには、諸種の計画の立案と実行にあたる専任の主事が必要であると考えていたが、その財政的基盤がここに確保されたのである。

専務主事は野口援太郎《のぐちえんたろう》（明治元年～昭和十六年、一八六八～一九四一）に決まった。野口は高等師範学校の出身で、兵庫県第二師範学校が改称した姫路師範学校の初代校長として明治三十四年（一九〇一）弱冠三十四歳で赴任して以来、この時まで名校長として全国に知られた人であった。野口を強く推挙したのは矢張り滝沢菊太郎で、澤柳もまたこの人選に同意した。野口は招聘を受けたときに最初は固辞したが、澤柳の熱意に動かされて遂に説得に応じ、姫路師範学校長を辞職して、専務主事として帝国教育会の事務を執る決意をしたのだった。彼は大正十二年（一九二三）に池袋児童の村小学校を創設するなど様々な活動に携わりながら、澤柳の死の三年後まで教育会の専務主事の仕事を続け、ここに大正八年（一九一九）から始まる澤柳・野口時代と呼ばれる一時代が築かれたのである。

『帝国教育』歴代編集者と澤柳

帝国教育会には『帝国教育』という誌名の機関誌があり、明治四十二年（一九〇九）三月十五日から毎月発刊されていた。実はそれ以前にはこれに先行して『教育公報』という雑誌が刊行されていたのだが、明治四十年（一九〇七）に第三一九号をもって廃刊されており、『帝国教育』は『教育公報』の後を継ぐものという意味で、創刊号を第三二〇号とした経緯があった。当時の会長辻新次は「発刊の辞」で次のように抱負を語っている。

「我が帝国教育会は、（中略）今や一大活動を開始すべき時機たるを自覚せり。『帝国教育』の刊行は其の第一着手にして、教育社会の指導者たる抱負を持し、新時代の要求に応ずべき中央機関として遺憾なき実質を具備せんとす。」

こうして発足した機関誌の編集主任には樋口勘治郎が選ばれて、編集を担当することになった。樋口勘治郎（明治四年～大正六年、一八七一～一九一七）は明治二十八年（一八九五）に高等師範学校を卒業してから高等師範付属小学校訓導となり、当時注目され始めたフランシス・パーカー（Francis Wagland Parker, 1831～1902）の教育改革運動に傾倒し、著書『統合主義、新教授法』（明治三十二年、一八九九）において、従来のヘルバルト教育学一辺倒の教育思想界に一石を投じた人である。彼の影響は明治三十年代後半に大きかったが、思想を消化吸収して方法論を確立するところまでは至らず、次の時代の流行にとって替わられてしまった。しかし現在でも「新教育運動」の先駆者の一人とみなされていることを見ても明らかなように、彼の教育界に与えた貢献には無視できないものがある。帝国教育会が彼を主事として遇し、期待して機関誌の編集をまかせたのも、充分に頷けることである。

樋口は大正元年に帝国教育会の主事を辞任し、機関誌の編集は藤原喜代蔵《ふじわらきよぞう》（明治十六年～昭和三十四年、一八八三～一九五九）が担当した。藤原は日露戦争に兵士として従軍し、帰国してから明治四十年に読売新聞に入社して教育欄や学芸欄を担当するジャーナリストになった。四十二年（一九〇九）に主著『明治教育思想史』を冨山房から出版し、翌年から二年間イギリスに留学し、大正元年に帰国してすぐに『帝国教育』の編集主任に迎えられた。しかし大正八年にジャーナリズム界から実業界に移り、『帝国教育』の編集を三浦藤作《みうらとうさく》に譲った。三浦は明治二十年（一八八七）に愛知県に生まれた人で、すでに教育ジャーナリストとして活発な執筆活動を始めていた。

三浦藤作が編集の責任を負うことになったのは、野口が専務主事に就任したのと同じ年であり、ここに澤柳と野口の意図が三浦を通して機関誌に反映するシステムが確立した。この時から野口と三浦は澤柳を支えて日本の普通教育の成熟と発展に力を尽くし、帝国教育会を文字通り全国の教職員の精神共同体に作り上げていったのである。澤柳は自らこの機関誌に殆んど毎号執筆し、自分の主張や教育界への提言、或いは文部行政ひいては政府の姿勢への批判などを発表した。それらの論考の殆んどは全集に収められているが、以下にその一端を窺うべく、野口と三浦が関係することになった翌年、すなわち大正九年（一九二〇）に刊行された『帝国教育』各号に澤柳が執筆した論文・随想などの題目を一覧しておこう。

四五〇号（大正九年一月号）「新なる小学教育の任務」（全集八）
四五一号「経費の為に義務教育年限延長を躊躇する勿れ」（全集三）
「小学校教員子弟学費補給並貸与に就て」（全集六）
四五二号「初等教育者に学力の増進を望む」（全集六）
四五三号「歳計予算に表はれたる教育」（全集三）
四五四号「市川新松君を紹介す」（全集十）
四五五号「思想問題と教育者の態度」（全集六）

四五六号「山口県図書館長佐野友三郎君を哭す」（全集十）
四五八号「教員組合と教育会」（全集六）
四六一号「社会教育機関の充実」（全集三）

帝国聯合教育会と女教員聯合組織の結成

当時までに日本各地には、それぞれの地方の教育会が結成されており、帝国教育会が主催してこれらを一堂に集めた「全国聯合教育会大会」が初めて開かれたのは明治二十四年四月であった。その後大正六年に至るまでにこの聯合大会は十一回開かれたが、その間に、これを単なる聯合会議に留めず全国の教育会を一つに統合したらどうかという提議が、何度もなされていた。澤柳はこの提議に疑問を持ち、

「教育会の組織を根本的に変更するよりも、現存教育会に親密なる連絡をとり、相互に気脈を通じて一致団結をなして活動するのが、教育会の効果を増進せしめ、教育社会の権威を高めるに最も必要にして且急なるものではなからうかと思ふ。」

という提案を行ない、それぞれの教育会がこれまで通り存続しながらお互いに結びつくという「聯合体組織」を結成し、帝国教育会を筆頭に全国八十一教育会が加盟する「帝国聯合教育会」を発足せしめたのであった。

第一回の総会は大正八年（一九一九）十月に開かれた。その後は毎年一回の通常総会の他に、随時臨時総会が開かれるようになり、全国の教育に関係する諸制度の改革に、全国の教育関係者が一丸となって活動する場として成長していった。これが「義務教育の期間延長」「教員互助法の実施」「教育費国庫負担金増額」などに向かっての、現場教育者たちの結束を生み出していく基盤となったのである。

また澤柳の発議により、大正六年（一九一七）十月二十日より三日間、日本で初の全国小学校女教員会が開かれた。この会を開催した主旨を、澤柳は次のように説明している。

「昨年本会（帝国教育会のこと）に於ては調査委員を設けて女教員問題を調査した。調査委員は各方面より得たる材料によつて、小学校に於ける男女教員の割合を定め、且女教員の長所短所を挙げた。それ等の調査は男子によつて行なはれるものであるから、果して当を得て居るか否かは容易に決し難い。依つて其の真相を明かにする為に此種の会合を催すの必要が生じ来つたのである。尚一つは本会に於て隔年毎に小学校教員会議と聯合教育会とを開いて居るが女子の代表者の出席は殆どない。又地方の情況を見ても、女教員が集つて意見を発表する機会は殆どない。其数から云ふと教員全体の四分の一を占むる女教員の中に此種の機関の備はらぬのは甚だ遺憾である。これ又本会が本会議を催すに至つた一の理由である。」

この会は当初は参加者が多くなかったが、その後少しずつ女教員の意識が高まり、終に大正十三年（一九二四）に「全国小学校聯合女教員会」が結成され、その後は太平洋婦人会議に代表を送るなど、積極的活動を行なうまでに成長していくことになるのである。

教育擁護同盟との連携

大正六年度から年額一千万円の教育費国庫負担が実施されることになったが、しかし第一次世界大戦後のインフレにより、小学校教育のための各市町村の財政負担は急増して、国庫負担金が市町村の小学校経費総額に占める割合は、大正十年には僅かに五パーセントに過ぎなくなっていた。そのために全国市町村や各府県教育会が、国庫負担金増額運動を開始し、帝国教育会も野口を中心に積極的にこの運動に関与した。

しかし大正七年（一九一八）に成立した原敬内閣は「地方町村では著しく教育上の冗費があるので、これを整理すれば多額の費用が節約できる」として、大正十年に義務教育費削減政策を打ち出した。この政策に対して直ちに教育関係のジャーナリストたちが反対運動を始め、「教育擁護同盟」を結成したが、この組織に参加したメンバーは、中野光《なかのあきら》著『大正デモクラシーと帝国教育会』（『帝国教育総目次・解説』中巻、平成二年（一九九〇）雄松堂刊）によると次の通りであった。

澤柳政太郎、野口援太郎、曽根松太郎（『教育界』主筆）、川村理助（『明日の教育』）、稲毛金七（『教育実験界』）、大島正徳（『内外教育評論』）、加藤正平、鰺坂（小原）国芳（『教育問題研究』）、河野清丸（『教育論叢』）、下中彌三郎（『啓明』）、湯本武比古（『教育時論』）、原田実（『教育時論』）、尼子止（『教育学術界』）、本岡晴之助（『学校衛生』）、三浦藤作（『帝国教育』）、為藤五郎（『教育』）、岸田牧童、志垣寛（『小学校』)、多田房之助（『日本の小学校』）、荻原太平治、佐久間惣治（向上会）、相沢熙（『国民新聞』）

また『帝国教育』の大正十年（一九二一）四月号には、その巻頭に教育擁護同盟の成立が発表され、その「宣言」と「決議」ならびに「大袈裟な教育費の節減は出来るべきものでは無い」と題する野口援太郎の論文が載せられた。同じく五月号に澤柳も「議会を顧みて教育者に望む」（全集三）という巻頭論文を寄せて、軍事費の膨張と教育費の削減案を激しく批判した。

これほどはっきり反政府的な運動を展開することは、これまでの帝国教育会には見られなかった変化であるが、このあたりに澤柳と野口、および『帝国教育』主筆となった三浦藤作の息のあった活動の模様が窺われるのである。

2　初期私立成城小学校の活動

研究と実験の一体化

私立成城小学校の学級編成は一学級の定員を三十人とし、初年には一学年と二学年のみを募集したが、応募したのは一年生二十六人、二年生六人の、計三十二名に過ぎなかった。そこで、一年生を二組に分け、全校で三学級というささやかな所帯で出発した。しかしこれは毎年二回の募集を行なうことを前提としていたからで、四月に募集したのは前年の九月までに学齢に達していた児童たちであり、それより半年後にあたる当年四月までに学齢に達した児童たちは九月に募集し、一学年が春学年と秋学年の二学級を持つ二重学年制とする前提があったからである。こうすれば四月生まれの子と三月生まれの子の間に見られる発育上の一年差が、少なくとも半年差に押さえられるという配慮からであるが、その一方で個人的な発育差も考慮して、年齢に関係のない超級、降級の制度も設けられていた。学習が個人差を考慮して行なわれるので、学習評価や成績評価の点数など親にも児童にも知らせる必要がなく、学習進度の遅速も、親の競争意識を刺激することなど全くなかった。試験の成績を児童の能力評価に用いない、という方針が大前提とされていることによって、児童の学習の自発性が保証されたのである。

発足時の成城小学校　左から真篠俊雄，田中末広，不明，佐藤武，澤柳，不明，藤本房次郎，不明，諸見里朝賢，不明（以上推定）（成城学園教育研究所澤柳文庫蔵）

また教育活動においては、教員たちの地位の上下は全く問われず、全ての教員が平等の権利をもって研究し、実験し、意見を発表するという了解が完全に守られて、研究発表も、肩書き抜きの本人名のみで行なわれた。これが教師集団の意識を高め、研究心を旺盛にすることに直接つながり、様々な提案が生まれ、吟味され、実践されていったのである。ここに細部を詳説する暇はないが、きわめて特徴的なものの幾つかを挙げておこう。

①　従来の国語科の「読方、読書、綴方、書方」に「聴方」を加える。②　振り漢字法の採用、③　修身科は四年生から始める。

ここで多少の注釈を加えるならば、従来の国語科では「読み書き」が重視され、「聴き話す」という能力を開発する時期の重要さが、殆んど認識されていなかった。これは児童の発達の原理に背き、言語生活の基礎を築くのに妨げとなっている。澤柳はこれを早くから指摘しており、成城小学校で先ず「聴方科」を特設し、その為の教材の開発を始めたのである。また書く能力よりも読む能力の方が先に進んでいるのが普通なので、読めるから書けるという思いこみを打破すれば、漢字学習がきわめて楽になるという考えから、漢字に仮名を振るのとは反対に、仮名書きの部分に漢字を振っておくと漢字学習の負担が大幅に少なくなることを指摘し、児童の保護者たちに協力を依頼して、低学年の国語教科書に振漢字をして貰ったのだった。

修身科については澤柳が何度も論じてきたところで、要するに道徳性を養うのは普通教育全体の目的なのだから「修身科」だけで扱うべきものではない。あらゆる学科、あらゆる学年、あらゆる生活面において、知らず知らずのうちに児童が純正なる道徳生活をするように導くべきものであり、小学校低学年児童の精神的発育段階では、むしろ聴方教育や読書教育などを通して道徳的感性を養うことが大切なのである。そして児童が次第に自己の生活、周囲の生活環境、学校生活という集団の中で、生きる際に必要な道徳性の本質に目覚めてきたら、その上で子どもに受け入れられる形式での「倫理学」的な学科を用意すべきだという主張であった。

成城小学校での実践から、成城の教師集団は様々な研究成果をあげ、その成果を実験を通して確認し修正する仕事を、積み上げ始めたのであった。澤柳はこれらの成果を直ちに世に発表することは控え、さらに工夫を加えて、どの学校でもどの教師によっても実行可能な日本教育界の共有財産にまで高めようと思っていたが、しかしその一方で、得られた貴重な財産を成城小学校だけのものに留めず、広く公教育の学校にも私立学校にも開放すべきであるという要請にも、応える必要を感じていた。

翌大正七年（一九一八）の一月二十一日に、母の錫《すず》が他界した。七十五歳であった。

大正八年に入ると、澤柳は四月に中等学校教員向上会会長に推薦され、五月に臨時教育委員会委員を委嘱され、七月には国民教育奨励会会長に就任した。彼は日本の教育の全体にわたって、否応なく何らかの形で関係を持ち、責任を負わざるを得ない立場となっていたのである。

成城小学校研究叢書の刊行

澤柳は「児童が内から発育せんとする時期を見計らつて施す」教育、つまり児童の発育の階梯を正確に知って、児童が必要としている時期に必要な教育を与えることを「児童本位の教育」、ないしは「児童中心の教育」と呼んだ。これを実現するためには、入学時に児童がどのような能力、知識、個性をもっているかを、正確に調査しておく必要があった。そして当然のことながら、教育の基盤となる「言語」の能力が、先ず最初に確認されなければならない項目であるのは、衆議の一致するところであった。

そこで澤柳は調査の最初の仕事として、児童が一体どのくらいの言葉を理解しているかを研究することを提案した。つまり「児童語彙」の調査である。澤柳の提案に基づいて、藤本房次郎主事と田中末広訓導が大正七年四月入学の児童を対象に調査にとりかかり、その成果を澤柳の指導のもとに長田新と田中末広とがまとめて一冊の研究報告書としたものが、『児童語彙の研究』である。
この報告書は翌大正八年五月に、「成城小学校研究叢書・第一編」として同文館から刊行された。巻頭に付された澤柳の序文を見ると、研究の動機や調査の結果の意外性などが生き生きと伝わってきて、初期成城小学校の同人たちの意気込みや興奮に引き込まれる思いがする。全集四に序の全文が収められているが、その大切な部分を抜き出して読んでみよう。

「序

数年前米国の教育的心理学雑誌に於て満三歳児の語彙の調査を見て頗る興味を感じ、どうして我が国にかゝる調査なきかと残念に思つた。且つ三歳児の語彙の予の想像よりも遥かに豊富なるに驚き、幼児の能力の案外に大なるを今更の如く悟り、我等が平素児童の精神の力を過小に見る誤りに気付いた。小学新入の児童について調査を為して其の結果を確かめ得たなら、国語教育上の参考となることの大なるを、否小学の国語教育が其の出発をなすには先ず新入児童の語彙を確かめなければならぬかを考へ、語彙調査の必要なるを切に感じた。」

「調査に従事されたのは藤本主事と田中訓導であるが、予は非常の興味を以て常に其の調査に注意してゐた。又予は初学年新入児童の語彙は平均二千五百語乃至三千語の間にあるべきを想像し、調査の結果もし当らずとも遠からざるものであつたとしたなら、小学教育上茲に驚くべきほど重大の意味があると考へた。何となれば現時全国の小学校で施して居る初歩の国語教授は児童の語彙の極めて僅少なることとの予想の下に為してゐる。もとより我が国定の国語読本は此の仮定の上に編纂されてゐる。若し児童が就学する際既に二千五六百語を解するとすれば国定読本は根本的に修正を為すを要し、国語教育も全く其の面目を新にすべきである。又言語は思想の符号なるより考へて新入の児童が二千五六百の言語を了会する事実は児童の思想の非常に豊富なるを証するもので、此の点より小学教育全体の根本的革新を生ずることがあらうとも考へた。

然るに調査の結果は意外にも平均四千語なるを示した。（中略）我等は実に是れまで児童の能力を見誤りてゐたのである。啻に国語教育ばかりでなく、児童の教育全体は根底から改めなければならぬ。教育者の児童にたいする考は全然新にせねばならぬ。」

「児童が四千の語彙を有すといふ一事の内に更に幾多の意味を見出すことが出来ると思ふ。進んで四千の語彙の内容について考ふれば實に種々の教育的意義を発見する。本調査に於て田中君は多くの時日と労力とを費して諸方面の考察を下して整理したことは本書について読者の見らるゝ通りである。予は敢ていふ同君の考察はあらゆる方面を悉くしたものではない、寧ろ其の小部分に過ぎないと。例へば此の語彙の内より児童の道徳的思想や感情を探し求めることも有益にして興味あることである。児童の其の家庭生活をなす間に如何なる道徳的思想を養い得たるか。又児童の興味の何れの辺にあるかも探求することが出来るであらう。児童の有する抽象的思考は如何なる程度のものか、又如何なる範囲に渡るか。更に純粋の日本語と外来の語（漢語）との比較研究によりて、前者と国民性との関係をも彷彿することも出来やうかと思ふ。」

「後編の欧米に於ける語彙研究の概観は長田文学士が幾多の図書雑誌を渉猟して、其の要を撮みたるもので、明瞭に外国に於ける情況を知ることが出来る。誠に得難き有益のものたるは読者の等しく認むるところであらう。

欧米に於ける語彙の研究は主として発生心理学又は児童研究の立場から為したものが多い。我々が試みたものは主として教育上の見地から為したものである。故に正確を期することも教育上の目的に適ふ程度に止めてよいと思ふ。而かも其の内から教育教授に関する幾多の革新的端緒を発見し得ると信ずる。」

「最後に予が共著者の一人たるの関係は児童語彙研究の発案者たると、其の研究方法の提出者たるに止まることを言つて置く。約二ヶ月に亘り毎日数回各児童につき田中君と共に根気よく其の言語を調査したる藤本君も亦実は共著者の一人といつてよい。云ふまでもなく前篇は主として田中君の著述、後篇は専ら長田君の労作で、予は研究の動機をなしたるに過ぎない。附録の小論文は予一箇の臆説として敢て世の高教を得たいと思ふ所である。大正八年三月」

ここに「附録」と呼ばれているのは澤柳自身の論文で、これも全集四に全文が収録されている。調査結果から何をどのように引き出してきて学術的貢献に高めるかを、具体的に提示して見せた興味深いものである。

このように澤柳は成城小学校の教師たちに調査研究の意義と方法とを教え、調査結果から得られた事実を認識にまで高める過程を、実例をもって示した。自分たちの自発的な問題発見と解決の工夫が、実際に日本の教育界に大きく貢献する仕事であることに教師たちが目覚めたとき、「成城小学校研究叢書」は、一冊また一冊と増えてゆき、着実に教育界の財産となって蓄積されたのである。詳しくその内容を述べる余裕はないが、この叢書の第一巻から第十五巻までを一覧表にまとめて見ると、澤柳が教師たちの何を刺激し、教師たちがそれにどのように応えていったかが具体的に読みとられると思う。

成城小学校研究叢書
第一編『児童語彙の研究』　澤柳政太郎・田中末広・長田新共著　同文館　大正八年刊
第二編『算術教授革新論』　佐藤武著　同文館　大正八年刊
第三編『算術新教授法の原理及実際』　佐藤武著　同文館　大正八年刊
第四編『尋常小学校国語読本の批評』　成城学校　同文館　大正九年刊
第五編『玩具による理科教授』　平田巧著　南北社　大正九年刊
第六編『児童心理に立脚した最新理科教授』　諸見里朝賢著　南北社　大正九年刊
第七編『お伽の新研究―聴方教授の提唱―』　奥野庄太郎著　南北社　大正九年刊
第八編『児童中心主義の教育』　成城小学校　大日本文華株式会社出版部　大正十年刊
第九編『読方教授の革新―特に漢字教授の実験―』　諸見里朝賢・奥野庄太郎共著

大日本文華株式会社出版部　大正十年刊

第十編　『尋一教育の実際』　山本徳行著　文化書房　大正十三年刊

第十一編　『綴方指導の原理と其実際』　奥野庄太郎著　文化書房　大正十三年刊

第十二編　『新入学児童語彙の調査』　千葉県鳴浜小学校職員研究会　文化書房　大正十三年刊

第十三編　『低学年教育の新研究』　藤井利亀雄著　文化書房　大正十四年刊

第十四編　『図画手工の教育』　稲森縫之助著　文化書房　大正十四年刊

第十五編　『読方学習の新研究』　奥野庄太郎著　文化書房　大正十五年刊

これら十五編の内の、少なくとも大正十年（一九二一）までに刊行された九冊の研究には、澤柳の直接の刺激が原動力となっていると思われる。何故ならば研究テーマが決まり、計画と実験とその整理とが積み重なって一つの作品になったところで、澤柳の校閲を経て順次出版されたものと想像されるからである。大正八年に三冊、九年に四冊、十年に二冊と順調に切れ目なく続いている様子を見ると、これだけで第一期を形成する共同作業であったと推察される。そして二年間の中断があり、十三年に三冊、十四年に二冊、十五年に一冊という第二期のグループがあって終わっており、これが実験学校としての成城小学校のその後の歩みを暗示しているように思われるのである。

鰺坂（小原）国芳の招聘

成城小学校設立に際して藤本房次郎が主事として迎えられ、澤柳と共に「設立趣意」を起草し、授業が開始されると訓導を兼ねて直接に児童の教育を担当してきたことは、すでに述べたところである。このように、いわば成城小学校の活動を支える柱であった藤本が、大正八年四月に病気を理由に退職した。この年の五月末に刊行された『児童語彙の研究』の共著者に藤本の名がないのは、この辺の事情がからんでいるのかも知れない。成城小学校研究叢書という以上は、その第一編は成城小学校の同人の名前で出したいというような意見が、同人の内から出たのではなかろうか。ちなみに藤本が招いて共に成城小学校創設に携わった村上瑚磨雄は、すでにその前年に成城を去っていた。

藤本主事を失ったことは、成城小学校の活動にとって大きな打撃であったに違いない。澤柳が校長であり関係者全体の指導者であることには変わりはなかったが、澤柳には成城小学校のほかにも多くの仕事があって、自ら学校運営の実務に携わる余裕はなかった。従って実際に教育現場を率いて毎日の研究と実践を牽引していくのは主事であって、成城小学校の主事は、事実上校長以上に重要な責務を担っていたのである。澤柳は藤本の去った後、藤本にかわって主事の責務を果たしていける人物を早急に迎え入れる必要に迫られていた。

その頃すなわち大正八年の夏に近いある日、鰺坂国芳《あじさかくによし》（後の小原《おばら》国芳）が恩師小西重直の紹介状を持って澤柳を訪れた。鰺坂は訪問の前に成城小学校を参観し、非常に強い印象を受けており、いつかはこの学校の同人として仕事をしたいという願望を胸に秘めていた。澤柳は鰺坂を引見して、恐らくは直ちに彼の非凡な資質を見抜いたのであろう、ゆっくり彼と対談し、成城小学校を参観した印象などを尋ねたり、彼が語る今後の抱負などに耳を傾けたという。そして鰺坂が訪ねてきた二三カ月の後

若き日の小原国芳
（『成城学園70年の歩み』より）

に、澤柳は長田新を使いとして広島に派遣し、鰺坂を招聘する意志のあることを伝えたのであった。

鰺坂国芳（明治二十年～昭和五十二年、一八八七～一九七七）が小原と改姓し、「全人教育」を唱えて大正新教育運動の代表的な推進者の一人となったのは、万人の知るところであろう。彼は鹿児島師範学校から広島高等師範学校に進み、卒業すると香川師範学校付属小学校の訓導となった。その後京都帝大に入って教育学を専攻し、小西重直の教えを受けた。彼は藤本房次郎の一年後輩であり、また長田新は広島高師及び京都帝大での彼の三年先輩にあたる。

鰺坂は京都帝大を大正七年（一九一八）に卒業し、直ちに広島高等師範学校付属小学校に訓導として就職した。そしてその一年後に澤柳と出会ったのである。今後の記述では一々断るのが煩わしいので、特に断る必要のない場合には、彼を鰺坂ではなく、大正十年に改姓した後の小原国芳の名で呼ぶことにしたい。

小原国芳は澤柳の招聘を受けて、この年すなわち大正八年（一九一九）の十二月十一日に、主事兼訓導として成城小学校に赴任した。

『教育問題研究』の創刊

小原国芳は赴任すると直ちに陣頭に立って、新しい教育研究活動を開始した。すなわち「教育問題研究会」と名付けた研究会の結成と、機関誌『教育問題研究』の刊行である。目的は「主として小学教育に関する諸般の問題を根本的に研究する」ことであった。

これは創立趣意書に書かれている通り、成城小学校創立の目的そのものである。澤柳の指導のもとに成城小学校同人は、創立以来ここまでの三年間この目的を追求し続けてきており、その成果の一部を報告する『児童語彙の研究』、『算術教授革新論』、『算術新教授法の原理及実際』、『尋常小学校国語読本の批評』の四冊を、成城小学校研究叢書として刊行したばかりであった。そして間もなく第五冊目の『玩具による理科教授』も刊行されるべく、準備が進んでいた。しかしその一方で澤柳は

「徒に一家の主義主張を高く掲げて、世の耳目を聳動するやうなことは、断じて避けなくてはならぬ。少なくとも、十年乃至十五年の間は、鳴かずまた飛ばずで、一意専心、その毎日の仕事の中に没頭すべきである。（中略）何処までも『試みの学校』たる本分に鑑みて、軽々しくその結果を発表するやうなことは固く避け、一に専ら後日の大成を期さう。」

と述べて、研究成果が一つの真実として確信をもって提示できる段階に達するまでは、徒に自分たち

の活動の意味や価値を安易に宣伝しないように厳に戒めていた。少数のメンバーで行なわれている教育と実験の成果は、繰り返して検討した後に発表すべきであって、それには十分な時間が必要であることを、実際家であると同時に研究者でもあった澤柳は、十分に認識していたのであった。

澤柳のこの思いを、小原は着任早々に無視した。これだけ着実に挙げられつつある成果は、どんどん発表していくべきであると考えたのである。それには機関誌を刊行するのが最も効果的である。なぜなら地方に住む教育関係者たちが、実際に東京まで学校参観に来なくても、定期的に発行される成城小学校の機関誌を通して、この学校で挙げられつつある研究実験の成果を知ることが出来るからである。また機関誌を定期購読する人が増えれば、そこから得られる収入も期待できる。また成城小学校の同人には、定期的に研究成果を発表する義務が課されるから、研究と実践の成果がさらに向上するに違いない。おそらく小原はそれら一切の効果を充分に計算した上で、機関誌『教育問題研究』の刊行を計画し、その母体となる「教育問題研究会」を結成したのであろう。彼の胸には、この成城教育の素晴しさを天下に知らしめんとする純粋で燃えるような情熱が沸き起こり、それを直ちに行動に移すことこそ自分の使命だと感じていたに違いない。

『教育問題研究』は大正九年（一九二〇）四月に創刊され、以後定期的に毎月一冊ずつ刊行されていった。それらを見ると、この会の活動が従来の成城小学校同人たちの積み上げて来た成果を踏まえながら、そこから少し先に歩みだそうとしていることが感じられる。すなわち基礎的な研究と実験を積み重ねようという地道な姿勢から、自分たちこそが教育界の「改造」を推進する指導者であると自認する姿勢へと、意識が転換しつつあることが窺われるのである。

この変化は澤柳にあっては、第一次世界大戦後に急速に進みつつある社会状況の変化に対応して、小学校教育の持つ意味もまた変化しているという事実認識に基づく変化であった。すなわち従来は少数の指導者層によって操作されてきた日本の政治が、大戦後には国際社会の趨勢と連動して、次第に一般民衆の意志によって動かされる時代へと移行していくに違いないと、澤柳は考えていた。そうなれば、かつては少数の指導者層だけが持っていれば足りたであろう政治的経済的なパースペクティーヴを、これからは義務教育を受けただけで社会に出ていく庶民層も身につけていなければならない。そのためには、義務教育の担う教育責任に対する考え方を改革改造しなければ、多数者によって動かされる日本の政治、経済の方向付けに重大な問題が生じるにちがいない。このことを彼は既に『教育研究』第二〇〇号（大正九年一月号）に「小学教育の改造について」（全集四）と題して論じているが、これと同じ観点から、それではこの問題に関して成城小学校では何が出来るのかを、『教育問題研究』の創刊号の巻頭論文「小学教育の改造」（全集四）で示したのである。この論文における澤柳の真意は、次のような表現に込められている。

「今や世界は大いなる変化を為しつゝある。国際連盟新たになり、民族自決の主義も或る程度まで是認され、思想上の変化も可なり大なるものがある。今尚ほ動揺してゐて安定を得るに至らないが、たしかに大いなる変化が生ずるに違ひない。（中略）政治上の大変化は教育の施設の上に民本

的の色彩を鮮明ならしむるかとも思ふが、これも広い意味に於ける教育の目的に関するものである。（中略）

小学教育にはたしかに改造を要するものが少（な）くない。私は理論上より之を認めるばかりでなく、僅かなりと雖も三年の経験が、改造の余地の存することも、改造の端緒や見込のあることを（マヽ）示した。若し全国十六万の教育者が、私共と等しく改造の要を認め、改造に向つて努力せらるゝ、ならば我が小学教育の改善改造は期して待つべしであると信ずる。私共はさゝやかなる一私立校から、私共の天分の許すかぎり、力のあらんかぎり努力して、必ず何ものかを小学教育の改造に寄与するつもりである。私共よりも充分に富める、又私共よりも有利の地位にある十六万の同僚諸氏は是非に力を協せて共に偕に社会各般の事物の根柢たる此の小学教育の改造に努めてもらひたい。

私は公立校の教育者は概して我が成城校の同人よりも有利の地位にあると信ずる。唯私共が他よりも有利の立場にあると思ふことが一つある。それは私立校なるが為に自由研究の範囲が広いといふことである。当局者の了解もあつて私共は必ずしも窮屈なる法規に拘束されないで済む。（中略）私は十六万の教育者が如何に研究の精神が旺盛であつても、私共同人と同様の研究の自由を有せられないことを認めて深厚の同情を寄するものである。

そこで、私は全国の教育者に対して、小学教育に関し研究を要する問題にして、法規上研究の自由を得られないものを私共に提示せられんことを望むのである。（中略）又時には或る問題についてはこれが実地的研究を私共から公立校に依頼することにしたい。かゝる場合には好意を以つて私共の要求を容れて貰ひたい。かくて公立校と私共との間に研究上の聯絡を保つて行きたいと思ふ。
（後略）」

澤柳はこの巻頭論文で、きわめて明確に成城小学校の役割を表明している。北村和夫氏は『復刊「教育問題研究」附巻』（龍渓書舎、平成三年〈一九九一〉刊）の解題の中で、これを次のような図で表して『教育問題研究』が、成城小学校と公立小学校の「双方向的なコミュニケーションを確保する媒体として位置づけられている」ことを指摘している。

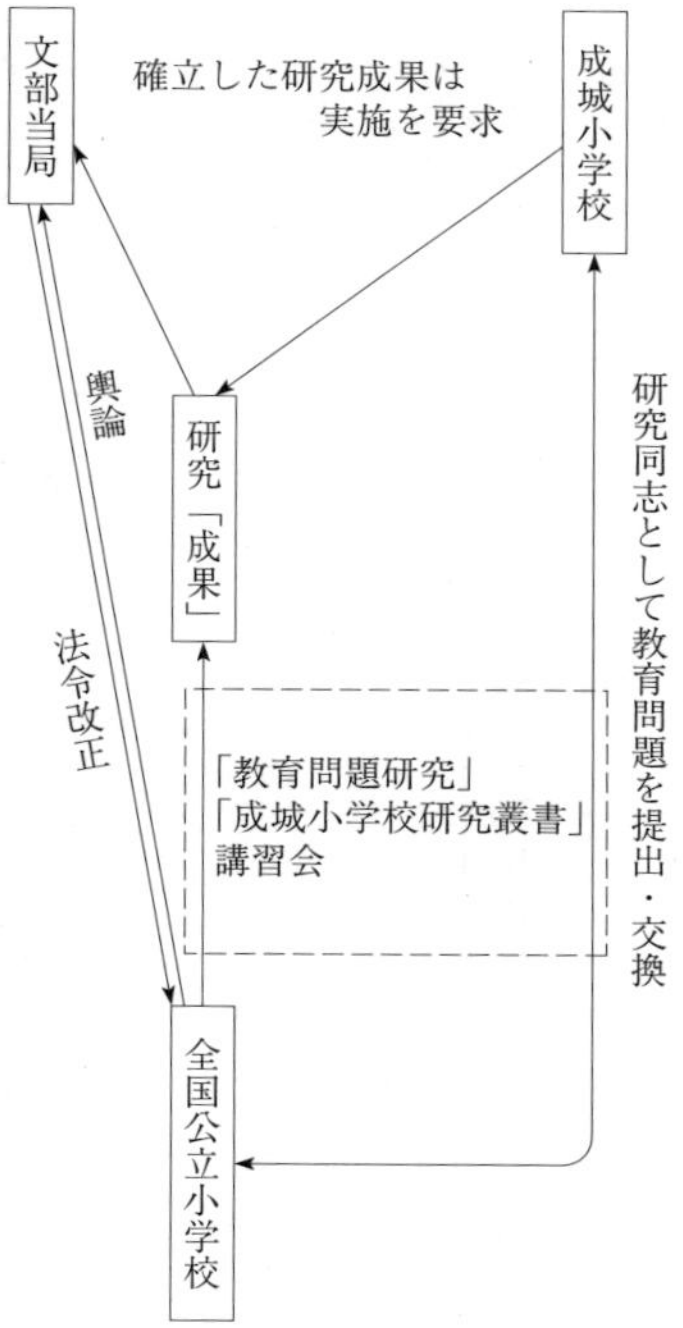

澤柳が創設の当初から成城小学校に、この図式で示されるような役割を与えるつもりをしていたか

どうかは、もちろん定かではない。しかしすでに述べたように、彼が成城小学校を創設したのは「理想の私立学校」を作るためではなかった。彼は全国の小学校で行なわれる教育に貢献するために、教育上の研究と実験を試みる学校を作ろうとしたのであった。その意味では、彼の目的意識に何の変化も見られない。しかし全く同じであるかと言えば、そうとは言い切れないようである。あの「設立趣意」には感じられなかった何か新しい要素が、この巻頭論文の行間に潜んでいるように感じられるのである。それは何か。

それは成城小学校を「小学教育改革」運動の中心に据えようとする姿勢である。これは、この時点までには見られなかった全く新しい姿勢である。この姿勢が「成城で実験して、その成果を全国に伝達していく」という形を、「一つのシステムとして成立せしめよう」とする意志の芽生えに関係していることは、明らかであろう。

しかし澤柳自身の心境に何らかの変化があったのかと言えば、決してそうではない。彼はあくまで成城を実験のための学校と考えており、そこで行なわれる教育法を全国の小学教育の「模範」にしようという野心など、全く持っていなかった。彼の創った成城小学校は、役割が終わればいつでも閉じてよい、そんな性格の実験学校だったのである。それにも拘わらず彼の巻頭論文が、この図式で示すことが出来るような内容になってしまったのは何故であろうか。

その理由は、恐らく鰺坂（小原）主事の主唱で結成された「教育問題研究会」の同人たちの胸に、自分たちの学校の新しい未来像が描かれ始めたことによるのではないだろうか。教育者、指導者としての小原国芳の偉大さが、成城小学校同人の活動に強烈な影響を与え始めたと言い直してもよいであろう。澤柳が一度会っただけで小原の天才を見抜いたのは、澤柳の人を見る目の確かさを証するものであった。

澤柳は帝国教育会会長と成城小・中学校長という二つの「本職」の他にも、例えば徳富猪一郎が創設した国民教育奨励会の会長、新図（画）書（道）教育会長、内閣教科書調査会理事など様々な役職を務め、さらに高田町町会議員、仏教少年聯合団長なども引き受けていた。彼は要請のある所に赴いて、そこで最善を尽くすという生き方を貫き、その何れにおいても手抜きをすることなく、なすべき仕事を誠実にこなしていた。それゆえ非常に多忙であったが、しかし『教育問題研究』への執筆は殆んど毎号欠かすことがなかった。以下にその題名を列記しておこう。

第一号（大正九年四月）　「小学教育の改造」（全集四）
第二号（大正九年五月）　「小学教育学の建設」（同右）
第三号（大正九年六月）　「問題のつかまへ方と研究の方法」（同右）
「読むことと書くことは並行しない」（同右）
第四号（大正九年七月）　「再び問題のとらえ方と研究方法について」（同右）
「言語に四種の別あるを論じて国語の新教授に及ぶ」（同右）
「広島高等師範学校付属小学校の一新研究を評す」（同右）

第五号（大正九年八月）　「二重学年について」（同右）

「教育の発育観と器械観」（同右）

第六号（大正九年九月）　「新しい学校について」（同右）

「新入児童のとり方」（同右）

「教育的創造について」（同右）

「伝説に現はれた子供」（同右）

第八号（大正九年十一月）　「天分の発揮」（同右）

第十号（大正十年一月）　「成城小学校と教育の研究」（同右）

第十一号（大正十年二月）　「全人類に属する人」（全集未収）

「『デューウイ教育学説の研究』を読む」（全集四）

第十二号（大正十年三月）　「職業選択の自由を述べて教職に及ぶ」（全集六）

第十三号（大正十年四月）　「教育の範囲と教育の力」（全集十）

第十四号（大正十年五月）　「成績考査について」（全集四）

第十五号（大正十年六月）　「子供を子供としての教育」（同右）

第十六号（大正十年七月）　「小学教育の特に必要なわけ」（同右）

「会員及び読者諸君へ」（同右）

第十七号（大正十年八月）　「成城小学校同人諸君（渡欧前に認む）」（同右）

第二十六号（大正十一年五月）「ベルリンにて」（同右）
　　「成城の子供へ」（全集十）
第二十七号（大正十一年六月）「愛と敬の教育」（全集四）
第二十八号（大正十一年七月）「成城小学校同人諸君—NYにて—」（同右）
第三十六号（大正十二年三月）「年齢について」（同右）
第四十二号（大正十二年九月）「世界教育会議所感」（全集未収）
第四十三号（大正十二年十月）「震災について」（全集十）
第四十九号（大正十三年四月）「パーカスト女史を歓迎します」（全集十）
第五十八号（大正十四年一月）「明治天皇の御製に詠はれたる子供」（全集未収）
第六十号（大正十四年三月）「自分の学校」（全集四）
第六十一号（大正十四年四月）「自分のこと」（全集十）
第七十三号（大正十五年四月）「教職について」（全集六）
第七十八号（大正十五年九月）「新学校の内容」（全集四）
第七十九号（大正十五年十月）「異常児教育について」（全集三）
第八十四号（昭和二年三月）「児童の言語と思考」（全集四）
第八十五号（昭和二年四月）「巻頭言」（全集六）
第八十六号（昭和二年五月）「巻頭辞」（全集六）

第八十七号（昭和二年六月）「十周年記念に際して」（全集四）
第八十九号（昭和二年八月）「出発に際して」（全集十）

第六章　国際的協調への努力と、成城学園の発展と

1　日本の教育と世界平和への貢献

欧米視察に出発

第一次世界大戦は大正三年（一九一四）に始まり、大正七年（一九一八）に終わったが、日本では、戦後のヨーロッパが文化的にも経済的にも戦争の痛手から抜け出すことは容易ではなかろうと予想する人が多かった。特に敗戦国ドイツの政治的経済的な荒廃は、ドイツ文化を手本としてきた知識人が日本には多かっただけに、その未来をどう予想してよいかが問われていた。日本はイギリスとの友好関係から聯合国側に味方して、戦後処理でアジア・オセアニア地域に権益を広げ、またいわゆる戦争景気によって多くのにわか成金も誕生していたので、欧米各国との関係を今後どのように保っていくのかが、いわば日本の新しい課題となっていたのである。

そうした社会背景のもとで、澤柳は文部省より「欧米諸国ニ於ケル教育行政竝ニ教科書調査」を嘱

欧米教育視察中エジプトにて（大正11年），左から小西，長田，伊藤，下村，澤柳（成城学園教育研究所澤柳文庫蔵）

託され、ヨーロッパとアメリカの情況を直接に目でみて確かめるために、三度目の洋行をすることになった。彼は気心の知れた仲間を伴って、ほぼ十カ月ほどの予定で出発した。一行は澤柳を団長とし、小西重直、下村寿一、伊藤仁吉、および長田新の五人であった。

すでに述べた如く、小西は京都帝大の教授として当時すでに教育学界の重鎮となっていた。下村寿一《しもむらじゅいち》（明治十七年〜昭和四十年、一八八四〜一九六五）は当時文部参事官であった。彼は先に文部大臣秘書官、後に文部省宗教局長、同社会教育局長、同普通学務局長などを務め、宗教団体法の基礎を作ったことでも知られている。東京女子高等師範学校長、女子学習院長などを歴任し、第二次世界大戦後も教育、文化、宗教方面で重要な役割を果たした人物である。伊藤仁吉も同じく当時の文部参事官であり、長田新は大正八年以来広島高等師範学校の教授となっていた。一行には佐々木月樵も同行した。佐々木月樵《ささきげっしょう》（明治八年〜大正十五年、一八七五〜一九二六）は第二章で触れたように、澤柳が大谷尋常中学校長時代に学生であった人で、澤柳と清沢満之の弟子の中でも特に優れた人物であり、後に大谷大学学長を務めた仏教界の大思想家である。

一行は大正十年八月三日に横浜を出航し、マルセーユ、パリ、ロンドン、ベルギー、オランダと回って各地を見学し、ベルリンに三カ月ほど滞在した。そして翌年二月にデンマーク、スウェーデン、オーストリアを訪問した後に再びパリに戻った。その後のスペイン、スイス、イタリアへの旅行は澤柳の単独行動であったが、四月初旬に一行はロンドンで再会し、四月八日にロンドンを出航してアメリカに渡った。

アメリカではニューヨークを振り出しに各地を回り、一度またニューヨークに戻ってからサンフランシスコに行き、そこから出航して六月三十日に横浜港に帰着した。帰国後、一行五人の共同執筆になる『現代欧米教育大観』(同文館、大正十三年刊)が刊行されたが、同書には澤柳の筆になる「欧米に於ける戦後教育の大観」「戦後欧米教育の実況」「欧米都市教育一斑」「欧米の教育を観て」「欧米大都市教育」の五編の報告文が収められている。

明治維新後の日本が、ヨーロッパ文明の優れた点を必死に学びとって、急速にヨーロッパ型の政治と経済と文化の体制を整えていったのは、改めて言うまでもない。教育制度や教育内容についても、その事情は変わらなかった。澤柳は哲学を専攻し、特に心理学や倫理学に詳しかった上に、教育学と教育行政とを生涯の仕事として選んでおり、これらの分野で常に欧米の先進性を認めつつ、彼らと同じ水準にまで追いつくことを目標にしていた。彼は欧米文明の全てをそのまま受け入れようとしていたわけではなく、あくまで批判の篩にかけながらの受容ではあったが、しかし欧米文明の偉大さに常に尊敬の念を抱いていたのは疑いない。すでに二度ヨーロッパを視察した経験のある澤柳には、大戦後のヨーロッパを視察することは、一種の緊張を要する任務であったかと思われる。

しかし一見したところ、かつてのヨーロッパと比較して、そこにはさほど大きな変化が生じているとは思われなかった。パリやロンドンを見る限り、庶民の生活にはゆとりがあり、戦争の傷あとらしきものは見あたらなかった。澤柳は家族あての書簡の中に「戦争の余波は見あたらず、不景気だとは言っていても旅客の目には一向そんな風にはみえない。唯女子が公然と食堂で喫煙している点は、以前と著しく変化した。食物もイギリスでは贅沢と言ってもよい位で、戦前と同じである。フランス人も疲労している様子はなく、デブデブ太った婦人も沢山見かける」というようなことを記している。勿論社会施設などについては、日本経済が如何に戦争景気で繁栄しているとは言え、都市の整備一つを見ても、まだまだ彼らに追いつくところまでは遠かった。この印象を彼は、当時東京市長であった後藤新平に宛てて、次のように書いている。原文は漢字の多い候文なので、現代風の表現に直しておく。

「拝啓　お元気でお過ごしのこととお慶び申し上げます。さて上海でも香港でも郊外へ数十マイルのドライヴをしましたが、道路の良いのに驚きました。シンガポールでは自動車で七十三マイル離れたカンディイに行きましたが、ここでも同じように道路の良さに驚かされました。私たちの東京の道路は速やかに何とかしなければと思います。（中略）ロンドン市街の道路はおおむね木タイル道路かアスファルトかに改装され、郊外でも同じです。今日発行の『タイムス』誌に『将来のロンドン』と題する書物が刊行されたと書いてあったので、直ぐに本屋に行って立ち読みしてみたところ、諸大家の意見がもとより直ぐに私たちの参考になるというわけではないにしても、私たちから見れば何十年の後に、あるいは何百年の後に、私たちの東京も道路、交通、下水などの点でこのロンドンの様になるだろうかと空想にふけっている間に、ロンドン人はどのようにしてロンドンをもっと良くするかを熱心に真面目に考えているように見えるのです。ご参考になるかと思って、一冊そちらにお届けするように手配いたしました。八億や十億程度の計画では本当の意味での文明都市にするのは困難ではないかと思います。日本を東京一つで代表させるのは私の望むところではありませんが、現在の状態は早急に改造する必要があると思います。国際的に考えて見ますと、日本の政治の大舞台に立って二、三年働くよりも、早急に東京市を改造することの方が、どの位大切か計り知れないと考えます。ちょっと御機嫌お伺い旁々、一筆したためました。　敬具

大正十年十月五日　澤柳政太郎

男爵後藤新平様」

後藤新平は間もなく大正十二年に山本権兵衛内閣の内務大臣兼帝都復興院総裁に就任し、思い切った都市計画に従って関東大震災後の東京の再建を実行したが、その際に澤柳が贈ったロンドンの都市計画案が大いに役立ったに違いない。後藤新平は帝都復興院の評議員会に澤柳が加わることを要望し、澤柳もこれに応じて帝都復興事業に参画した。瀟洒な赤煉瓦の東京駅とその周辺は、関東大震災後の首都復興の際に後藤新平が残した文化都市遺産として、その後も長く都民に親しまれてきたのは人の

知るところである。

澤柳は訪問する国々でその国の代表的な教育者に会い、彼らを招待して親しく意見の交換を行なった。旅行中の出来事として最も注目すべきものとしては、先ずロンドンでハロルド・パーマーを知り、彼を日本の英語教育顧問として招聘する契約を、彼と文部省との間で成立させたことが挙げられる。次にはドイツ滞在中に、ドイツの学界に数々の経済援助を行ない、さらにハイデルベルク大学講師だった若きオイゲン・ヘリゲルを東北帝大に招聘する契約を成立させたことなどであろう。

ロンドンで

澤柳はロンドンで、ハロルド・パーマー（Harold E. Palmer, 1877〜1949）という英語学者に会った。この人は音声学と文法学を専門としており、当時はロンドン大学の講師であった。ロンドン大学に滞在中の知人（木下広次の子息）から、英語教育の発展のために是非とも日本に招聘して欲しい人物だからという熱心な推薦があり、澤柳も長く中学校英語教育の実態に根本的な改善の必要を感じ続けてきたので、この際この話を実現しようと思ったからであった。これまで然るべき人物を招聘することができなかったのは、政府がどうしてもその経費を支出しようとしなかったことによるが、今回は澤柳には成算があった。川崎造船の社長松方《まつかた》幸次郎《こうじろう》が折よくロンドンに来ており、彼に事情を話して、招聘に要する費用を松方が負担してくれるという確約をとることが出来たからである。この辺の事情は『吾父』に詳しく述べてあるので、それによって経緯を略述しよう。

パーマーは澤柳の申し出を受け入れたが、ロンドン大学から許可を得るためには彼の上司にあたるダニエル・ジョーンズ博士の承諾が必要であった。ジョーンズ博士は高名な発音学者で、パーマーはその助手を務めていた。澤柳は直ちにジョーンズ博士に書簡を送り、日本の中等学校で第一外国語として教えられている英語の教育効果を高めるために、是非ともパーマーを日本に招聘したいことと、自分の友人である大富豪の松方幸次郎からパーマーの日本滞在に要する費用を三年間にわたって全額負担する確約を得たことを伝え、パーマーの日本派遣の許可を懇請したのである。

ジョーンズ博士は澤柳に丁寧な返事を書き、申し出を快諾した。そこで直ちに松方幸次郎の立ち会いのもとで、ロンドン大学と日本国文部省との間にパーマーの日本派遣に関する契約が交された。松方幸次郎（慶応元年～昭和二十五年、一八六五～一九五〇）は「松方コレクション」によって余りにも有名であるが、イェール大学に留学して法学博士号を取得したのち川崎造船の初代社長となり、財界と政界に大きな足跡を残した人物である。

ロンドンにて，左は下村寿一
（成城学園教育研究所澤柳文庫蔵）

パーマーは澤柳の帰国より先に日本に向かい、大正十一年三月に日本に到着して、直ちに文部省英語教授顧問となり、省内に一室を与えられた。やがて帰国した澤柳は、全面的にパーマーの活動を支えた。大正十二年五月にはパーマーを所長とする英語教授研究所が設立され、文部大臣岡田良平を名誉総裁に澤柳と松方幸次郎とが名誉副総裁となって、日本の英語教育に根本的な改革を加える運動を展開することになった。パーマーが神戸港に到着したときに彼を迎えたのは若き日の市河三喜《いちかわさんき》（明治十九年〜昭和五十五年、一八八六〜一九七〇）であったが、彼もこの研究所の顧問となって協力した。市河は後に自ら所長、理事長として経営の中心に立つことになるが、詳細は省略する。松方はさらにこの研究所に川崎造船の名で五千円を寄附し、日東蓄音機株式会社は七千円、冨山房も三千円を寄附したが、他にも寄附を申し出る人があって、活動の財政的基礎は堅固なものであった。

パーマーはこの組織の所長として、いわゆる「オーラル・メソッド」を教育の中心に据えたが、この運動は第二次世界大戦前の英語教育に影響を与え、大戦後の「オーラル・アプローチ」法の導入の基礎を築いた。英語教授研究所は現在の財団法人語学研究所の前身であり、その伝統は現在まで失われていない。パーマーは最初は三年の契約で来日したが、結局は十四年間も日本に滞在した。昭和二十四年に彼の死去が伝えられると、研究所は彼を記念する「パーマー賞」を設けたが、この制度も現在まで続いている。

ベルリンで

明治初年以降の日本の学界がドイツから受けた恩恵は、医学を始めとする自然科学の各部門は勿論、法学や経済学などの社会科学、哲学や宗教学、文学などの人文科学諸分野にまで及んだ。これは十九世紀以降のヨーロッパにおいて、各国が近代的な学問体系を作り大学教育のシステムを完成していく過程で、ドイツの学界がその先端に立って指導的な役割を果たしてきたからであって、必ずしも日本ばかりがドイツの後を追っていたわけではない。しかし日本においては特に極端に学問のドイツ依存が生じ、そのために高等教育の諸機関においては、国際共通語としての英語に次いで、学問研究のための外国語としてドイツ語が最重要視されていたのである。これは日本が一八六八年に明治維新を体験し、急速にヨーロッパ的な学問と教育の体系を取り入れようとした時期に、普仏戦争に勝利したプロイセンを中心に、一八七一年（明治四年）に全ドイツが国民国家として統一され、ベルリンを首都とするドイツ帝国が成立し、ヨーロッパ第一の強国となったこととも深く関わっている。日本はドイツが急速な成長を遂げた要因を、ドイツの学問の合理的近代化にあると認め、純粋に誠実に、そして極端な尊敬の念をもってドイツから学んできたのであった。

第一次世界大戦に敗れたドイツの社会が、言語を絶する物価騰貴と貨幣価値の暴落に苦しめられていることは、当時の日本人に複雑な心理的反応を呼び起こしていた。ドイツ在住の日本人留学生たちは、円貨とマルクの貨幣価値の落差を幸運と感じて、論外と言えるほどの贅沢を楽しんでいたが、その反面、大恩あるドイツ人学者たちが生活にすら困窮する状態に置かれていることに心を痛める日本人は、学界のみならず財界や政界にも少なくなかった。先に澤柳を通して日本の学界に財政援助を惜しまなかった望月軍四郎もその一人で、彼は澤柳が出発する際に、ドイツから連絡があれば即刻ドイツの学界に、まとまった額の寄附をすることを約束していたのである。

望月が送った為替を、澤柳はベルリンで受け取った。金額は二万五千円であったが、刻々にマルクの価値が暴落するので、当時のドイツの貨幣に換算すると天文学的数値に近い額であったらしい。澤柳はこれをベルリンの理化学研究所に寄附した。また帰国してからも、ハイデルベルク大学に留学していた大峡秀栄と北玲吉からの要請で、望月に懇望して、ヴィンデルバント記念奨学資金としてリッケルト教授に二十四億マルクを送付したという。

ハインリヒ・リッケルト（Heinrich Rickert, 1863～1936）はヴィンデルバントの後任として、一九一六年にフライブルク大学からハイデルベルク大学に移った新カント派の哲学者で、日本人で彼の許に留学した哲学者は多い。また大峡秀栄は大正から昭和にかけての代表的仏教哲学者の一人であり、後に澤柳が大正大学初代学長に推戴されたおり、澤柳に招かれて彼の秘書となり大変功労のあった人である。彼は山形県の出身で第二高等学校から東京帝大文学部哲学科に進み、卒業して土浦中学に就職したが、その際に澤柳に才能を認められて推薦を受けたことがある。小西重直宛の澤柳の書簡によれば、大峡は澤柳のこのたびの渡欧に際し、同じくドイツ船クライスト号に乗り合わせることを希望し、船やホテルを共にしながらハイデルベルクにおもむいたのだという。北玲吉（明治十八年～昭和三十六年、一八八五～一九六一）は北一輝の弟であるが、哲学者、ジャーナリスト、政治家として活躍し、第二次世界大戦後は日本民主党総裁、自由民主党顧問などを務めた人物である。若い頃に澤柳の推薦で母校早稲田大学の教師となったが、大正七年からヨーロッパに滞在して研究に励んでいた。大峡秀栄は、下村寿一と佐々木月樵から澤柳の抱く教育資金寄附計画についての情報を得た際に、北と相計らって、澤柳にリッケルトへの寄附を要請したのである。

北と大峡はさらにハイデルベルク大学の私講師であったオイゲン・ヘリゲルを東北帝大に招聘するように澤柳に乞うて、この計画をも同じく実現することに成功した。ヘリゲル（Eugen Herrigel, 1884～1955）はハイデルベルク大学に来てまだ日が浅かったが、すでに『エミール・ラスク著作集』の編纂者として知られていた。彼はドイツ哲学界の俊秀であったが、大学からの給与支給のない私講師という地位にいて、生活にも苦しむ情況にあった。北と大峡の二人が、日本に優秀なドイツ哲学者を招聘することの出来る絶好の機会と考えたのは、適切な判断であった。ヘリゲルは日本政府の招きに喜んで応じ、大正十三年に来日して東北帝大講師となり、昭和四年まで滞在した。その間に禅と弓道に精進して弓道師範の免許を得たことはよく知られているが、それだけではなく教育と講演と執筆を通して日本の哲学界に大きく貢献し、また『形而上学的形相』によって東北帝大から文学博士号を贈られている。帰国後はエアランゲン大学の教授となったが、生涯を通して日本文化を深く愛し続けた。特に彼の執筆した『日本の弓術』および『弓と禅』は、日本においても名著として今日まで何度も版を改めて読み継がれている。

藤尾鷲三の死、澤柳の手紙

澤柳がベルリンに滞在していた大正十一年二月に、彼に一通の悲報が届けられた。長女信の夫である藤尾鷲三が十七日に死去したのである。先にも述べたように信が彼と結婚したのは大正四年で、澤柳はこの初めての女婿を非常に愛し、二人の間に生まれた孫の真一と和子（後に関野克と結婚）を可愛がることも一通りではなかったという。藤尾は長女の誕生後間もなく結核にかかり、鎌倉に居を移して療養に努めていたが、澤柳は折ある毎に訪問して慰めたり、また頻繁に手紙や葉書を書いて励ましたりしていた。以下に澤柳が今回の旅行に出る直前に書いた書簡と、その数日後に出した船中からの旅行報告を『澤柳政太郎遺稿』（冨山房、昭和六年二月刊）中の書簡集から選んでみたが、これを読むと彼がどれほど娘婿を愛し、彼の家族を思っていたかが窺われるであろう。

「大正十年八月一日（消印）　市外高田町より

拝啓　昨夜十時頃真鍋氏より電話にて診察之結果を承り病気も想像せしよりもよろしく局部の疾患も進歩しつつあるといふことは目下はなしとの事承り大に安心して出発候

しかし真鍋氏の話にても風引き胃腸の故障等最も警戒を要する旨に候間呉々も御油断無之様致度存じ血色之良しからざるは如何かと考ふるも現下食慾のあるは何よりとの事常に食物を甘く食ふ工夫肝要と存候

小生より家にあつては十分の看護も亦時々診断を受くるにも且如何しても心を煩す事故も生じ候間若し入院候方よりよいと云ふことなれば右様願ひたしと申出で候處目下は時々診断する必要もなく御当人に於ての注意寧ろ医師の指図よりも大切に有之鎌倉の都築氏の例を見ても病人には好都合之気候且病院には二等之狭き一室に限り呼吸病患者を容るゝ事に相成候間鎌倉の方よろしとの事、万一他日入院を可とする様の場合にはよろしく頼むと申置候今日所々告別に行き候真鍋氏にも参り丁度面会するを得候万事依頼致し置き申候間同氏之注意と指図此度も御遵守相成度候

愈明日出発候明年初夏帰朝之節まで是非ゝ海浜院辺にて会食候程度に御自身御工夫相成度切望候敬具」

文中に「真鍋氏」とあるのは、言うまでもなく澤柳が信頼する東京帝大医学部の真鍋嘉一郎教授のことである。

「大正十年八月十二日午後五時認む　香港より

今は台湾海峡を航しつゝあります、海峡は通例難場といふことであるが船弱の僕も到つて元気で今朝から日本の本を百五十頁と英書を三十頁と尚一時間半船客中の英人婦人について英語の稽古をして、只今は此筆をとるといふ元気です

船の一日の生活も船が強かつたなら、又は海が静であつたなら、こんな楽な愉快な又ノンキな生活はありません

朝七時には部屋の boy がトーストと紅茶をもつて参ります、それをとります、八時には朝食です、御馳走は澤山あります、僕は朝は余り多く食へません

朝食後甲板を散歩したり又は甲板上の長籐椅子に寝て世間話しをします中に珍談が出ます、皆大平楽をのべます、十一時には Leaf tea と Cracker とをもつて参ります、一時には昼食です食卓でも中に話がはづみます、僕のテーブルは室中の第一の位置にあり主席は僕が占めます、右は木内左は渡辺（長崎前知事）矢作博士大塚局長小西教授長田教授下村伊藤両参事官食后に散歩と雑誌と読書遊戯です、三時半には御茶です、七時には夕食です、一等百人余りの内西洋人は僅かに十数人で余り上等の人物でもありませんそれ故夕食にも礼服を着ません

夕食後はまた雑談がそこゝに開かれます十一時十二時までも雑談がはづみます誰れも小供の様に無邪気になつて、無邪気な話をします今日までは港から港まで二昼夜位で余り退屈でありませんが、一週間も航海すると何か新工夫が起ると思ひます、昨日の午前には講演会の第一回があり僕が講演しました、次は夜八時半から第二回の講演がありますが娯楽部の企もあります

上海では上陸して泊りました、自動車を走らせて所々を見物しました又支那料理に呼ばれました、支那の新旧劇も見ました、休でありましたが同文書院と St. John College と日本の小学校高等女学校を見ました、上海の物価は非常に安いです

君の身体ももう少しよくなつたら是非保養の為に航海をすゝめたいと切に感じます（十二日午後五時過擱筆）

明日午後香港着の予定

御馳走を上げることが出来ないから、今日の献立を上げます十分お楽しみ下さい（月日同時）」

次に掲げるのは、鷲三死去の報に接して直ちに信にあてて書いた書簡と、その一カ月後に同じく信宛に出したものである。

「大正十一年二月二十二日ベルリンより

鷲三どの遂に長逝何とも申様無く候其許にも永々介抱の甲斐なく残念至極に考へられ候事と察入

候然し世間にはもつともつと不幸の人も有之何事も天命とあきらめ候外無之と存候今となりては過ぎ去り候事を思ひ出し哀み悔みても詮無く候故心を強くもち二人の子供の世話なされ候様頼み入候

目白のものよりも鷲三どのへの御土産沢山買ひ入れ病気を慰め又真一和子のお土産も沢山かひました

一日も早く帰り色々相談にあづかりたいとも考へ候へ共公務之都合あり矢張予定通り六月下旬帰る事にいたし候

介抱つかれや心配にて身体もよわり居られる事と存候将来重い責任をもたれ候お前には従前よりも一層自分の体を大切に致されたく呉々も頼入候先は不取敢右まで」

「大正十一年三月二十日

過日武雄の電報に驚き一書を出し置候定めて御受取と存候其節申入置候通り六月下旬帰京仕候二週間前に貴族院より本月十六日より二十二日迄開会（伊太利ローマにて）の万国議員商事会議へ出席ありたしと電報にて申来り候処右へ出席候時はどんなに急ぎ候ても帰朝二三週間後れ七月中旬ならでは帰朝六ケ敷候故電報にて断り予定通り帰る事にいたし候、小生帰りたりとて別に何とも致し方無之然雖兎に角可成早く御老母之御安心なるやう万事相談いたし度故に候

前便に申入候通りそこもとの不幸は十分に察し入り候得共唯運命とあきらめて貰ふ外無之と存候将来之事は父帰京之上相談申すべく候看病之つかれ出で候はんかとあんじ居候御一同十分御注意ありたく呉々も頼み入候

切手はヒマヒマに整理し置かれたく、其處分をするについても能く整理為事肝要と存候
お母上にもよろしく」

文中に「切手」のことが書かれているが、藤尾鷲三は切手の蒐集家であり、彼のコレクションの豊かさは、その世界では評判のものだったそうである。

アメリカへ

ドイツで高名な学者や日本からの留学生たちと交流した後、二月にベルリンを発ってデンマーク、スウェーデン、オーストリアを訪問し再びパリに戻ったが、ここからは澤柳は一行と別れて、単身でスペイン、スイス、イタリアに行き、ルソーの誕生地やペスタロッチの故郷などを訪ね歩いた。そして四月初旬にロンドンで一行と再会してから、四月八日にロンドンを出航してアメリカに向かった。ニューヨークに着いたのは四月十九日の朝であったが、上陸は十一時頃となり、昼食後直ちにコロンビア大学のモンロー教授と会い、次の日からの視察の計画を立てた。澤柳の許には成城小学校の同人たちから来た多くの手紙が届けられていたが、慌しい日程の中で一人一人への返事が直ぐには書けないので、取りあえず同人全員に宛てた通信を認めた。それが『教育問題研究』第二十八号（大正十一年七月号）に、「成城小学校同人諸君―NYにて―」（全集四）の題で掲載されているので、その一部を抄出する。

「三日間既に米国の学校を見ましたが中々色々工夫してやつてゐます。設備万端はとても競争は

できません。一昨日参った三万ばかりの小市の中学校でも、師範学校でも我が東京帝大の及ぶ所ではありません。此の方面では我国の富の力を以てしては当分否何十年経つても百数十年経ても先々競争は出来ませぬ。然し精神的の方面に於ては必ずしも及ばないといふ事はないと思はれます。（中略）

羨ましいのは校舎設備の完全ではなく教師が可なり楽しんで喜んで勇んで遣つて居る有様です。此国でも俸給は矢張り十分ではありません。北米合衆国全体では教師が不足して居ること十数万といふ多数で、為めに学校の休んで居る所もあるといふ状態ですが、現に其の職にあるものは喜んでやつてゐるやうに見えます。（中略）

諸君の御手紙を見ると諸君が非常の興味を以て教育してゐられるのが手にとりて見えるやうに感ぜられ嬉しく思ひます。

新中学はいかゞですか。前にも申した通り新しい仕事は中々骨の折れるものと思ひます。初めから思ふ通りになるものではありませぬ。幾多の困難に打勝つて行く内に楽みがあると思ひます。然し物は初めからが大事と思ひます。十分の奮闘を願ひます。又気のついたことは互に忠告して此の新方面の順の発展を望みます。（以下略）」

終わりの方に「新中学は……」という箇所があるが、これは成城第二中学校がこの年の四月に発足したことを指す。この件については後に述べることにする。

澤柳はこのメッセージを成城同人宛に送った後に、ロンドンでその評判を耳にし興味を抱いていたヘレン・パーカースト女史（Helen Parkhurst, 1887～1959）を訪問した。この時の経緯は『成城学園六十年』（成城学園、昭和五十二年刊）に詳しいので、以下にその要点だけを記しておく。

パーカースト女史はニューヨークに生まれ、師範学校を卒業してから小学校、中学校、師範学校などで教師体験を積んだ。その後イタリアに留学してモンテッソーリ法を学び、一九二〇年（大正九年）にマサチューセッツ州のダルトン町において、独自に開発した教育計画に基づく教育施設を開いた。この計画はダルトン町の名にちなみ「ダルトン・プラン」と呼ばれることになったが、パーカースト女史はダルトン・プランの有効性を証明するためにニューヨークに移り、児童大学（Children's University School）と呼ぶ私立小学校を設立した。

パーカースト女史の活動はヨーロッパでも評判となり、ロンドン・タイムズの教育特別号には一九二〇年五月から二十二年にかけて、ダルトン・プランに関する記事が数多く掲載された。澤柳、小西、長田の三人は、ロンドン滞在中にこれらの記事を読んで強い興味を抱き、ニューヨークに着いたら是非とも女史の学校を訪問したいと思っていた。

一行のうちで最初に女史を訪問したのは小西であった。彼は女史とその学校に感心してそれを長田に伝えたので、長田も四月二十五日に児童大学を訪れ、女史と会って彼女自身の案内で校内を参観した。そして予定の組まれていた東部諸州の旅行をすませた後に、今度は澤柳と共に児童大学を再び訪問した。

ダルトン・プランを最初に日本に紹介したのは阿部重孝で、彼が『帝国教育』大正十年四月号の「最近の欧米教育思潮」欄に書いたのが最初だという。ニューヨークで小西、長田、澤柳の三人が相次いで直接パーカースト女史に会って児童大学の実践を自分の目で確かめ、関係の文献資料を現地で手に入れたのは、阿部の紹介からまだ一年も経っておらず、一行が六月三十日に帰国してからは、たちまち驚くほどの速さでダルトン・プランの研究と実験が進んでいくことになるのである。

成城第二中学校の設置

澤柳が欧米諸国の教育状況を視察する旅行に出発したのは、大正十年八月三日であった。この日の二日前の八月一日から八日まで、東京高等師範学校の大講堂では、「教育学術研究大会」が開催されており、ここにいわゆる大正新教育運動を代表する「八大教育主張」の提唱者たちが集まって、それぞれの教育思想を力をこめて発表していた。教育史上よく知られた出来事であるが、蛇足ながら提唱者の名前と演題を列記しておく。

稲毛金七「創造教育論」、樋口長市「自学教育論」、手塚岸衛「自由教育論」、千葉命吉「一切衝動皆満足論」、河野清丸「自動教育論」、及川平治「動的教育論」、片山伸「文芸教育論」

そしてこの七人に加えて、小原国芳が「全人教育論」と題する講演を行ない、ここに彼を加えた「八大教育主張」という概念が成立したのである。小原は「諸主潮は唯一の教育の目的への特殊論であり、一元的教育学を大成する準備であつて一つがすべてではない。総てが一体となつて追求する目的は総合的人格をこしらへるやうな総合教育、つまり全人教育である」と叫び、自分の教育理念が「全人教育」であることを公に表明した。そして現在多くの学校で行なわれている教育がきわめて偏っていて、この理想から余りにも遠いことを、非難に近い調子で批判したのであった。

この主張に多くの真実が込められているのは間違いないが、ただ一つだけ、今後の成城小学校の進路との関係で見逃せない問題が含まれていた。それは彼の言うところの「全人教育」を実行できる小学校が成城小学校のほかにないとすれば、中学校に至ってはまだ全く存在していないという意味が、言外に籠められていることである。

成城小学校に子どもを通わせている保護者たちの殆んどは、子どもが受けている教育に満足し感動さえしていた。当然ながら彼らは、子どもがこの学校を卒業した後に進学すべき上級学校を見つけることが困難であることを、等しく痛感せざるを得なかった。そして第一回の卒業生を送り出す前に、成城小学校の延長上にある中学校を設置して欲しいと希望していた。

この要請に対して、澤柳は否定的であった。彼にとっての成城小学校は、教育における真実が何かを研究し、その成果を実地に試すための実験学校であった。正しいと判断された結果を全国の小学校の教育に生かしていくことこそ、この学校の活動の本当の目的であって、成城小学校を理想的な学校に育てようという意図を、澤柳は最初から持っていなかったのである。しかし小原は澤柳とは全く資質の違う教育者であった。彼は成城小学校の教育の素晴しさに感動し、成城小学校で学ぶ子どもたちを自分の子どものように愛した。そして彼らが小学校を卒業してから、成城教育とは関係のない中等学校に進めば、折角これまで積み上げてきた教育の成果が生かされない事になると思うと、居ても立ってもいられない気持ちになったに違いない。彼は自分の提唱する「全人教育」を実現すべく、一貫教育の行なえる「理想の学園」がどうしても欲しかった。

小原は成城小学校に接続する新しい中学校を、既存の成城中学校とは別に設立しようと考えていた。それはまた保護者たちの熱望に応えることでもあった。保護者たちは一丸となって小原を支え、小原は設立資金を実業家熊本利平に頼んで出資してもらい、澤柳が欧米視察の旅行に出ている留守中に、成城小学校の施設内に、既存の成城中学校とは別の「成城第二中学校」を設置することに成功したのである。

熊本《くまもと》利平《りへい》（明治十三年〜昭和四十三年、一八七九〜一九六八）は壱岐の石田町出身の実業家で、電力王として知られた同郷の松永安左エ門の義弟である。慶応義塾を卒業したのち朝鮮半島に渡り、農場経営者となって朝鮮実業界で活躍したが、後進の育成に熱心で、澤柳を尊敬し親交を結んでいた。郷里の発展にも貢献し、壱岐高等女学校、石田小学校などに多額の寄附をしたり、石田町の防波堤築造工事の費用を負担したりしたが、成城第二中学校の設置に際しては、開校に当たっての準備資金に加えて、向後五カ年間の経費の不足分を全額負担することを約束したのであった。勿論この約束は誠実に実行された。

先に述べたように、成城小学校が発足したのは大正六年四月である。発足に当たって一年生と二年生を同時に募集し、また前に述べたように一学年に四月出発の春学級と九月出発の秋学級の二学級を設けていたから、開校五年後の三月に、まず六年春学級が卒業することになっていたのである。従って新設する中学校の発足は、この年の四月でなければならなかった。小原主事は卒業生をそのまま円滑に中学校に受け入れることが出来るように、澤柳の留守を預かる責任者として最善を尽くし目的を達成したのである。

この動きを澤柳は当然承知していたが、小原が保護者たちの熱望に応えようと努力していることには反対はせず、「やれるのなら、やってみるがよい」という言葉で小原に一切を任せた。小原は新たに成城同人に加わった赤井米吉の協力を得て「成城第二中学校創設趣意」を作り、「要覧」を三月初旬に保護者たちに送付した。そして三月十九日に小学校の卒業式を行ない、四月十日に第二中学校の入学式を挙行した。第二中学校の校長は澤柳、主事は小原、職員は小学校との兼任を含めて十五名、生徒数二十五名であった。澤柳が外遊中であるため、小学校卒業式も第二中学校入学式も、ともに小原が校長代理として取り仕切ったのは言うまでもない。ちなみに、小学校卒業生合計十六名のうち十一人が第二中学校に進学し、外部から選抜試験に通って入学したものが十四名であった。

成城第二中学校の生徒たちと共に
（成城学園教育研究所澤柳文庫蔵）

澤柳はかつて文部省普通学務局長時代に、もともとは小学校の教育を管轄する部局であった普通学務局に、中学校の管理業務を併合した。これは澤柳が中学校の教育を「普通教育」ないしは基礎教育と捉えていたことによるもので、その意味では成城小学校に中学校を付置することに対して、必ずしも違和感を抱いているわけではなかった。しかし成城小学校の児童の親たちが中学校の設置を望み、小原がその情況を背景にして「理想の学園」を夢見るならば、間もなくその夢は「成城高等学校」の設立を求めるであろうことは自明であった。このような夢の描きかたは、成城小学校を日本の普通教育の改革に貢献する実験学校にするという澤柳の本来の意図とは、異質のものである。この時点から成城小学校の成長していく先は、次第に創立者である澤柳の目標から離れ始めていた。そしてその歩みの持つ必然性を、澤柳自身ももう否定することは出来ず、ありのままの形で受け入れるほかなくなっていた。彼はニューヨークから「成城小学校同人諸君」宛に通信を書き送ったとき、恐らく次に起こるのが「成城高等学校設立」問題であろうことを予想していたに違いない。

教育会館の建設

澤柳は大正十一年六月三十日に帰国した。同じ月に内閣が総辞職し、十二日に加藤友三郎内閣が成立したばかりであった。文部大臣には貴族院議員の鎌田栄吉が就任した。第四十六議会が招集され、ここでの最大争点が「民力休養」に集中し、その結果市町村教育費の負担軽減のため「教育費国庫負担額を年間三千万円増額」することが決まった。先に寺内内閣岡田文相の時代に「教育費半額国庫負担」が決まり、年間一千万円の暫定処置が実行されていたので、これで年間総額四千万円ということになったわけである。これまで澤柳を先頭に運動を進めてきた帝国教育会、全国聯合教育会、全国市町村長会合同の第一期「市町村義務教育費国庫負担増額期成同盟」は、これで一応の成果を見たとして解散した。そのほか澤柳会長の主導のもとで結成された「教育擁護同盟」「教育団体総選挙連盟（教育尊重議員候補者応援運動）」「女子教育促進運動」「農村教育協議会」「第二期市町村義務教育費国庫負担増額期成同盟」などが活発に運動を展開した結果、教育行政に対する教育界全体の発言力が著しく強化されていったのであった。その内でも、特に帝国教育会にとって非常に大きな貢献となったものの一つに、教育会館の建設が挙げられる。

大正十一年は明治五年の「学制頒布」五十周年にあたる。澤柳はつねづね、全国の教育関係者が容易に集まり、会議を始めとする種々の催しができる場所を、もっとも便利な東京の中央に確保したいと考えていた。彼は欧米教育視察に出発する直前の大正十年六月に開会された帝国聯合教育会総会に「教育会館建設案」を提出して、全会一致の承認を得ていたのであった。

昭和３年竣工の教育会館（『日本教育会館50年沿革史』より）

澤柳はこの案を、大正十一年十月三十日の記念式典挙行の当日に改めて発表した。そして様々な修正を加えたのち、翌年の三月に「学制頒布五十年記念教育会館建設趣意書」と題して、計画の要旨、委員の氏名、澤柳の書いた檄文と共に公表したのである。

この計画できわめて注目すべきことは、建設費を一般の寄附に頼ることなく、全国教育者自身の手によって実現するという意志を、澤柳の強い主張によって表明していることである。彼の「檄文」は全文を読むに値する迫力に満ちたものであるが、かなりの長文なので、残念ながら後半の一部を抄出するに留めるほかはない。

「教育会館の建設に当つて、最も困難と思はれる一問題は、多額の費用を要することである。其の費用は趣意書に明記してあるが如く帝国教育会の所有にかゝる八百坪の土地を敷地に充て、別に百万円の建設費を要する予算である。此の費用の支出方法に就ては、委員会に於ても、種々の協議を重ねた。最初には篤志者の寄附に頼ると云ふ説も出た。併しながら教育会館は教育者の一致団結を象徴すべきものである。教育者の力によつてこれを建設する所に其の意義がある。全然教育者以外の寄附によつて建設すべき性質のものでない。依つて全国二十万の教育者に訴へて、此の大事業に着手することに決したのである。

百万円の経費を物質的に豊な生活をして居ない教育者の手によつて醵出するのは容易ならざる一大事である。併しながら、これは必ずしも不可能ではない。全国教育者の総数は二十万の多きに上つて居る。此の多数の教育者が一致団結すれば假令物質的の生活が豊かにあらざるも、百万円の経費を支出することが出来ないことはない。多数の人々の零砕なる負担によつて成立する所に、却つて教育社会の一致団結の実が示されることになる。会館の成否は、教育者の物質的境遇の如何にあらず、たゞ其の一致結心の強弱によるものと予は認める。此の事業は実に我が教育者に与へられた好箇の試金石である。物質的に貧弱なる境遇の教育者が、一致団結してよく百万円に足る負担をなすことを得るならば、教育者の威力は実に絶大である。教育者の一致団結は如何なる事業でも出来ないことはないといふ証拠を世間に示すものである。されど不幸にして此の事業が失敗に終らば、教育者の力が大に疑はれると共に、今後に於ける教育界の活動は悲観せざるを得ないことになる。

（中略）

世界の大勢が一変して与論尊重の時代となるや、社会の各方面に於ける団結力は非常に鞏固になりつゝある。大同団結して、何等かの要求を提出するに当つては、其の団体の成員が、何れもみな個人的の犠牲を意に介せず、献身的の努力を惜しまない。教育者のみが、従来の如く個々分立の状態を継続して居るのはやがて教育社会が、ひとり時勢に取り残される原因となる。其の結果、教育社会は益々無勢力となり、何等の主張も民衆の視聴に徹底せず、教育者自身の生活問題に対する至当の要求も、国利民福増進の基礎たる教育上の提案も空しく葬られてしまふ。教育者自身の為めにも国家及び人類発展のためにも、諸君は非常に鞏固なる団結心を要する時が来た。其の団結心を試むべき問題がこゝに提出せられた。予は教育者諸君が相当の犠牲を払ふことを決心して、教育会館設立の挙に賛同せられんことを衷心より希求する者である。（中略）

予は此の提案が全国二十万の教育者諸君に必ず徹底的な理解を得て、教育会館の建設が予定の如く進行することを期待して居る。一言全国の教育者諸君に予が衷心を披瀝して其の援助を懇請する次第である。」

建築事業は大正十二年九月一日の関東大震災によって一時中断したが、その後再開され、大正十五年末より工事が始まって昭和三年（一九二八）八月に完成し、十一月三日に落成式が行なわれた。澤柳は落成の日を待たずに昭和二年の末に死去したが、神田一橋のこの会館がその後様々な行事に利用され、教育関係者たちの連帯と資質向上にどれほど大きく貢献したかは、計り知れないものがある。

昭和三年に完成したこの会館は、奇跡的に第二次世界大戦の戦禍を免れ、戦後に帝国教育会が解散した折に日本教員組合が管理運営を引き継ぎ、「日本教育会館」と改称した。その後昭和五十二年（一九七七）に建物を全面的に改築して、今日まで活動を続けている。昭和三十九年（一九六四）に設立され平成十一年（一九九九）に廃止法案が成立した「国立教育会館」は、文部省の管轄下にあった施設で、「日本教育会館」とは全く関係がないことは、改めて言うまでもない。

成城高等学校設立運動始まる

成城第二中学校の設立後間もなく、成城第二中学校と成城小学校の生徒たちの保護者全員が一体となって「後援会」を結成した。大正十二年二月のことである。保護者たちはこれまでも学校の運営にきわめて協力的であったが、この時点から会費制が実施され、委員が選出されて、その活動が一層組織的統一的になった。そしてこの年四月の委員会で、第二中学校の一期生が卒業する年に合わせて七年制高等学校を創設する案が出され、六月の会議でこれを決定し、学校拡張委員を選出した。すなわち、小学校から七年制高等学校までの校舎を建てるに相応しい新しい敷地を手に入れる運動を、具体的に開始したのである。

敷地の第一候補地は東京市内青山にあって、これを入手する運動を始めかけたとき、突如として関東大震災が起こり、この計画は頓挫した。大正十二年九月一日のことである。幸いにも牛込成城中学校も成城小学校も成城第二中学校も被害を免れたが、職員や児童の家庭には損害が生じ、児童一人が死亡したという。両中学校も小学校も数日後には授業を再開し、近所の公立小学校の児童たちのための特別授業なども実施した。

後援会は震災後、これからの方針を検討し、小学校は当分の間牛込成城学校内に残し、ともかくも第二中学校と高等学校を建設できるだけの敷地を、郊外のどこかに入手しようということになった。候補地は二つあったが、小原主事が精力的に調査を進め、北多摩郡砧村喜多見の御料地を払い下げて貰う方針が固まった。そして高等学校を含めた学園を創設するには、資金募集の母体となる財団を作る必要があるので、後援会が中心となってその準備に入ったが、ここに牛込成城学校との間に意見の相違が生じた。すなわち成城学校側は、小学校を新しい学園に持ち去られることに、強い違和感を覚えたのである。『成城学園六十年』によると、このときに成城学校理事の一人であった児玉秀雄が調停の労をとり、

一、新財団の名称に成城の二字を冠すること
二、役員の約半数に成城学校の役員を加えること
三、小学校は成城学校で経営するが、卒業生は無試験で第二中学校に入学させること

という条件のもとに諒解を成立させたという。この諒解のもとに「財団法人成城学園」が誕生し、小原主事の驚くべき手腕が発揮されることになった。すなわち大同生命保険会社から資金を調達し、地主鈴木久弥から用地二万四千坪の内の一万坪と金一万円の寄附を受け、建設中の小田急電鉄に「成城学園前」駅を設置することを了承させ、その駅に急行電車を停車させることに成功した。これらは、全て小原主事の活躍によって実現したものである。

こうして小原の描く「学園都市」が着々と姿を現していくのであるが、成城同人の中には、成城小学校がこのような方向に向かって性格を変えていくことに疑問を抱く者も、当然ながら少なくなかったのである。

ダルトン・プランの採用

大正十一年（一九二二）六月三十日に欧米教育視察旅行から帰った澤柳を、待ち兼ねたように訪れたのは赤井米吉であった。赤井米吉《あかいよねきち》（明治二十年〜昭和四十九年、一八八七〜一九七四）は広島高等師範学校を卒業したのち、愛媛師範学校付属小学校、福井小浜小学校など数校で訓導を務め、その間に成城小学校を参観したり澤柳を訪問したりしたことがあった。彼は澤柳がロンドンに滞在していた大正十一年四月一日に、小原主事の勧めで成城小学校に赴任してきた。小原は広島高師で彼の一年後輩にあたるが、赤井はどうしても成城小学校で働きたいという願望を押さえ切れなかったのである。赤井は澤柳にこの間の事情を説明して、了承を得た。

澤柳、小西、長田の三人は帰国した一週間後に、成城同人たちの会合で帰朝報告を行ない、特にパーカースト女史の教育観と彼女の児童大学について詳しい説明をした。その折の同人一同の反響は大きかった。彼らは今後、積極的にダルトン・プランの研究と実験に取り掛かろうと申し合わせたが、中でも赤井の熱意は強く、早速また澤柳を訪問して意見を聞き、研究資料について質問した。澤柳は持ち帰った資料を彼に提供し、長田もまた彼に、ジョン・デューイの妹エヴェリン著『ダルトン研究所プラン』(Evelyn Dewey: The Dalton Laboratory Plan)を貸与した。赤井はこれを最初『教育問題研究』に二回に分けて紹介し、その後に全訳を『児童大学の実際』という書名で、同じ年の十月に集成社から刊行した。澤柳はこの本に、懇切な序文(全集四)を書いて与えている。

成城小学校同人たちはこうして資料を読み、研究会を持ち、ダルトン案を具体的に授業に取り入れてみた。そして「児童の一人一人が自らの問題を発見しそれに自発的に取り組む」というダルトン案の原則を、各人各様の方法で実験し始めたのである。十月には成城小学校第二回講習会が開かれ、澤柳と小西と長田はそれぞれ欧米視察旅行で得た成果を発表した。さらに赤井が『教育問題研究』三十三、三十四号(大正十一年十二月、十二年一月号)に、パーカーストの著作『Education on the Dalton Plan』の部分訳を「児童大学の発祥」と題して連載し、澤柳も『帝国教育』四八六号(大正十二年〈一九二三〉一月)に「ダルトン案を推奨する所以」を執筆するなど様々な準備の後に、学校全体の方針として、ダルトン・プランを実験的に採用することが決まったのであった。

大正十二年四月には小学校の第二回卒業式および中学校の第二回入学式があり、前述のように成城小・中学校後援会で、成城高等学校創設案が取り上げられた。周囲の状況が次第に忙しく、また慌しくなってくる中を、澤柳は今度はサンフランシスコおよびオークランドにおける世界教育会議に日本代表として出席するために、六月六日に天洋丸に乗船して団員一行と共に横浜を出航した。

第一回世界教育会議における演説

この会議はアメリカ教育協会が主催したもので、同協会は前の年に準備会を開いて、世界各国の教育者及び教育会の代表をアメリカに招聘する案を作り、各国に呼びかけて開催したものである。会議は六月二十八日から七月六日までの十日間開かれ、世界各国民の間に平和と友好の関係を育成するために、世界の教育者が一致協力することが決議された。そしてその目的を達成するために、直ちに「世界聯合教育会」が創立され、一年おきに一回の総会を世界のどこかの国で開催することに決まったのである。澤柳はこの会の常任理事に選出された。

この会議において澤柳は、七月五日夜に「国家の新理想」（全集十）と題する講演を行なった。幸いにもその草稿が残されており、全文が『吾父』の中に収められ、そのまま新全集に再録されている。ここに全文をあげることは省くが、国際会議で澤柳が英語で行なった大きな講演の内でも代表的なものなので、主要部分を抜き出しておくことにする。

「世界戦争の結果は数年を経た今日でも未だ正確に云ふことは出来ないが、私は戦争を境として国家の理想、目的に関し一大変化が生じつゝあると思ふ。戦争前にはどの国でも其独立を確保し其隆盛を謀るためには国力の許す限り軍備を強くする必要を感じてゐた。外交も強大な軍備がなければ行はれないし、国の経済的発達も背後に軍備がなければ遂げられないと思はれて居た。その為に財政上の困難は大なるものであつたが、尚各国は軍備の拡張を競つてやつてゐた。（中略）戦争前百年間の歴史を見ても、一国の盛衰は戦争と密接の関係をもつてゐたことは明である。それ故人民も軍備の負担は苦しいけれども国の発展を思ふときには已むことを得ないと心に覚悟してゐた。即ち戦前の国家は防禦的の軍備をもつばかりでなく攻撃的の軍備をもつことも必要とされてゐた。

然るに戦後に於ては最早過去の歴史に於て常に行はれたやうな武力に依って国土を拡張するといふことは絶対に出来なくなつたと考へられるやうになつた。（中略）各国が其発達や繁栄を願ふことは従前と違はないが其方法は経済上の発達と文化の進歩に依る外はないことになつた。平和的手段に依って国の進歩を計る外ないと考へるやうになつた。若し今後に於て従前の如く武力によつて国の繁栄を計らんとする国があつたならば、其国は非常な不幸に陥るに相違ないと私は予言する。（中略）

然しながら永久の平和が我々の眼前に確実に現はれたとは未だ云ふことは出来ない。これまでの人間の歴史は戦争の歴史であつたと云つてもよい。されば世界大戦が一朝にして戦争をなくなして、永久の平和をもたらしたと考へるのは過去の歴史を無視するものである。茲に於て真正の平和の為に努力することは今後不必要ではなく、益々必要を感ずる。（中略）

それ故教育者は大なる希望を以て平和の為人類の幸福の為に盡くさなければならぬ。今其の主眼と思ふ所を二三述べよう。第一には各国民は其属する国の発達を目的とすると共に世界の発達を考へなければならぬことを深く且つ正確に青年に教へることである。世界の各国が一の聯合国家となるのは将来のことであらうと思ふが道徳的に社会的に親密に結びつくようにならなければならぬ。(中略)各人は良き国民であると共に良き世界国民でなければならぬ。国家主義は国際主義に調和されねばならぬ。愛国主義は人類共愛主義と調和されねばならぬ。この二者はもとより全く同一のものではないが、従前の如く多くの場合反対するものではなく相調和されるものであることを能く教へることが必要である。国際主義と調和されない国家主義は斥けなければならない、他国を眼中に置かない愛国主義は拒否しなければならぬ。

此の趣意を達する為には各国の学校で共通に教へる為に道徳教訓に関して一の教科書を編輯することが最も必要で且つ最も有効であると私は信ずる。而して其編輯は本会が特別委員を作りて之に托すれば出來ると思ふ。決して不可能のことではない。尤も委員の作つたものを最後の決定的のものとしないで、先ず委員で草案を作り之を各国へ送つて、各国をして十分之を考究させて其意見を徴する。かくして再び委員で此の各国からの修正意見を参考して十分に訂正し、之を大会に提出して其同意を求める。私は数年の後に各国が大体同意する共通の道徳教科書を見ることが出来ると信ずる。(中略)

各国の教科書の中に外国の事を多く入れることは望ましいことであつて、日本の如きは西洋の文化を吸収することに熱心であるから日本の教科書ほど外国の事を多く取り入れて居るものは他の国の教科書にないと思ふ。然し如何に多くの外国の材料を取り入れても、それは限りあることで、到底十分とは云へない。それで世界補助語を定めて各国で其学修を教科に加へることが必要であらうと信ずる。次の大会に於ては此の問題が十分に討論されるようにしたい。

将来の平和は教育者の努力如何にあると云つてよい。教育者は目前の反動的思想や一時の出來事に迷はされず、今正に一大転回を為しつつある国家の新しい理想を青年に植えつける事に力を盡くすべきである。」

澤柳が帰国したのは七月二十八日であったが、帰国後日本にも国際教育協会が設立され、澤柳がその会長に就任した。

この年の九月一日に関東大震災が東京を壊滅状態に陥れた。帝国教育会の建物も倒壊し、澤柳は急遽成城小学校の中に帝国教育会の事務所を移して、災害の後処理に対応した。倒壊を免れた牛込成城中学校と成城小学校および第二中学校は、震災後の混乱の中で様々な形で多くの方面に貢献し、先に述べたように澤柳自身も、帝都復興院評議員となって復興に尽力したのであった。

2 「財団法人成城学園」の誕生

パーカースト女史招聘

成城小学校同人がダルトン・プランの研究を始めたことがきっかけとなり、日本全国にパーカースト女史の名が知られるようになったが、この動きの中心にいたのが赤井米吉であった。彼は『教育問題研究』にダルトン・プランについてしばしば論考を発表し、特に先に同誌に部分訳をして紹介したパーカースト女史の著作『Education on the Dalton Plan』を改めて全訳して、『ダルトン案の理論及実際』の題名で翻訳出版（大正十二年二月）したところ、非常な勢いで売れて、赤井は一時翻訳成金になったようだったという。パーカースト女史は、彼女の著書の邦訳出版から得られる収入の全てを、日本において有益な事業に使って欲しいと希望して、印税を求めなかった。赤井はこれに感激し、彼女の好意に酬いる最も適切な方法を考えたすえ、彼女の日本招聘が実現すれば彼女の気持ちに応えることにもなり、また日本の教育界にとっても有益であろうと思いついた。彼の念頭には、大正八年二月にアメリカの高名な教育学者ジョン・デューイ（John Dewey, 1859～1952）が来日して、東京帝大で講演を行ない、その影響の非常に大きかったことが思い出されていたのであろう。そもそも日本にダルトン・プラン熱が高まったのは、デューイの妹エヴェリンの著作を赤井が翻訳出版したことから始まるのだから、パーカースト女史招聘がデューイ兄妹を連想させ、恐らく成功すると考えたのかも知れない。

赤井は自分の考えを大阪毎日新聞社にいる友人に話し、同時に澤柳に相談したところ、大阪毎日新聞と成城小学校とが共同でこの計画を実現する運びとなった。澤柳は直ちにパーカースト女史に詳しい手紙を書き、女史もまた喜んで招聘を受けて、翌大正十三年（一九二四）四月に来日することが決まった。

パーカースト女史は四月二日に横浜港に着き、四月五日から三日間第一回講演会を牛込成城中学校体育館で行ない、赤井が通訳を務めた。講演会は非常な盛会であり、三日目に行なわれた成城小学校

パーカースト女史を目白の自宅に招く，前列左からカウフマン秘書，藤尾和子，藤尾真一（後），パーカースト，中，机をおいて，藤尾信，初，政太郎，後列左から礼次郎，一人おいて義三郎，森寺美也子（澤柳の姪），一人おいて大五郎，二人おいて謙，誠四郎（成城学園教育研究所澤柳文庫蔵）

児童による歓迎会もきわめて感動的で、パーカースト女史も秘書のカウフマン女史も大変満足したという。

その後パーカースト女史は赤井を通訳として伴い、仙台から壱岐の島にいたる十九都市で講演を行ない全ての会場が一杯になるという大成功を収めたので、日本中がダルトン・プラン旋風で沸き返った。教育問題研究会は、この年の十二月二十五日に教育問題研究臨時号として『ダルトン案の主張と適用』という書物を文化書房から刊行し、パーカースト女史招聘の成果を総括した。澤柳はこれに「ダルトン案紹介者として」（全集四）という一文を寄せているが、その一部を紹介し、彼がどのような気持ちでパーカースト女史を招聘したのか、その真意を改めて確認しておきたい。

「私はダルトンプランの紹介者の一人として、此の教育案の盛に研究され、歓迎され、又既に実施されるのを見聞して心窃に喜んで居るものである。それと共に一の流行の如くなるのを恐れ、妄信するもののあるのを恐れるものである。又それと同時に忽ちにして弊履の如く捨て去られるのでないかと心配するものである。

ダルトンプランには大に採るべきものがあると信ずる。その採るべきは是非採用して行きたいと思ふ。かく思ふと共に私は明にダルトンプランは完成され大成した教育案でないと断定する。此の案がパーカースト女史の脳裏にあつたのは可なり長い間であつたかも知れないが、其の世に発表されてから、未だ十年にもならない。此の教育案は発達し大成されるにしても、今日は僅に芽をふいた程度のものといつてよい、然るに今日直ちに之を盲信するのは採る能はざる所であると共に、案そのものの為にも遺憾である。之を過信して採用し後その未完の点に気付いて忽ち放棄し去るのは、慎重の態度でないと共に、教育上に益する所がない。私はダルトン案を育て丶現在のそれよりもモットモット良い全いものにしたいと思ふ。くれぐれも之を過信することなく、又粗忽に之を捨て去ることのないのを希望する。」

女史は成城同人たちのみならず、日本国中の教育関係者に深い印象を残して、五月十七日に帰国した。

赤井米吉の明星学園設立

パーカースト女史の日本招待を準備し、講演旅行の通訳という大任を果たした赤井米吉は、パーカースト一行が日本滞在の日程を終えて帰国する二日前の大正十三年五月十五日に、かねて準備中であった明星学園《みょうじょうがくえん》を設立・開校した。彼は小原国芳の活動方針に強い違和感を抱くようになり、小原もまた、律儀で正直な赤井を邪魔な存在として排斥し始めていた。赤井は二人の不和が成城小学校の今後に悪影響を及ぼすことを避けるため、自分を支持する数名の訓導たちと共に成城を去ろうと、かなり前から決意していた。そして小学校児童の保護者である茶郷基という富豪から出資を得て、井の頭公園脇の大盛寺の地所を借り、そこに取りあえず仮校舎を建てた。このように準備は出来ていたのだが、責任感の強い赤井はパーカースト女史の世話を完全に終えるまでは開校しないと誓い、その約束を守り抜いたのだった。

赤井たちの始めた学校は「明星学園」と名付けられ、一年から三年までの生徒二十一人で発足した。開校式の当日は大雨だったので、予定していたパーカースト女史の招待は諦めたが、澤柳は赤井の案内で雨の中を徒歩で学園に赴いた。そして愛情あふれる祝辞を述べ、赤井たちの決意を賞賛して、必ず立派な学園になると思うと激励した。また一カ月後の六月二十一日に開校披露式が行なわれた際にも出席して、乞われるままにこの学園の顧問を引き受け、「明星学園」が成城小学校の正式な分校であることを、自らの態度で示したのであった。

赤井は澤柳を早くから尊敬していたが、しかし澤柳の勧めで成城小学校に赴任したわけではない。小学校に接続する中学校をつくり、それをさらに七年制高等学校にまで成長させようという計画を抱いていた小原国芳が、小学校運営の責任を負ってくれる人物として、当時秋田師範付属小学校の主事であった赤井に目をつけ、澤柳の留守中に迎え入れたのである。赤井は澤柳の教育観に共鳴して成城に移ったものの、実際の経営は小原が取り仕切り、事後承諾の形で澤柳の認可を得るという手法で学園を成長させていくのに、次第に堪えられなくなっていた。しかし小原は天才的な教育者として、生徒からも保護者からも絶大の信頼を得ていたばかりでなく、「新教育運動」という当時の潮流の中で、ずば抜けた指導力を持つスターであり、教育界のカリスマ的な存在になりかけていた。成城同人の多数が、この時点では小原を支持し、成城学園を日本一の理想的学園に育て上げることを目指していたのは、赤井の目にも明らかであった。

かつて成城学校がその敷地内に澤柳の為に実験小学校を作り、その経営を引き受けてくれた事実を、澤柳は重く見ていた。従って成城小学校を成城学校から切り離すことも、また成城中学校と並べて成城第二中学校を作ることも、全く澤柳の意図することではなかった。しかし成城小学校で実験した教育が実際に保護者たちを感激させ、保護者たちが主力となって第二中学校を設立することになったとき、これを校長である自分が認めないわけにはいかなかった。ここに澤柳の意図と現実の展開との間のずれが、明らかに現れ始めたのである。

成城小学校で為される実験は、日本全国の小学校の教育内容を充実させるためのものであった。しかし現実に成城小学校に子どもを託した親たちの社会層は、少なくともその経済生活において一般民衆とは言えない層であった。彼らは一カ月三円（創立時）の月謝が払える人たちであり、また澤柳の教育観を理解して尊重するか、少なくとも信頼する人たちであった。つまり現実の成城小学校は、裕福で教養のある家庭の子どもたちを、公立学校の基準や一般の私立学校が受けている制約の及ばない環境で育てることのできる、日本で唯一の学校になっていた。これはまた、「自分達は結局は金持ちの子どもの学校の先生になってしまった」と悟って、創立時の感激を裏切られたように感じる同人が現れても不思議ではない情況であることを意味していた。

もちろん小原主事もこれを自覚していたに違いない。小原主事はこの危機を、「理想の学園」建設という目的を設定することで克服出来ると信じていたと思われる。彼にしてみれば、邪魔になる赤井を牛込の成城小学校に主事として残しておけば、この問題は何とか乗り切れると判断していたのであろう。

この現実を直視できないような澤柳ではなかった。しかし彼は小原が生み出そうとしている「成城学園」を、自分がかつて幾つかの私立学校論で述べたことのある「理想の私立学校」のモデルであると見る観点も、間違いなく併せ持っていた。すなわち小原の理想の実現も、教育改革運動の一つの可能性であると見ていた。そうであったからこそ澤柳は、一方で赤井の純粋な志を愛しながら、他方では小原の覇気と行動力をも認めていたのである。

しかし澤柳は、成城小学校が存続するかぎり、自分の本来の目的が消滅することはないと確信していた。彼はその信念に忠実に従い、先に述べた通り『教育問題研究』に殆んど毎号論考を載せて、自分が実験学校としての成城小学校の校長であることを明示し続けた。また同じ観点から、あくまで牛込成城学校との関係を守り、成城学校の事実上の経営責任者である児玉秀雄との信頼関係を失うことがなかったのである。

成城第二中学の砧村移転と玉川小学校の併設

小原主事が「理想の私立学校」としての成城学園を生み出そうと努力するにつれて、成城小学校の歩みが次第に成城同人の「初心」に反する方向をとり始めたことは見てきた通りであるが、創立者である澤柳にとっての成城小学校は、あくまで日本の普通教育を改善するために創られた実験学校であった。澤柳は「成城学園」の未来の姿を思い描くよりも、成城小学校の設立目的が忘れ去られないようにと、同人や保護者たちに警告を発し続けることを怠らず、そうすることによって「学園」の発展とは関係なく、実験学校の存在意義を守り抜こうとした。その一つの例として、彼が『教育問題研究』六十号（大正十四年三月一日刊）に発表した「自分の学校」という一文を紹介する。

「私達が成城を自分の学校と思つて微力を盡くすのは必ずしも此学校の為ばかりではありませぬ。私達は広く日本の小学教育を改良したいと切に望むものであります。此学校で好成績を挙げることになるのは、やがて日本全国の小学教育を良くすることになると思つてゐるのであります。かく考へて居ればこそ勇気も出て大なる努力もなすことができるわけであります。

父母の方々も自分達の学校自分達の子供の居る学校であるから之を改良し拡張するのであるとふばかりでなく、此学校は日本の小学教育を改良する抱負を以つて成り立って居る、それであればこそ常の父母と異つて数倍数十倍の努力をするのであると考へて居られること、存じます。将来私共と一所にお仲間になられる父母の方々は常に此学校の此性質を明にお認めを願ひます。（以下略）」

小原主事は成城小学校をそのまま牛込に残して、従来どおり成城学校の経営に委ねることにした。すなわち澤柳の意図を尊重して、小学校に実験学校の性格を残すという体裁をとったのである。しかし砧村に学園建設のための敷地が得られた時点で、急いで仮建築を行ない、大正十四年四月に成城第二中学校を牛込から砧村に移転した。そしてここに「成城玉川小学校」を付設し、先ず低学年学級と高学年学級の二学級だけでこの学校を発足させたのである。それだけではなく五月五日には、未公認だったが成城幼稚園も設置された。

こうして小原国芳の主導する「成城学園」が現在の場所に誕生したのであるが、すでに小原の夢は単なる学園創設に留まらず、学園を中心とした一大田園都市を生み出すところにまで膨らんでいた。そして学園を中心とした都市建設案が練られ、道路、商店街、街路樹などに至るまで、後々まで続く学園都市計画の実現に向かっての歩みが始まった。これこそ天性の教育者であるばかりでなく、偉大な事業家であり経営者であった小原国芳にして初めて可能となった「教育の為の新天地創造」だったと言えよう。『成城学園六十年』には、このとき小原が言ったという言葉が記されている。

「澤柳先生には叱られ通しだし――しかしやるよ断じてやるよ、何アに糞構うもんか、本当の教育の為だ。きつと先生は後になれば僕の心がわかって賞めてくれるに違いない。い丶事、ホントウの事をするには、一時の誤解が避けられない。それを惶れて居ちゃ何も出来ない」

澤柳は小原の情熱と奮闘を冷静な目で眺めながら、乞われるままに成城第二中学を始めとする総ての「成城学園」関係施設の「長」を引き受け、適切な場所で適切な方向付けを与えることに吝《やぶさ》かではなかった。特に新設された学校に入学してきた生徒に対しては、彼らがこの学校で学ぶことの意義と心構えを易しく的確に言い聞かせながら、彼らの「自学自習」の意欲を鼓舞するのであった。これらの訓話は、現在でも成城学園の運営の基本と見なされて、生命を保っている。

還暦祝賀会（大正14年5月青山会館）左から中，藤尾信，謙，藤尾真一，政太郎，藤尾和子，初，礼次郎，義三郎，大五郎（成城学園教育研究所澤柳文庫蔵）

還暦を迎える

慶応元年（一八六五）生まれの澤柳は、大正十四年（一九二五）に還暦（満六十歳）を迎えた。還暦記念には三浦藤作が中心となり、長田新や曽根松太郎たちが加わって企画された『澤柳全集』が誕生日の四月二十三日を期して出版され始め、五月二十四日には青山会館において、牧野伸顕を名誉会長とする「澤柳博士還暦祝賀会」が催された。この会には教育界の全ての層の知人友人が日本全国から参集し、その数は千人を超した。澤柳は個人的な祝賀を受けることに強い抵抗を感じており、始めは開催を固辞していたが、これは個人の名誉のためではなく、日本の教育関係者の連帯感を強め社会に教育界

太平洋問題調査会第1回大会参加者一同（大正14年，船上にて）（成城学園教育研究所澤柳文庫蔵）

の存在の大きさを認識させるためだと説得されて、ようやく受け入れたと伝えられている。

還暦の行事の数週間後、澤柳はホノルルに出発した。かねて準備中であった太平洋問題調査会に、東京キリスト教青年会総主事斉藤惣一、高柳賢三夫妻、鶴見祐輔夫妻、高木八尺などと共に出席するためであった。この会議はもともとキリスト教青年会の発議によって組織化されたもので、アメリカ、カナダ、イギリス、日本、中国、オーストラリア、朝鮮、フィリピン、ハワイ、ニュージーランドなどの民間の知識人が定期的に集まって、太平洋関係諸問題に関する学術的調査研究を行ない、討論を通して相互の理解と協調に役立てることを目的としていた。今度の会議はその第一回会合であり、議長にはスタンフォード大学総長ウイルバー博士、日本からは澤柳と斉藤の二人が執行委員として選出された。澤柳は会議の初日である七月一日に、日本人参加者を代表して「A Japanese View of Pacific Relations」と題する基調講演を行ない、さらに七月七日の問題別円卓会議では「国際教育について」という演説をした。その原稿が全集九に採録されているが、この演説から澤柳が特に強調している箇所を拾い出すならば、次のようになるであろう。

「各国共に少国民をして国を愛し、国家の為に御奉公する様教育する事は当たり前の事であり、益々必要の事であります。而し斯の如き教育は応々其の程度を越へ易いものであります。自国の欠点若しくは不正の行為を隠し他国の長所若しくは正常な行《おこない》に対して賞賛を与へる事に吝の傾向があるのであります。歴史、文学若しくは時局の問題に対して兎角強調若しくは協和の精神を助長するるのでなく寧ろ憎悪の観念を挑発する傾向があるのであります。然らば積極的に如何なる方法によつてすれば国際精神の助長に資することが出来るかと云ふ事に就きましては先づ最初に大切な事は相互を知ると云ふ事であります。自国を愛せんとするには自国の地理、歴史、文学を知ると云ふことが大事であります。それと同様に国際の強調を図らんとするにはお互の地理、歴史、文学を知ることが大切であります。又各国共に少国民に其の国の長所を知らしむるのみならず短所をも知らしめると云ふ事は非常に大事のことであります。これには二個の利益があります。一には国際間の協調を助長し、又自国の品位を向上せしむるの所以であるのであります。」

以上のような主旨から、彼は日本を含め世界の諸国が、自国以外の国々の歴史、地理、文学等の事情を正しく教科書に記載するように努力しようと述べ、教育者の力によって、太平洋上の平和と世界の平和を来たらしめようと、呼びかけたのであった。

なお、太平洋問題調査会の日本支部は翌大正十五年に結成され、井上準之助が理事長になり、澤柳も理事として加わった。第一回ホノルル大会における澤柳の講演や演説は、澤柳自身の編になる『太平洋の諸問題』（太平洋問題調査会、大正十五年七月刊）に収録されている。

井上準之助（明治二年〜昭和七年、一八六九〜一九三二）は横浜正金銀行在職中に、モリソン文庫（東洋文庫の前身）の購入を手伝ったことでも知られているが、第一次世界大戦時には日銀総裁として敏腕を振るい、関東大震災時には大蔵大臣となって震災後の経済界復興に努めた。その後再び日銀総裁や大蔵大臣として「井上財政」の名で知られる独自の財政政策を断行していったが、昭和七年に血盟団員の手によって暗殺された。澤柳とも親交のある、国際的な広い視野を持つ教養人であった。

ホノルルにおける会議を終えた澤柳は、七月二十七日に帰国した。実はホノルル会議の直後にスコットランドのエディンバラで、一昨年の創立会議の時に決定された通り世界教育会議第一回総会が開催されており、日本代表理事であった澤柳も当然ながら出席する予定であった。しかし彼はタンパク質の排泄量が多く、真鍋博士からこの会議に参加することを止められたので、やむなく野田義夫、元田作之進の二人が澤柳の代わりに帝国教育会を代表して、エディンバラ会議に赴いた。澤柳は従って、この年の夏休みには多少の休養をとることができた。

しかし夏休みが終わるや否や、九月十五日には成城小学校秋組の入学式が行なわれ、五日後の九月二十日には中国への旅行が待っていた。澤柳はこれまで繰り返して、日本と中国が協調して平和な世界を作ることの大切さを力説し、その信念を行動で示し続けてきた。日中親善を論じた著書や論文も多く、そのうちの何冊かは中国語に翻訳されて中国で広く読まれていたほどである。こうした日中親善の精神と功績に酬いるべく、清国皇帝から勲章を贈られたこともあった。また大正九年に中国北部に大飢饉が起きたときには、帝国教育会の事業として義捐金の募集を行ない、十四万余円を集めることに成功した。会は翌年この義捐金によって野口援太郎と野尻精一を北京に派遣し、北京、天津、済南、峡西の罹災児童に六万枚の衣類を寄贈し、北京に「育成財団」を創設して「育成学校」とよぶ小学校を設立した。このように中国との友好に尽してきた澤柳であったが、自身はまだ一度も中国の地を踏んだことがなかったので、還暦を祝う行事として友人たちが相談して、彼に中国旅行を贈ったのである。

彼はこの贈物を喜んで受け入れ、九月二十日に東京を出発し、大連、旅順、奉天、長春、ハルビン、青島、北京、済南、南京、蘇州などを廻って十月十一日に東京に帰った。この旅行には望月軍四郎と滝沢菊太郎が同行し、熊本利平が現地で合流した。保養のための旅行であったが、北京では日本に留学したことのある教育関係者を招待し、その席で講演を行ない、日中親善の実を挙げるには外交よりも何よりも教育者の力が大きいことを説いたりもしている。その原稿の全文が『吾父』に収められているが、特に

「真ノ日中両国ノ親善ヲ専ラ政治外交ノ手段ニ依リテ将来セントシテモ、ソレハ不可能デアッテ、真ノ親善ハ両国民ノ心ノ中ニ同情敬愛ノ情ガ生ジナケレバ実現デキナイコトト信ジマス」

という言葉に、国際協調の実現に果たす教育者の役割を澤柳がどのように捉えていたかが、端的に表

現されていると言えよう。

七年制成城高等学校の設置

大正十五年三月十五日に「財団法人成城学園」の設立が公式に認可され、七年制の成城高等学校が発足した。当時の学校制度では小学校六年を卒業すると、大学まで進む予定の生徒は五年制の中学校で四年間ないし五年間学び、高等学校で三年間勉強した後に大学を受験することになっていた。つまり小学校を卒業してから大学受験まで、中学校と高等学校を合わせて最短七年間を要するのであった。七年制高等学校とは、中学校四年と高等学校との間をつなげて、同じ学校で七年間の一貫教育をする高等学校なのである。従って成城高等学校が誕生した瞬間に、従来の成城第二中学校生徒は自動的に成城高等学校尋常科（中等部）生徒となるわけであるから、当然の結果として、この時点で成城第二中学校は廃止された。成城小学校のみが牛込の成城学校の経営下に残ったが、卒業生は砧村の成城学園に設けられた成城玉川小学校の卒業生と共に、無試験で成城高等学校尋常科に受け入れられることになっていた。しかしこのような制度上の取り決めとは別に、牛込の成城小学校の実験学校としての性格は以前と変わらず、そこでは従来通りの研究と実験の営みが続けられていたのである。

大正十五年四月二十一日に、成城高等学校の入学式が行なわれ、校友会が生まれた。澤柳は成城学園理事長と成城小学校長を兼任した上に、さらに今度は成城高等学校長に就任した。そして高等学校高等科の入学式に臨んで、新入生に「成城高等学校の教育精神」（全集四）と題する講演を行なった。

この講演は教育する側にも受ける側にも、学校生活ばかりでなく人間の生き方そのものに示唆を与えるもので、澤柳の講演中でも特に行き届いた一篇である。ただ全文を載せるにはすこし長いので、主要な箇所だけを抄出しておく。

「人生は真善美を理想とすると云はれるが、学校は真理行はれ道徳が通り又美的の所でありたい。私は現在の社会にはこの理想は中々行はれ難いと思ふが学校には比較的能く此理想が実現されると信じて居る。世の中には無理が沢山あり不徳の事があり醜悪のことがある。学校には無理があつてはならぬ。不道徳が行はれてはならぬ。醜事があつてはならぬ。苟も道理に協つたことは学校では通用せねばならぬ。道徳も然り。若し校長か主事か教師が道理に背くことがあつたら何人も之を非難してよい。世の中は必ずしも道徳が行はれない。殊にデモクラシーの高潮さるゝ今日の世の中では多数といふことが力である。多数は必ずしも道徳でない道理でもない。国政も公共団体の仕事も多数が第一である。これは一人の専制よりも過が少いといふまでゞある。道理と道徳の行はるべき学校には多数は価値少いものである。

学生は真理と道徳とを厭くまで尊重し、その前には従順に頭を下げなければならぬ。否校長も主事も教師も然り。故に苟も道徳と信じ道徳と考ふることは厭くまで之を主張すべきである。而して非理や不徳は厭くまで之を斥けなければならぬ。真なり善なりと信ずることは一歩も扛げない気魂をもたねばならぬ。理と善とに依らば疾しい所はない、何人に対しても恐れる所はない。学生は自ら省みて疾しからざる生活を自ら営むべきである。（中略）

我が成城学園の学徒は真善美を理想として其の実現を力むる者であらう。されど時に過つことがある。非理不徳の行に陥ることがあらう。唯我が学園の学生は其非を指摘され又自ら覚るときは潔く其過を悔い改めるものでありたい。決して包み隠すやうのことがあつてはならぬ。

従来試験と稱するものを行はなかつた。将来も。但し学生の優劣を区別し席次を序する為にするのでなく、学習を確める為にすることは行ふ必要があらう。か丶る場合に教師の監督を置かぬやうにしたい。(中略)

道理を尊重するものはもとより天然の法則に服従し又国の法律に従はねばならぬ。学校の規則も亦然り。未成年者の禁煙禁酒は法の禁ずる所、ヨシ法は禁ぜずとも此の有害無益のものを用ゐてはならぬ。

成城学園に一の校風を作りたいものである。道理と道徳を重んじ、非理と不徳を悪み、表裏なく、氣高く而も柔和で、学生間に重んぜらる丶者は運動技術の勝れた者や力の強い者でなく、操守堅実な者でありたい。

以上多く真と善とについて言った。美は美術や音楽や文学ばかりが美ではない、お互の生活が美的であらねばならぬ。発する言葉、挙動に品格あらねばならぬ。衣服も住所も清洒ならねばならぬ。」

『成城学園八十年』によると、この訓話は「澤柳教書」とも呼ばれて、その精神は今日でも学園に受け継がれているという。

成城高等学校の第一回入学式が行なわれた翌々日、すなわち大正十五年四月二十三日に、ドイツの哲学者パウル・ナトルプの旧蔵書四千四百五十四冊が到着した。ナトルプ（Paul Natorp, 1854〜1924）は新カント派のマールブルク学派を代表する哲学者、教育学者であり、特にペスタロッチについて書かれた有名な著作（『ペスタロッチ―その生涯と理念』、Pestalozzi: Sein Leben und Seine Ideen, 1909）もあるので、日本の教育学者が一時争って研究と紹介に努めたほど知名度が高かった。澤柳や小西も彼と交流があり、また当時成城小学校の訓導であった山下徳治は、澤柳の勧めで一九二二年からマールブルクに留学していた。ナトルプは一九二四年（大正十三年）八月に死去したが、死後に家族がその蔵書を売りに出したのを知った山下は、これをまとめて購入することを澤柳と小原に提案した。そして各国の大学や諸々の研究機関を押さえて、翌大正十四年一月に成城学園が一括購入することに成功したのである。購入に要した多額の資金は、これも小原国芳の必死の奔走によって調達されたのであったが、この「ナトルプ文庫」は、今も成城学園図書館の至宝の一つとなっている。

3　教育と宗教と世界平和

大正大学初代学長に就任

澤柳が若い頃から仏教思想に親しみ、雲照律師の影響を強く受けていた上に、親友の清沢満之の懇望によって暫くの間京都の大谷尋常中学校長となり教学顧問をも務めたことは、先に詳述した通りである。清沢満之の没後も、佐々木月樵や近角《ちかずみ》常観《じょうかん》（明治三年〜昭和十六年、一八七〇〜一九四一）など代表的な仏教学者が澤柳を師と仰ぎ、事あるごとに彼の指導を受けていた。近角は清沢と澤柳に学んだ真宗大谷派の学僧で、東大哲学科を卒業後本山の改革および仏教布教の中心的な担い手となった。東京に求道学舎を設立して後進の指導に当たるとともに、求道会館を建設して、政府の不当な宗教弾圧政策に対する反対運動を展開したことでも知られている。このように澤柳は確かに浄土真宗大谷派の人々とは特別に親しかったが、しかし決して一宗一派に偏することなく、仏教界の様々な改革運動を支え、仏教界が旧弊から脱して本来の姿を取り戻すことに貢献してきたのである。

澤柳は以前から南条文雄、姉崎正治らと共に、仏教各宗の持つ諸大学を統合して一つの仏教聯合大学を創立することを提案してきたが、その結果、天台宗大学、豊山大学（真言宗）、宗教大学（浄土宗）の三大学が聯合して大正大学が誕生し、大正十五年四月に開学することになった。そして各方面からの強い要請を受けて、澤柳が初代学長に就任した。『吾父』には、開学に際して澤柳が行なった「大正大学の使命」と題する訓辞が載せられている。

その要旨をまとめれば、このたび天台、真言、浄土の三宗が一致して一つの聯合大学を創設したことを慶び、かつ仏教の本質と大乗仏教の精神を世に発揮する上で期待するということである。仏教に帰依するところが深く、しかも一宗一派の教義に偏ることのなかった澤柳が、年来の思いをまた一つここで実現したと言えよう。

澤柳は大正大学学長に就任する際に、大峡秀栄を専任の秘書に招くことを条件とした。大峡秀栄は澤柳の要請を快く容れて、直ちに大正大学に幹事評議員として赴任し、帝国教育会やその他の業務に多忙をきわめ、また国際会議などで留守がちであった澤柳を補佐して、創立期の大学に未来の発展のための基礎を固めたのであった。

『教育問題研究』から『全人』へ

一方成城学園の方では、大正十五年八月から雑誌『全人』を発行することになった。かつて小原国芳が主事になって間もなく、成城小学校同人の研究と実験の発表を主な目的として定期刊行が始まった『教育問題研究』は、編集は一貫して小原が担当していたものの、その殆んど毎号に澤柳が執筆して、成城小学校の機関誌としての性格を保持するように方向づけをしてきた。これに対して『全人』は、教師のための教養雑誌という性格のものであって、研究や実験を通しての教育活動への貢献という姿勢よりも、知的娯楽の提供という傾向を強く打ちだした一般的啓蒙文化雑誌であった。小原は、創刊号の「編集室」欄で、次のように書いている。

「従来教育界を中心にしている雑誌は無味乾燥を以てその最も重要なる特色の一として居るかの観がありました。まさかそれを看板にして居るわけでもありますまいが、たしかにさう見えます。一体教育界は――その性質上やむえ得ないかも知れませんが――少しシヤチヨコバリすぎてゐますね。此の浴衣がけになつたつもりでも、その浴衣には糊がついてゴツゴツして居るではありませんか。此の間電車に乗つたら冬物のモーニングを着て頭には麦藁帽子を戴いた紳士がありました。教育界といふと何だかこんな気がします。いや教育界とは言ひますまい。今の教育雑誌界と訂正しておきませう。ここに私共の『全人』編集上の方針が一つ含まれてゐます。随筆、特殊読物、詩歌等、一言に蔽へば興味あり、趣味ゆたかな記事を出来るだけ、勿論適当な度合に取合して行きたいと思ひます。」

当時は澤柳の創設した成城小学校がまだ牛込成城学校経営下にあり、実験学校としての性格を維持していたので、『教育問題研究』の性格も水準も守り通されていた。だが砧村に誕生した成城学園を「全人教育」というイデオロギーのもとに「夢の学園」として発展させるには、かつて小原自身の主唱によって創刊された『教育問題研究』の水準の維持すら、小原主事および成城学園教師陣の多くにとっては、重荷となっていたのである。『全人』の中心論文は「文化大学講座の諸先生を初め、畏敬共鳴する方々の原稿を以てあて（中略）、各種各方面の概論的各論は問題を夫々の権威者に取扱つてもらふ」ことになったが、この頃に至って、かつての成城小学校同人の意識がどちらに向かって進みつつあったかは、論ずるまでもない。文化大学講座というのは、京都帝大文学部の教官たちが中心になって組織した講座の名称である。

その頃、学園に高等女学校を付設する計画が持ち上がったのも、保護者たちの熱意からであり、学園を発展させようとする小原主事の意図に呼応する動きでもあった。成城小学校は大正十二年四月入学の組から男女共学となっており、共学の最年長組の卒業は入学の四年後に予定されていた。男子はそのまま成城高等学校尋常科に進めるが、当時の（旧制）高等学校には男子しか入学が認められていなかったので、女子を受け入れるには新たに高等女学校が必要となる。そのために女子生徒の保護者たちは、第一回女子卒業生の出る年の前年にあたる大正十五年の十一月に、成城学園後援会に高等女学校設立委員会を設けて運動を開始した。

一方帝国教育会の活動の方であるが、澤柳の強い指導力によって発足した教育会館建設のための募金は、予定の金額までは未だ達していなかった。しかし、第一次世界大戦後の一時的好景気の後に、日本経済を襲った不景気によって物価が急激に下落したので、そのお陰で建設費が安くなり着工が可能となって、大正十五年の末から工事が開始された。澤柳は多忙な中にも時間を作り、しばしば工事現場を訪れて進行状況を視察し、完成を楽しみにしていたという。完成予定は一年半後であった。

成城小学校創立十周年

この年の末、すなわち大正十五年十二月二十五日に大正天皇が亡くなり、次の日から昭和元年となった。当然ながら昭和元年はたった六日間で終わり、六日の後に年が改まって昭和二年が始まった。

成城高等女学校は計画通りに昭和二年四月から発足し、入学したのは成城小学校から十一名、他の小学校から八名の合計十九名であった。高等女学校発足と同時に小田急線が開通して、「成城学園前」駅が開業した。従来の最寄り駅は京王電車の烏山駅だったので、学園から四キロも離れており、非常に不便だったが、その問題も解決した。これも小原主事の手腕によるもので、彼の功績であった。

二カ月後の六月十一日には上野精養軒において、成城小学校創立十周年記念祝賀会が催された。この席上で澤柳は「本当の教育」と題する講演を行ない、また『教育問題研究』（第八十七号、昭和二年六月）に「十周年記念に際して」という文章を発表した。さらに十周年記念として澤柳自身の編集で出版した『現代教育の警鐘』には、その序文を書いている。全て全集四に収録されているが、特に『現代教育の警鐘』序文には彼の考えがよく整理されているので、全文を掲げておく。またこの本は成城小学校同人の十年間の歩みを俯瞰する目的で編集されており、目次を見るだけでも同人の研究と実験の内容を知ることが出来る。

『現代教育の警鐘』

序

明治大正を通じて各般の事物が著しい進歩を為したことは今更申すまでもない。その中に於て教育の進歩は花々しく人の目に立たぬのでありますけれども、実に驚くべき発達を為したものです。後世の史家は必ず教育の発達を以て最も重要なものとなすであらうと考へます。その教育の大なる進歩の中でも、小学教育は中等教育や高等教育の進歩よりも遙かに大なる発達を遂げたものだとは私の堅く信じ且しばしば説き来つた所です。加ふるに小学教育界には研究的精神が盛であつて中等、高等教育界の比ではないことも亦否むことのできない事実であります。

かく進歩した又進歩しつゝある小学教育も理想から見れば、そこに幾多の欠点や不満足のあることを発見します。研究的精神が小学教師の間に盛でありますが、研究の方法に於て大なる欠点があることが目につく。どうか小学教育を弥《いや》が上にも良くしたい、権威ある研究の成績をも挙げたいとの念願から成城小学校を設立するに至りました。かくて早くも十年の年月を過ごしました。

成城小学校は研究の為めの実験学校として生れたのであります。研究はこの学校の目的であり、精神であります。もとより教育上の研究は本当の教育、良い教育を見出して之を行はんとする為であります。私の知人はよく私に向つて「君は理想の小学校をやつて居るさうだ」と申されます。が、私は之に対して「さうではない、理想の教育を見出さんとして努力して居るまでゞ、まだ理想の教育を見出したのでありません」と答へて居ます。十年は長いと申せば長いでせうが、真の教育を研究する上から云へば寧ろ短い期間で、この間に立派な業績を挙げることはできるものではありません。

しかし成城小学校創立から今日に至る十年間は可なり意義があつた時と思ひます。いろいろの研究もできました。その大要は既に研究叢書十有六巻となつて現われ、又機関雑誌『教育問題研究』にも、この冊子にもその大要が示されてあると思ひます。且つ我が小学教育界に研究的精神を鼓吹した力も可なりあつたと存じます。或はそれよりも最も具体的にこの研究学校に最愛の子供を託せられた親たちの同情に本校存在十年間の意義が鮮かに表はれて居ると云へるかと思ひます。

大正六年四月に本校が生れて間もなく親たちから中学校（最初は小学校に男児のみを入れた）を立て、成城小学校の教育と略同様の教育をやつて欲しいといふ希望が出ました。遂に親たちの熱心な努力によつて大正十一年四月に成城第二中学校が立てられるに至つた。又男児ばかりでなく是非女児をもとの切な要求で女児を小学校に入れることになりました。更に親たちの非常な協力によつて中学は昨年から七年制の高等学校となり、高等女学校も本年から開校するに至りました。小学校は私共の発意でありましたが、高等学校や高等女学校は全く親達の力で設けられ、唯私共がその教育を引受けたといふ次第に外なりません。実に子供の親たちが、かくまで精神的努力と物質的犠牲をなして教育の為に盡くした例は他にないと思ひます。私共は成城小学校の教育がかく親の同情共鳴を得たことを感謝すると同時に、私共が成城小学校でやつて居ることが間違つて居ない為であらうと思つて嬉しく感ずるのです。しかし私共は現在に満足して居るのではありませんし、研究学校として成城小学校を設けた目的が達したとも思ひません。過去十年間は無駄でなかつたと信じますが、私共の研究は僅かに一歩数歩を踏み出したまでゞ、残された仕事は山ほどあります。将来一同打ち揃つて一層の努力をしたいと覚悟してゐますが、十週年に際し、聊か過去努力の一端を稍々総括的に公にして記念となし、以て向後益々自ら勗める意を寓したいと存じます。幸に此の冊子が我が国将来の教育に対し警鐘たるの役目を演ずることができますれば無上の光栄であります。

昭和二年六月

創立十周年祝賀会を終えて二日後の六月十三日から十八日まで、牛込の成城小学校において公開研究授業と研究発表の会が開かれた。そして二十七日に澤柳は横浜港を出発して、ハワイのホノルルに赴いた。この地で開催される第二回太平洋問題調査会に出席するためである。一行には前回のメンバーに加えて蝋山政道夫妻、星野愛子、団伊能なども参加した。

最後に出席した二つの国際会議

この会で澤柳は「日本の観たる太平洋問題の大勢」と題する講演を行なった。その大意はおよそ次のようなものである。

太平洋問題調査会第二回大会参加のため出発（昭和２年，東京駅にて）左から澤柳，井深夫人，鶴見夫人，鶴見祐輔，井深梶之助（成城学園教育研究所澤柳文庫蔵）

「日本はこの七十年間の努力を通して、西洋文明を受け入れ、かつあらゆる面でこれを消化した。近代日本は従って、インドおよび中国より渡来した東洋文明を祖父に持ち、ヨーロッパやアメリカから取り入れた西洋文明を父に持っている幼児のようなものと言ってよい。世界の幸福と文化に貢献するところは未だ甚だ少ない。しかし日本はこれらの先進文明に負うところが多いことを感じ、どうしたらお返しができるかを考えている。日本にはどのような貢献が出来るだろうか。

或る種の人々は、東洋文明は精神的で、西洋文明は物質的であるから、日本の使命は西洋に精神文明を伝達するにあると言うが、自分はそのようには考えない。

寧ろ日本人は東西の物質文明と精神文明の両方から、それぞれの長所とするところを融合調和して、渾然たる一大文化を創造する立場にあると信じている。之は日本が太平洋沿岸に置かれた国として果たすべき、唯一の使命でなければならない。

この目的は、徐々にそして堅実に平和の大道に沿って進み、新たな文芸の完成と科学の新発見、政治、社会、産業に新天地を開いていくことであって、これが世界の同胞諸国に従来の文化的負債を返済していく最善の方法だと信じるのである。確かに人口問題、移民問題、食料問題など困難は多いが、日本は東洋の諸国と同様に、真に平和を愛する国であり、将来もそうであって、問題解決のために武力を用いることなど、決して考えていない。また特に強調したいのは、日本の理解ある人々は、目下非常な困難に直面している中国に対して深い同情を持っており、新しい中国の誕生に充分の協力を惜しまない。日本の将来は太平洋沿岸諸国の運命と一体のものであり、この連鎖は断つに断たれないものである。日本はこれらの難問題の解決には辛抱強い忍耐をもって臨むが、その達成には太平洋諸国の理解ある共助が必要である。日本が太平洋問題調査会の事業に興味を持つのは、実にこれらの事情に基づくものである。」

澤柳の英語演説はすでに数回の国際会議において、事実分析の的確さと明晰な論理性ばかりでなく、自己認識の率直さによって高く評価されてきたが、このたびもすでに世界の強国となった日本の代表として、謙虚にしてしかも阿《おもね》らず、日本の置かれている状況を各国代表にはっきり認識させるものであったと言えよう。

このホノルル会議を終えてから、澤柳は直ちにカナダのトロントに向かった。八月五日から始まる第二回世界教育会議に出席するためである。前述のように、彼はこの会議の主催者である世界聯合教育会の常任理事であり、会長のオーガスタス・トーマス博士からたびたび連絡を受けて、開会の準備に参画していた。また二年前に行なわれた第一回会議には、体調を崩して出席できなかったので、是非とも今回は出席するようにという強い要請もあったのである。

トロント会議においても澤柳は、八月七日の午後に、トロント大学講堂において講演を行なった。この講演は澤柳が国際会議で行なった英語による講演の最後のものであり、しかも原稿が残されていないので全集にも収められていないが、幸い『吾父』の中に子息礼次郎による英文からの抄訳が載せられている。国際平和に教育者がどのように貢献すべきか、またそれを可能にするにはどうしたらよいかという問題をめぐって、澤柳が世界の教育者たちに残した遺言とも言うべき講演なので、ここにその主要部分を転載しておく。

「世界の大勢と日本教育の真諦

吾々は此の第二回世界教育会議に出席し得たのは単なる特権のみでなく吾々の大なる欣快とするところであります。吾々は、世界のあらゆる方面の教育界の代表的指導者達が一堂に会する所の此の国際的会合の精神と目的を非常に尊重します。この会議は太平洋に面する総ての国々に対して特殊の興味があります。といふのは、東洋に於ける将来の平和は、北米合衆国、カナダ、支那、大英国及其他の国々の教育者の力に大部分依存するのではないでせうか。西洋と東洋の国民間に相互諒解と友誼とを促進するに教育者より以上のものは他にありません。教育者は人種的反感や国民的偏見を持つてをりません、例へばカリフォルニヤの子供は何等人種的反感を有しない。米国の幼児と日本の幼児は全く仲好く遊んでゐます。不幸なことに、十二三歳を過ぎ、青春期を過ぎると、彼等は序々に偏見を持ち、或者は優者として、他は劣者として現れる。此変化は経済状態の相違と、その子供達の体質によるのです。人種的反感は子供に世界人としての精神を教化するのに最も好ましくなく不自然なものであつて、子供の本性と調和しないものであります。若し子供が周囲の状態に依つて誘惑されなかつたなら、この精神は自然に発達する。故に子供の環境を含む広い意味に於ける教育といふものは、神が子供に与へ給ふた神聖な本質を曲げる傾向のあるのは甚だ残念なことではないか。（中略）

世界人主義は不自然でも新しい思想でもない。唯子供に国民的偏見と人類的反感を与へることを止めれば、子供は自然と世界人となるのである。

吾々は或る人種は他より優れ、或るは他より劣れると云ひます。白人種は幾世紀間世界に君臨して来たから優者と云はれ、有色人種は多くの場合白色人種に服してゐるので劣者と云はれます。然し乍ら、根本的意味に於ては一人種が他人種より優れてゐるとか劣つてゐるとかといふことは認め得られべき《(ママ)》でない。（中略）教育者は、人種的反感とか同属的偏見とかいふ有害な精神を吾々の子供の心に教へ込んでは決してならないのです。
教養上の優越は存在します。それは教育に依るのであつて、宿命に依るのではない。教養上の優越は如何なる人々にも開発することが出来る。（中略）
四海同胞の思想は強く強調されなければならぬ。この思想は決して新しいものでなく、基督教にあるばかりでなく仏教にも儒教にも見出される。此思想は青年の心に組織的に堅実に植ゑ付けねばならぬ。相互愛と友誼は唯々相互諒解に基くのである。であるから歴史や地理を教へるに当つて、自国の事業や勝利をあまり強調して国民的人種的偏見を与へることを避けなければなりません。子供達に他国に関する公平なる智識を与へ、彼等が自国の特質を認め尊敬するやうに、他国の其をも認め尊敬するように教へ込むのが必要である。（中略）吾々の子供達に世界人の精神を発達させるもう一つの具体的方法は、国際聯盟の意義と其が何を現はしてゐるかを教へ込むことである。大戦以来このことは多くの国に於て多少の差はあれ行はれ来たつたことで、子供達は自国の政府と組織を知ると同時に国際聯盟の組織に関する完全なる知識と理解を持たなくてはならぬのである。この点に於て、日本はどこにも劣らない。日本は国際聯盟に関する報告は、正規の教科書に掲載してあり、大人の間に国際聯盟協会を組織してゐるばかりでない、学生の組織も全国を通じて促進されてゐる。
最後に私は日本の代表者達に代つて、吾々に与へられたる深切なる歓迎と、トロントに於ける人々の示された友誼的態度に対し、衷心よりの感謝を表するものであります。」

トロント会議は八月十二日に最終日を迎えたが、澤柳はこの日の午後六時にトロントを出発し、翌日ニューヨークから船でブラジルの首都リオデジャネイロに向かった。目的はこの地で開かれる第十三回万国議員商事会議に出席するためであったが、この機会を利用してブラジル各地を視察し、日本人移民の実情などを調査している。会議は九月五日から十日までで、十三日には船でイギリスに向けて出発し、二十六日にイギリスに着いて直ちにロンドンに行き、政界と教育界の多数の要人たちと会って旧交を温めた。その後はパリ、ジュネーヴ、ベルリンと巡り、最後にモスクワに行きソヴィエト・ロシアとなったこの国の学校の様子などを見学してから、シベリヤ鉄道を使いハルビン（哈爾浜）、ソウルなどを経由して帰国した。東京に到着したのは十一月十二日であった。

終焉

東京に帰った澤柳は長旅の疲れも見せず、教育会館の建築の進行具合を見に行ったり、朝日新聞社講堂で帰朝講演をしたり、望月軍四郎の令嬢の婚礼の仲人をしたりして相変わらずの忙しさであったが、十一月二十一日の夜帰宅後に、風邪を引いたと言って早めに就寝した。しかし翌日から熱が上がり始め、チフスの恐れがあるということで、二十六日に東大医学部付属病院真鍋内科に入院した。『吾父』および、後に牛込の成城学校から刊行された『成城』第五十五号「澤柳先生記念号」（昭和三年二月刊）に掲載されている真鍋嘉一郎博士の「故澤柳先生病症経過」によると、澤柳が冒されたのは大陸性悪性猩紅熱であったという。

澤柳は真鍋博士を中心とする医師団の必死の努力の甲斐もなく、昭和二年十二月二十四日午後六時十分、真鍋内科の病室で息を引き取った。行年六十三、満年齢では六十二歳と八カ月であった。彼の闘病の様子を真鍋博士は次のように述べている。

「全経過を通じて先生の衰弱は明瞭であつたが病苦甚だしく、顔貌常に不愉快らしく時に浮腫を呈し言語少く時々嗜眠に陥り日を経るに従つて疲労加はり、遂には言葉を発するさへ疲労に堪へない程度に達した。食慾は在院中一回も振はず無理に勧めて少々の食事を与へた。その結果栄養の点不十分の為、十二月十五日頃から、日々葡萄液やロック氏液の皮下注射を行つてをつた。(中略)斯くして日々危険の状態を切抜け切抜け経過して来たが、十九日頃より頻りに脱汗があり、後衰弱益々加り愈々予後の不良を思はしめた。先生はかゝる重症の病臥中にも、疾病の状態、病症の経過等に就いてはかつて一言も自分に尋ねられた事がない。沈着に安然として我々の治療に服された。これは稀に見る大度の人格者たりしを思はしめると共に、益々先生を惜むの情を切ならしめるものである。先生も今に於て世を去られんとは決して予期せられなかつた事で、追憶哀悼の情のつくることがないのである」

澤柳の遺体は病理解剖学の長与又郎教授の手で解剖に付された。大脳の重量が通常の平均値を超える一五三〇グラムあり、大脳皮質や前頭葉の回転の状態なども極度に発達していて、生前の知的活動の活発さをしのばせる異例の所見であったという。この大脳標本は現在でも東京大学医学部に保存されているはずである。

告別式は十二月二十七日に青山会館で執り行なわれ、遺骨は三十日に谷中の墓地に埋葬された。法名は近角常観によって、文徳院釈明政居士とつけられた。

第七章　没後に残したもの

澤柳が死去する直前の十二月十二日に、家督相続者である次男の礼次郎は吉田為子との結婚式を挙げた。父の帰国を待っての挙式であったが、残念ながらすでに入院していた澤柳は出席できなかった。『吾父』には

「私は式の終つた翌朝父を見舞つて、『昨日無事に式を終りました』と父の耳下に報告すると、父は『おめでたう、お前は身体が弱いから、よく注意して規則立つた生活をしなければいけないよ』と実にやさしい調子ではつきりと言つた。」

と記されている。

家族に残したもの

残された家族は礼次郎夫妻のほか澤柳の妻初、三男義三郎（二十六歳）、四男誠四郎（二十三歳）、次女謙（二十歳）、五男大五郎（十七歳）、三女中（十四歳）であった。長女の信は夫の藤尾鷲三が早世し

た後も藤尾家で姑に仕え、二人の子どもを育てていた。文芸に秀でていた礼次郎は慶応義塾大学を出て成城学園の教師に、東京高等商業出身の義三郎は銀行家になっていたが、誠四郎は早稲田大学に学んだ後にエンジニアとなり、航空機関係の仕事についた。大五郎は当時成城高等学校の生徒であったが、後に東北大学に進み美術史研究の道に進んだ。澤柳は子どもたちの進路決定については各自の自由にまかせ、一切干渉はしなかったという。謙《けん》は実業家降旗三七男《ふりはたみなお》に嫁した。末子の中《なか》は第二次世界大戦後の混乱期を母初の傍らにあって、受洗した母を天国に送った後にキリスト教関係の生活施設に入った。

澤柳は死後に若干の借財を残したが、当時これを澤柳の社会的地位から見て不思議がる人も多かった。だが家族をはじめ彼を知る親しい人たちには、むしろ当然のことであった。なぜなら澤柳は学長をしていた大正大学、成城学園、牛込成城学校などから、全く俸給を受け取っていなかったし、関係していた教育団体からも何らの報酬も受けていなかったからであった。澤柳が日常生活において質素であり、家族にも贅沢や虚飾を許さなかった反面、海外に出向いた折などは出費を厭わず、私費を投じて要人たちを一流ホテルの晩餐会などに招待し、一国を代表する者として他国の代表に軽んじられることのないように努めたことなども、遺族はよく知っていた。残された借財を整理するために、遺族は後に目白の邸宅と長野県上林の別荘を処分したが、礼次郎は『吾父』の中で

「私達は多少のマイナスは遺されたが私達は父から巨万の富に比すべき精神的プラスを遺された

ことを思へばなんでもなかつたのである。」

と述べているのである。

帝国教育会のその後

澤柳が会長を務めた大正五年から昭和二年までの十二年間は、帝国教育会が最も明確にその存在意義を示し得た期間であった。すなわちこの期間に帝国教育会は、男女教員の社会的地位を高め、普通教育の質を改善向上していく運動を展開し、全国聯合教育会の組織化や、教員組合の結成促進や、政府の義務教育費削減政策を阻止する運動や、そのほか様々な活動を行なったのである。それらは全て、全国の教育者の心を一つにまとめ、教育者の意識を高めるのに大きく役だち、教育関係者に強い自信と誇りを持たせた。これが世に言うところの、帝国教育会の澤柳野口時代である。

澤柳の突然の死去後に、帝国教育会が先ず行なわねばならなかったのは、当然ながら澤柳の後任の選出である。昭和三年一月十五日に会長選挙が行なわれ、澤柳の後任には林博太郎が選ばれた。

林博太郎《はやしひろたろう》（明治七年～昭和四十三年、一八七四～一九六八）は教育学者で学習院教授、東京高等商業学校教授などを経て、大正八年に東京帝大教授となった。しかし教育以外の分野でも各種審議会委員や委員長などを務め、昭和七年から三年間は南満州鉄道総裁であった。

澤柳と心を合わせて教育界の改革に力を尽くしてきた野口援太郎は、昭和五年に専務主事を辞職し、後任は林会長の指名により大島正徳に決まった。翌年十二月には澤柳の熱烈な崇拝者であった三浦藤作が、雑誌『帝国教育』の編輯主任を辞任して、相沢熙が臨時にその後を継いだ。こうしていわゆる澤柳体制は、澤柳の没後三年ばかりで姿を消したのである。

成城学園のその後

澤柳が没したのは昭和二年十二月末であったが、翌三年の四月には、牛込の成城小学校を成城玉川小学校と合併し、砧村の校舎を成城小学校本校とし牛込の校舎を成城小学校分教場とすることが決まった。さらに翌昭和四年四月には分教場に残した児童の全員を本校に移して、分教場が閉鎖された。同じ日に小原国芳主事は、自らが校長を務める「玉川学園」を創設し発足させた。

成城学園のその後は、小西重直が学園総長となり小原国芳が高等学校を始めとする全ての学校の校長になるという体制が組まれ、成城学園と玉川学園が手をつないで「全人教育」を展開し、新教育運動の担い手となっていくのであるが、その後の歴史については『成城学園六十年』『成城学園八十年』などの学園史に詳述されているので、そちらに譲ることにする。

関係した諸機関、趣味など

澤柳が生前に会長、理事長、理事、委員、顧問などの名目で関係した団体は非常に多い。それも教育関係ばかりではなく、都市計画委員会委員、行政調査会委員、禁酒同盟理事、或いは高田村（後に町）会議員などまであり、多種多様であった。彼は「自分が関係することで人々の役に立つのならば」と考えて、余程の理由がないかぎり引き受けていた。しかし引き受けた以上は、決して無責任なことはしなかった。

帝国教育会会長に就任した大正五年以降に澤柳が関係した機関ないし役職は、およそ次の通りである。
臨時教育会議委員、高田村村会議員、中等学校教員向上会長、国民教育奨励会長、新図（画）書（道）教育会長、仏教少年聯合団長、日本国民禁酒同盟理事、教育評議会委員、臨時行政調査会委員、芸術教育会長、特別都市計画委員会委員、日本学生排酒聯盟会長、文部省英語教授研究所名誉副総裁及び理事長、帝都復興院評議員、日本実業教育会長、日本国際教育協会長、文政審議会委員、恩賜財団慶福会評議員、日華学生協会長、大谷大学評議委員会委員、浅草寺臨時営繕局顧問、その他

これらの職務は短期間のものもあれば終身名誉職もあって一概には論じられないが、澤柳の生活はとにかく多忙を極め、余暇を楽しむことの殆んど不可能な一生であった。しかしそれでも彼は美術を好み、日本画家にも洋画家にも知人が多かったし、書に関しては少年の頃からの達筆で、晩年に至るまでにかなり多くの書（作品）を残している。頼まれれば気軽に揮毫したからであろう。

文学作品も中国古典、西洋文学、日本の古典などに詳しく、英語とドイツ語の読書力は抜群で、ディケンズ、ハーディ、ゲーテ、シラーなどを原文で読んでいた。日本では劇場に行く暇は殆んどなかったが、外国旅行中は比較的時間に余裕があったので、しばしば劇場を訪れたり、音楽会に出向いたり、映画を鑑賞したりしたそうである。

彼は自分自身が学生時代から身体を鍛えるために運動に心掛けたこともあって、スポーツにも理解があった。だが『吾父』によると、「ただ柔道と野球だけは極端に嫌悪した」とあり、その理由は書かれていないが、彼の体育観を推量する手がかりとなる事実である。彼が兵式体操を学校に持ち込む

ことを拒否し、競技スポーツの有名選手を出すことを目指すなどは教育の邪道であると明言しているのも、同じ感覚から生まれた判断であろう。意志力と体力を鍛える手段を選ぶにも、はっきりした倫理観と美意識が根柢に働いているところに、澤柳の性格がよく現れている。

澤柳研究と評価の変遷

澤柳の生前に『澤柳全集』全六巻が刊行されたことは前述の通りだが、昭和六年二月に至って『澤柳政太郎遺稿』が冨山房から出版された。この遺稿集の後にも『澤柳政太郎選集』全六巻（第一書房、昭和十五年）の刊行を始め、数々の著作が復刊されており、第二次世界大戦が始まる頃までは彼の著作は多くの人に読み継がれていた。また『帝国教育』や『教育問題研究』を始めとして、彼と関係の深かった色々な学会機関誌や雑誌が追悼の特集を組み、多くの知人友人が様々な思い出を語っている。

戦中戦後の一時期、澤柳の名前は教育界にも一般読者層にも、殆んど話題に上ることがなかったように思われる。その理由は色々考えられるが、戦時中は澤柳の国際協調の平和主義思想や、皇国史観による歴史教育を否定する透徹した知性が、当局の教育方針から見て危険思想と判断される因をつくったこと、その反面、戦後のいわゆる左翼革命路線の人たちには、澤柳が明治中期の社会制度確立の時代に、指導的な文部官僚として義務教育制度の基礎を固め、さらに大正デモクラシーの時代にはブルジョア的教養主義の教育を率先して推進したと理解されて、故意に評価の対象から除外されたことなどではなかろうか。

こうした文化史研究上の一時的混乱が終息して、冷静に澤柳を再評価する動きが始まったのは、一九七〇年（昭和四十五年）前後だったように思われる。教育史の分野の研究者たちが従来の唯物論的イデオロギーに振り回された史観を清算して、具体的な事実を直視する実証主義的人物研究の精神を、改めて学界に呼び戻し始めたのである。この時期に成城学園では、初等学校（小学校）の教師たちを中心とする教師集団によって「澤柳研究会」が発足し、『澤柳研究双書』（全四巻、昭和四十六年〜五十二年、一九七一〜七七）および機関誌『澤柳研究』（全三十八号、昭和四十六年〜五十二年）が刊行され、昭和五十年（一九七五）から五十五年にかけて国土社から『澤柳政太郎全集』全十一巻が出版されたのである。

この新全集には五五七篇の著作が収録され、一一二四タイトルの著作目録が付されている。別巻には澤柳に関する主要な評伝、想い出、研究などが一八篇収められ、巻末の研究書誌目録には澤柳に関する研究、回想、人物評、論争文、書評など約六〇〇タイトルが掲げられている。

この全集を編纂するにあたり、澤柳の全貌を捉えるために徹底した資料調査が行なわれたが、その中でも北村和夫氏（聖心女子大学教授）の手に成る膨大な澤柳家私文書の整理とその目録の作成は特記に価する。澤柳礼次郎とその家族から成城学園に寄託された澤柳の蔵書、文部省刊行物その他の公的文書、様々な機関の刊行物、パンフレット類、原稿、未発表草稿、自筆書簡、澤柳宛書簡、写真その他は、現在成城学園教育研究所の「澤柳文庫」に収められているが、その一切が北村氏によって分類され、番号を付されたのである。この成果は『澤柳政太郎私家文書目録』として平成十四年（二〇〇二）に同研究所より刊行されている。同研究所はその後さらに『澤柳文庫和書目録』（平成十六年）と

『澤柳文庫洋書目録』（平成十七年）を編纂したので、今後の澤柳研究の発展に必要な基礎資料の調査が著しく容易になったと言えよう。精密な考証を踏まえた優れた澤柳論が、若い世代の研究者たちによって次々にまとめられ、世に問われるようになることを期待したい。

参考文献

一、全集、選集及び全集未収の著書で本書で論じたもの

『澤柳全集』全六巻（澤柳全集刊行会、大正十四年〜十五年、一九二五〜二六）
『澤柳政太郎遺稿』（冨山房、昭和六年、一九三一）
『澤柳政太郎全集』全十巻及び別巻（国土社、昭和五十年〜五十五年、一九七五〜八〇）
『澤柳政太郎選集』全六巻（第一書房、昭和十五年、一九四〇）
『孝道』上下二巻（冨山房、明治四十三年、一九一〇）
『ペスタロッチ』（金港堂、明治三十年、一八九七）
同書の改訂版（帝国教育会出版部、大正十五年、一九二六）

二、本書の依拠した伝記と評伝

澤柳礼次郎『吾父澤柳政太郎』（冨山房、昭和十二年、一九三七）
同　復刻（大空社、伝記叢書3、北村和夫解説　昭和六十二年、一九八七）
　政太郎の次男で成城学園の教師であった礼次郎の著したもの。今日では文献記録によっては辿り得ない、肉親にしか語り得ない多くの事実を正確に伝えている。
新田貴代『澤柳政太郎その生涯と業績』（成城学園澤柳研究会、「澤柳研究双書1」、昭和四十六年、一九七一）
　当時まだ知られていなかった多くの一等史料を発見し、それらを克明に分析することによって実証的な澤柳研究への道を開いた。現在でも基本文献としての価値を失っていない。

三、研究書、研究論文等

昭和五十三年（一九七八）までに刊行されたものについては、全集別巻の巻末に詳細な「澤柳政太郎研究書誌目録」が付されているので、その後に発表されたもののうち、重要なものだけを選んだ。

中野光「大正デモクラシーと帝国教育会」（『帝国教育総目次・解説』中巻　雄松堂出版、中野光、菅原亮芳解説、平成二年、一九九〇）

北村和夫「成城小学校の学校改造と『教育問題研究』」（『復刊「教育問題研究」附巻』龍渓書舎、平成三年、一九九一）

影山昇「京都帝国大学における澤柳事件」（成城文芸一六八号、平成十一年、一九九九）、「澤柳政太郎と帝国教育会」（同一六九号、平成十二年、二〇〇〇）、「澤柳政太郎と女子高等教育」（同一七〇号、同年）、「澤柳政太郎と女子中等教育」（同一七二号、同年）、「澤柳政太郎と大正大学」（同一七五号、平成十三年、二〇〇一）

谷脇由季子「京大澤柳事件とその背景」（大学史研究十五号、平成十二年、二〇〇〇）

四、その他

『教育五十年史』（民友社、大正十一年、一九二二）

『帝国教育会五十年史』（帝国教育会、昭和八年、一九三三）

『東京大学百年史　通史二』（東京大学出版会、昭和五十九年、一九八四）

『学制百二十年史』（文部省、平成四年、一九九二）

『東京大学年報』（東京大学出版会、平成五年、一九九三）

『日本教育会館50年沿革史』（日本教育会館編、昭和五十四年、一九七九）

『成城学園五十年』『成城学園六十年』『成城学園70年の歩み』『成城学園八十年』（成城学園、昭和四十二年〜平成十年、一九六七〜一九九八）

参考文献

『澤柳政太郎私家文書目録』（成城学園、『教育研究所研究年報別巻』、平成十四年、二〇〇二）
「澤柳文庫和書目録」（成城学園、『教育研究所研究年報』二十六集、平成十六年、二〇〇四）
「澤柳文庫洋書目録」（成城学園、『教育研究所研究年報』二十七集、平成十七年、二〇〇五）
日高真実『教育に関する攻究』（金港堂、明治二十五年、一八九二）
野田義夫『明治教育史』（育英社、明治四十年、一九〇七）
藤原喜代藏『明治教育思想史』（冨山房、明治四十二年、一九〇九）
『松本郷土訓話集』（松本尋常高等小学校篇、交文社、明治四十五年、一九一二）
幸田成友『凡人の半生』（共立書房、昭和二十三年、一九四八）
吉田久一『清沢満之』（吉川弘文館、昭和三十六年、一九六一）
青江舜二郎『狩野亨吉の生涯』（明治書院、昭和四十九年、一九七四。昭和六十二年、一九八七に中公文庫に収録）
平田宗史『日高真実伝』（渓水社、平成十五年、二〇〇三）
伊藤孝夫『瀧川幸辰』（ミネルヴァ書房、日本評伝選、平成十五年、二〇〇三）
中野光『日本のペスタロッチーたち』（つなん出版、平成十七年、二〇〇五）

あとがき

澤柳は日本の教育を充実するために、その一生を捧げた。これは疑いないことである。しかしこの目的を達成するためには、教育学の研究に専念するだけでは不可能であり、また文部行政官として敏腕であるだけでも出来るわけがなかった。制度を確立するには政治が関わる以上、政治的な見通しと政治を動かす能力とが必要であり、日本の政治がどうあるべきかを認識していなければならない。それには世界の趨勢を察知し、世界の中に占める日本の位置と役割を冷静に把握していなければならない。澤柳が他の誰にも出来なかった教育改革を計画し、それを実行に移せたのは、彼が政治の世界に強い発言力を保持しており、彼の意見を政治家や官僚たちが無視出来なかったからである。

それは何故かというと、彼が単なる教育専門家に留まらず、世界情勢を見据えた上で、日本の未来を構想しながら日本人にとって必要な文化改革を提言したからであり、その意味で最も優れた政治哲学者だったからだと言えよう。

澤柳には「民主主義を論ず」（全集八）と題する論考があり、これを読むと、澤柳の存在が教育界ばかりでなく、政界を含めて日本の社会各層に、どうして強い影響力を持ち得たかが推測できるように思う。彼はこの論考で次のように言っている。

「デモクラシーの意味は、リンコルンの言葉が一番よく之れを解釈しておるやうである。その言葉は、『人民の為めの人民の政治で人民による政治』といふのである。(中略)然らば、此の政治の仕方は、何の政治に対するものであるかといへば、君主がやる一人の専制政治とか、又少数者の手によつて行はるゝ貴族政治、即ち、官僚政治に対抗するものである。(中略)即ち、デモクラシーは人民の少数者がやる政治に対抗して起つた政治の仕方と認むべきである。近頃、デモクラシーの思想が、次第に濃厚になるといふことは、政権が少数のものより多数のものに移つて行くといふことである。随つて、少数のやる官僚政治、それは如何に賢明なる政治をやるとしても、それに比すれば、デモクラシーは一歩進んだ政治の仕方であつて、官僚政治よりも其の方を取るべきであると思ふ。政権が少数の官僚の手にあると、兎角濫用さるゝ惧れがある、又実際其の弊害もあらはれてをるのである。デモクラシーは、その反動として其の弊害を救済せんとして起つたものである。而してこれ迄少数者の手にあつた政治が、次第に民主的に成つて行くといふことは、これは自然の傾向で、大勢如何ともすべからざるものであるといふばかりでなく、又、正当のことであるとも認めなければならぬ。

然らば、更に一歩進んでデモクラシーが理想的のものであるかといふと、私は決して理想的のものでないと断言するに躊躇しない。理想的の政治は、これから段々進化してあらはれて来ねばならぬと思ふ。（中略）デモクラシーは、官僚主義より一歩進めたものに過ぎぬ。決して永久定まつた理想的の政治の仕方ではない。（中略）現在迄官僚政治の非常なる弊害に陥つてゐた故、之れを救済するには、どうしてもデモクラシーによる外ないといふことで、デモクラシーが大勢となつたのである。即ち、デモクラシーは従来の弊に懲りてこれによりて其の弊を救はんとする企てである。併しながら、単に弊害のない政治といふだけでは足りぬ。更に進んで積極的に充実した効果のある政治の行はるゝことを希望しなければならぬ。今の時代は、それに進むべき過渡期であつて、中間に彷徨せる時代といふべきである。

デモクラシーより更に一歩進んだ政治を想像すると、既に其の曙光が見えてをるのである。これは一字であらはす言葉がないが、直訳すると『委員による政治』といふのである。これは既に米国の二三十の都市によつて実行されてをる政治の仕方である。それは曾て十数年前に米国のある都市が火災で殆ど全滅した。それで如何にして此の都市を復旧し発展せしめんかといふことが、市民の問題となつて、斯かる大事業に際しては、今更市会や参事会や市長を選挙したとて到底其の目的を達することは出来ぬ。寧ろ十数人の専門家を挙げて之れに当らすに限るといふので、道路は土木専門家、家屋は建築専門家という風に、衛生・教育・交通各方面のことを、それぞれ其の市の専門家数十名を選挙して、それに全権を委任して、これら委員の人々に何等の制肘を加へず、どうか市の復旧を計つて貰ひ度いといふことを委任した。たゞこれらの人々が、若し、市民全体の意に反する様なことをする場合には、市民大会を開いて委員を更迭するといふ権利のみ之れを市民に保留せる外、全く専制的の様な無制限の権能をこれら委員に与へたのである。所が忽ちにして旧観以上に復して非常の成績を挙げたのである。それからして他の都市も之れに依つて、市会を廃して市民大会を開いて専門の委員を選挙して之れに政治を行はしめてをるものが、二十以上も出来てをる。これは政治上に於ては始めての試みであるが、他の方面の活動に於ては、既に行はれてをる仕方であつて、商業は商業の専門家にやらす、教育は教育の専門家にやらす、医術は医者の専門家にやらすと同じく、他の方面のやり方を市政にもつて行つた迄であるが、私は、将来デモクラシーの政治に代るべきものは、此の委員による政治であると思ふのである。

元来、デモクラシーの政治は、平凡の政治であるを免かれぬ。少数者の権力の濫用を防ぎ、其の横暴をも防止するには、デモクラシーによる外はないが平凡政治に堕するといふことは、デモクラシーの大なる弱点である。随つてデモクラシーを以て最善の政治であると考ふることはどうしても出来ぬ。

之れを通観するに、官僚政治の弊に堪へず、之れを救済せんとして起つたものがデモクラシーであつて、これはどうしても過渡時代のものである。いはゞ過渡時代の橋梁である。橋梁を渡つて達した彼岸が究極のものであるか否かは、別問題であるが、必ずしもデモクラシーを嫌ふにも及ばぬことと思ふ。之れを嫌ふものは、専制政治を謳歌するか、官僚政治を維持せんとするものである。既に専制官僚の弊に気附いたならば、決してデモクラシーに反対する理由はない筈である。併しながらデモクラシーの弱点は、前にも述べた平凡政治に堕する点である。決して理想的の政治の主義仕方でないといふことを知らねばならぬ。此の点よりして私は吉野博士等のデモクラシーに対する議論の更に一歩を進めぬことを常に遺憾と感じてをるものである。」

この論考をどう解釈するかは読み手の政治観や社会観、広く言えば人間観によって異なってくるであろう。しかし誰が読んでもはっきり分かるのは、澤柳が国家体制の変化を常に完成に向かっての道程と見ている事実で、歴史を変化する相として捉えていることである。これを澤柳自身の生涯に重ね合わせて考えれば、彼が文部省で教育行政に関わっていた頃は、日本が急激に変化する世界情勢の中で必死に欧米型の社会制度と文明を取り入れ、近代化という面で遅れをとっている部門の整備に努めていた時代であった。社会機構の成熟を、国民全体の内発的で自然発生的な発意に任せておく余裕がないと政府が判断して、官僚体制による上からの改革という方針がとられ始めた頃、澤柳は日本で最初に大学で教育学を研究したエリートとして、文部省に迎えられたのであった。彼は官僚機構の中で可能な限りの努力をした。そのことから短絡的に、澤柳の行動もまた官僚機構が次第に露わにしてくる構造的な欠陥、あるいは弊害の範疇に属すると思いこむのは、およそ歴史と人間の運命についての感覚に乏しい暴論である。

文部省直属の官僚であった時代が終わり、帝国教育会会長として全国の教育者と共に教育界の向上に努力することになった大正期は、第一次世界大戦後の世界的な社会変動期であり、また日本の国際的な地位も明治期とは大きく変わっていた。国際連盟も生まれ、全世界が「今後は戦争をしてはならない」という気持ちで一致し始めており、日本でも自由主義的民主主義の感覚が政治運動にも文化運動にも浸透し、大正デモクラシーと呼ばれる時期に入っていたのである。

澤柳は若い頃から、世界の中の日本という視点で教育機構の整備育成に努めてきた。そして大正期に至るまでにすでに構造的限界を露呈していた官僚政治が、デモクラシーに席を譲ることを必然的な推移だと認識していた。しかし、これは単純に政治行政の民主化を改革の目標に置いたわけではなく、あくまで一つの過渡的形態と見なし、次に推移していくべき先をも予見していたのであった。彼は文部省時代に「官僚」であって、野に下ってからは「民間人」となり「民主主義者」となったと説くのは、澤柳の実像を把握することにほど遠く、彼の生涯を理解する手続きに混乱を生む原因となるであろう。彼は思想家であり実験者であり行動家であったが、決して「何々主義者」であったことはない。

彼がデモクラシーの次に来るであろう制度として、専門家グループからなる委員会に政策立案とその実施を委ねる制度を考えていたのは、興味のあることである。勿論その成果の如何によって委員会の更迭を決定する権限が、あくまで国民、あるいは市民の手にあるという前提の下にであるのは言うまでもない。教育制度の改変権が教育についての素人である政治家や官僚の手に握られているために、日本の将来がどのくらい危うくされているかは改めてここに論じるまでもなく、この危機感が澤柳全集の各頁に読み取れる彼の思いと重なるように感じるのは、恐らく教育関係者ばかりではないであろう。

澤柳は晩年に「随時随所無不楽」（随時随所楽シマザルナシ）という書を残した。自分のことを「教育界の渡り鳥の如く」と評した澤柳は、まさに時により所に随って、自分の為すべきことを直視して、その達成に努力したと言えるが、そのような生き方を、彼は本当の意味で「楽しんで」いたのであろう。味わい深い言葉として、この評伝の副題として掲げることにした所以である。

最後に、この本を執筆するに際してご援助を賜った皆様に、改めて心からお礼を申し上げたい。資料関係では成城学園の諸先生方に、参考文献の所在やその意義などをご教示いただき、特に同学園教育研究所の岩見寿子先生には、澤柳文庫に収められている全ての文献と写真類を自由に閲覧、使用する便宜をはかっていただいたことが、この本の執筆を可能にしたとさえ言えよう。また澤柳家の方々にも暖かいご支援を受けた。NHKの谷口雅一氏は偶然この本の執筆中に、明治期の教育に関する番組を制作しておられたので、しばしばお会いして貴重なご意見をうかがう機会があった。明治大正期の新教育運動に詳しい教育学者諸先生の業績も数多く利用させていただいたが、なかでも中野光、影山昇、北村和夫諸先生および谷脇由季子さんから直接に論旨に関わるご教示が得られたのは、教育史に疎い筆者には大きな幸いであった。そしてミネルヴァ書房の堀川健太郎氏および編集部の皆様には、各章の構成から図版の選定、校正の際の細かなご配慮にいたるまで、至れり尽くせりのお世話になったことを記して、筆者の感謝の言葉に代えさせていただきたいと思う。

平成十八年春

新田義之

澤柳政太郎略年譜（澤柳全集十所収の年譜に僅かの修正を加えたもの）

和暦	西暦	齢（数え年齢）	関係事項	一般事項
慶応 元	一八六五	1	4・23信州松本天白町（現在の長野県松本市北深志二丁目四番二〇号付近）で出生。父信任は松本藩士小寺利憲の三男、二十歳のとき戸田家の家臣澤柳信久の三女錫と結婚して入籍。政太郎は長男である。	**元治**2・4・7に慶応と改元。12・28西周らオランダ留学から帰朝。
四	一八六八	4		4月慶応義塾発足。9・8明治に改元。
明治 三	一八七〇	6	12・9祖父信久死去。	**西暦**7・19～9・2普仏戦争。10月菊池大麓、長井長義らドイツ留学。
四	一八七一	7		7・14廃藩置県の詔書（三府三〇二県）。
五	一八七二	8		5・29東京に師範学校設立。8・3学制頒布。9・12新橋・横浜間鉄道開業。11・15国立銀

六	一八七三	9	山梨県甲府市の小学校、徽典館に入学。	行条例。11・28徴兵の詔勅。太陽暦を採用し、明治5・12・3を明治6・1・1とする。4月師範学校（東京）付属小学校授業開始。4・10開成学校発足。6・11第一国立銀行設立。10・24西郷隆盛征韓論容れられず参議を辞職。
七	一八七四	10	2月徽典館をやめ松本に帰り、4月に松本南深志町の開智学校、下等小学第八級に編入した。7月下等第五級を卒業。	この年、徴兵令、地租改正、小学校維持負担加重に対して全国約二十一カ所で農民騒擾。12・27東京外国語学校英語科が分離独立して東京英語学校となる。
八	一八七五	11	9・19父の転勤（大蔵卿検査寮に出仕）のため一家と共に上京。11・1東京師範学校下等小学第五級に編入した。	6・1東京気象台設立。8・13東京師範学校に中学師範学科設置（翌年4月開校、高等師範学校の前身）。
一〇	一八七七	13		1～9月西南戦争。
一一	一八七八	14	7月上等小学第三級を卒業。下等五級から上等三級卒業まで通して成績優秀で二年九カ月を要しただけ	5～11月パリ万国博覧会。

			であった。下校後は漢学塾の青藍舎に学び、四書五経・蒙求・国史略・日本外史・十八史略・元明史略・文章軌範・唐宋八家文・左氏伝・資治通鑑を読破した。9月東京府中学校に入学、二カ年在学。学友に上田万年・松崎蔵之助等がいた。	
一三	一八八〇	16	9月東京大学予備門に入学、四カ年在学。	8・7東京大学に学士研究科設置（大学院の前身）。12・28改正教育令。
一七	一八八四	20	9月東京大学文学部哲学科に入学、四カ年在学。寄宿舎生活で多くの友人を得た。二年生の夏休みに、日高真実・松本源太郎とともに東北を旅行した。	1・28中学校通則。2・15学齢前幼児の小学校入学禁止。7・7華族令（公侯伯子男の爵位決定）。
二一	一八八八	24	2・14祖母弥曾死去。7・10帝国大学文科大学哲学科を卒業。7・18文部省の貸費生だったため、文部省総務局に雇われる（月俸六十円）。東京専門学校（早稲田大学の前身）哲学館（東洋大学の前身）の講師となって「心理学」「社会学」「倫理学」を講義した。	5・7外山正一、山川健次郎、菊池大麓ら二十五人に最初の博士号授与。10・29スエズ運河開通し運河条約が締結される。
二二	一八八九	25	学生時代から接していた僧雲照律師との関係が深くなり、熱心な仏教帰依者となる。「十善戒」によっ	2・11大日本帝国憲法発布、議院法公布、森有礼刺殺される。

			て自らの生活を律することを始める。文部省総務局詰となる。	11・21歌舞伎座開場。
二三	一八九〇	26	8・13文部試補。8・26文部書記官となり、総務局報告課長兼文書課長・官報報告主任・統計主任を命ぜられる。	1月足尾銅山鉱毒事件始まる。1・18米騒動始まる。3・25高等師範より女子部が独立し女子高等師範となる。6月コレラ長崎に発生し全国に蔓延。7・1第一回総選挙。7・10第一回貴族院議員互選。11・25第一回通常国会召集。10・7改正小学校令。
二四	一八九一	27	2・24山内提雲の長女初と結婚。3・30総務局記録課長兼任。6・24文部省年報編纂方取扱委員を命ぜられる。8・10文部大臣秘書官兼文部書記官を命ぜられる。10・16米国シカゴ市で開かれるコロンブス世界博覧会出品取調委員、ついで博覧会事務局評議員を命ぜられる。	5・11大津事件。11・17文部省が小学校教則大綱を定める。
二五	一八九二	28	1・23大臣官房図書課兼勤。4・23長男勇太郎出生。9・2専任文部書記官、大臣官房図書課長となる。文部大臣大木喬任が退任し枢密院議長になったため、	2・15第二回臨時総選挙（選挙干渉により各地で騒擾）。

			秘書官を辞任。「修身教科書機密漏洩事件」が起こり、その責任をとって11・2依願免官、文部省を去る。	
二六	一八九三	29	9・16清沢満之の懇請により、京都大谷尋常中学校長に就任、真宗大谷派教学部顧問を嘱託される。	1・31日比谷公園の発足(開園は一〇年後)。5・1シカゴでコロンブス記念万国博覧会。8・11帝国大学令改正。11・1明治座開業。この年ヘディン(スウェーデン)が中央アジア探検に出発、ナンセン(ノルウェー)北極探検。
二七	一八九四	30	9・1中学寮長事務加談となる。9・18大谷尋常中学校が廃止される。12・31大谷派教学部の学制改革が挫折し、解職される。	7・16日英通商航海条約。8・1日清戦争始まる。
二八	一八九五	31	2・12群馬県尋常中学校長に就任。9・22長女信出生。	4・17日清講和条約調印。4・23三国干渉。6・17台北に台湾総督府を置く。樺山資紀初代総督。この年コレラが大流行する。
二九	一八九六	32	11・7小学校教科用図書審査委員を命ぜられる(群馬県)。	7・8東京美術学校に洋画科設置。9・1東京・神戸間急行列

				車運転開始。
三〇	一八九七	33	4・8第二高等学校長に就任。	6・16アメリカ合衆国がハワイを併合。6・26河口慧海チベットに向けて出発。8月から11月にかけて米騒動激化。8・29島崎藤村『若菜集』刊行。
三一	一八九八	34	7・20第一高等学校長（高等官五等）に就任。8・9高等教育会議委員。11・24文部省普通学務局長（高等官二等）に就任。高等商業学校長事務取扱を兼務。帝国教育会常議員となる。	3・29東京美術学校紛争。校長岡倉天心と教授橋本雅邦ら一七人学校を去る。4・25米西戦争始まる。9・21清国西太后実権をにぎる。12・10学位令改正。
三二	一八九九	35	1・15条約実施調査委員。2・4師範学校・尋常中学校・高等女学校教員の検定委員を命ぜられる。帝国教育会理事。5・12師範学校学科程度取調委員長。5・19林野整理審査会委員。8・24次男礼次郎出生。9・14第六高等学校建築委員。	2・7改正中学校令、実業学校令公布。2・8高等女学校令公布。3・4著作権法公布。3月御木本真珠店銀座に開店。義和団蜂起（北清事変の発端）。6・20最初の日本製映画公開。7・17従来の不平等条約に替わる改正条約の実施が始まる。8・3私立学校令、および公認

				学校における宗教儀礼と宗教教育の禁止訓令。10・12ボーア戦争勃発。12・17東京市水道工事完成。この年全国に赤痢とペストが流行、結核による死亡者が総死亡者の7・1%。
三三	一九〇〇	36	3・13高等師範学校建築委員および第二高等師範学校創立設計委員。4・2修身教科書調査委員。5・1高等師範学校研究科教育制度講師。	3・10治安警察法。8・20小学校令全面改正。10月義和団の制圧ほぼ完了し、連合国と清国との間に交渉が始まる。(12月末に講和成立し調印、最終議定書は翌年9月)。
三四	一九〇一	37	1・8高等師範学校長兼任(5・9解任)。8・22中学校教科細目取調委員を命ぜられる。	9・10大日本労働団体連合本部結成。
三五	一九〇二	38	4・2広島県高等師範学校長事務取扱を命ぜられる(5・13解任)。4・11国語調査委員会委員。6・23三男義三郎出生。7・12第十三回万国東洋学会会議出席のため出発(ハンブルク)。	1・30日英同盟協約。3・28広島高等師範、神戸高等商業、盛岡高等農林、京都高等工芸を設立。5・31ボーア戦争終結。8・15大谷光瑞中央アジア探検隊ロンドンを出発。9・2東京

三六	一九〇三	39	3・28帰国。	専門学校が早稲田大学と改称。8・22東京電車鉄道、新橋・品川両駅前間開業（東京初の路面電車）。11・21第一回野球早慶戦。この年ライト兄弟飛行機による空中飛行に成功。
三七	一九〇四	40	1・25臨時取調掛員。6・22教科書調査委員を命ぜられる。9・9帝国義勇艦隊創設委員を嘱託される。10・19体操遊戯政調委員長。	2・10日露戦争開始。4・30セントルイス万国博覧会、岡倉天心（ボストン博物館東洋部長）が講演。
三八	一九〇五	41	6・22小学校教育効績審査会委員を命ぜられる。7・28四男誠四郎出生。10・23東亜同文館評議員に推薦される。	5・27日本海海戦。8月戸水事件。9・5日露講和条約（日露戦争終結）。この年東北地方大凶作。
三九	一九〇六	42	2・17ロンドン大学に招かれ、日本の教育制度および教育一般に関して、講演をするため出発。途中ローマ滞在中、牧野伸顕より文部次官就任を懇請する電報を受け、7・16帰国。7・18文部次官に就任。文官普通試験委員長、学校建築経理委員長、小学校教育効績審査委員長を兼任。9・7林野整理審査会	2・24日本社会党第一回大会（日本平民党と日本社会党が合一）。3・31鉄道国有法。6・8南満州鉄道株式会社設立に関する勅令公布。

			委員。10・10文官高等懲戒予備委員。	
四〇	一九〇七	43	4月帝国教育会評議員。6・6美術審査委員長。7・20清国皇帝より二等第一双宝星を贈られる。	3・20東京勧業博覧会。3・21小学校令改正、尋常小学校6年間を義務教育とし、高等小学校を2～3年とする。4・2夏目漱石が東京帝大講師を辞し、朝日新聞社に入る。9月札幌農学校を昇格して東北帝大農科大学発足。10・25第一回文展。10・31日米蓄音機製造株式会社（日本コロンビアの前身）設立。
四一	一九〇八	44	1・9次女謙出生。年頭より腸チフスのため三カ月入院。6・6日本大博覧会評議員。7・21文部次官を依願免官。	4・28初のブラジル移民出発。11・14清国光緒帝歿、翌日西太后歿、溥儀が三歳で帝位につく（宣統帝）。11・16東京市立日比谷図書館開館。
四二	一九〇九	45	3・8父信任死去。7・28早稲田大学賛助員。9・11東京高等商業学校長事務取扱を命ぜられ、同校講師を嘱託される。12・21貴族院議員（勅選）に任ぜられる。	7月ごろ活動写真館急増（観客の70％が小学生）。8・18東京市からワシントンに桜を二千本寄贈。10・26伊藤博文ハルビン

				駅で射殺される。12・16東京山手線運転開始。
四三	一九一〇	46	4・8高等教育会議議員。6・20長男勇太郎死去（十九歳）。	5・14ロンドンで日英博覧会開く。8・22韓国併合の条約調印。8・29韓国の国号を改め朝鮮とし、10・1朝鮮総督府官制公布。
四四	一九一一	47	3・24東北帝国大学初代総長に就任。8・23五男大五郎出生。この年市外高田村雑司ヶ谷旭出に家を建てる。	1・18大審院、幸徳秋水ら大逆事件被告に死刑判決。2・21日米新通商条約（初めての関税自主権確立）。5・20文芸協会第一回公演（帝劇で坪内逍遙訳ハムレット上演）。8・21警視庁、特別高等課を設置。8・24朝鮮教育令公布。10・10中国辛亥革命始まる。12・29孫文中華民国臨時大総統に選ばれる。
明治四五 大正　元	一九一二	48	7・30大正と改元される。この年東北帝大で狩野文庫購入。	2・12宣統帝退位、清朝滅亡。3・11袁世凱、北京で中華民国臨時大総統に就任。7・6第五回オリンピック（ストックホル

				ム大会）に日本初参加。この年米価暴騰。9月ハーバード大学に日本文明講座開設。9・19芸術座第一回公演。
二	一九一三	49	5・9京都帝国大学総長に就任。7・12七教授に辞表を提出させる。京大澤柳事件始まる。9・15神宮皇学館評議委員。	
三	一九一四	50	京大澤柳事件を終結させ、4・28京都帝国大学総長を依願免官。5・2三女中出生。7・18文学博士の学位を受ける。第一次世界大戦始まる。	1・23シーメンス事件議会で問題となる。2月東京で発疹チフス流行。3・31結核療養所設置令。6・28オーストリア皇太子暗殺（サラエボ事件）。7・28第一次世界大戦勃発。8・23日本がドイツに宣戦布告、10月に南洋諸島、11月に青島を占領。12・18東京中央停車場開業、東京駅と命名。この年11月に新夕張炭坑で、12月に福岡県方城炭坑でガス爆発、多数の死者を出す。
四	一九一五	51	11・20長女信、藤尾鷲三と結婚する。	1・18対中国21箇条要求。12・4東京株式市場暴騰（大戦景気

五	一九一六	52	2・1帝国教育会会長に就任。4・1旭日中綬章を授けられる。9・22私立成城中学校長に就任。財団法人成城学校協議員。この年長野県上林に別荘を建てる。	の始まり） 12・12ドイツが連合国との和平交渉の意志を表明、翌日日本で株式相場大暴落。
六	一九一七	53	4・1私立成城小学校を創設、同校長に就任。5・30高田村村会議員就任。9・21臨時教育会議委員。	3・12ニコライ二世退位（ロマノフ王朝滅亡す。ロシア二月革命）。11・7ペトログラードでボリシェビキが武装蜂起、軍事革命委員会ソヴィエト政権樹立を宣言（ロシア十月革命）。
七	一九一八	54	1・21母錫死去（七十五歳）。	11・2石井ランシング協定。この年米価暴騰、各地に米騒動が起こる。この年の春、日本にもスペイン風邪（世界的インフルエンザ）が入り、全国の死者15万人に及ぶ。8・2日本政府シベリア出兵を宣言。11・9ドイツ革命、翌日皇帝ヴィルヘルム二世オランダに亡命。11・11

八	一九一九	55	4月中等学校教員向上会会長に推される。5・23臨時教育委員会委員。5・24勲二等瑞宝章を授けられる。7・21国民教育奨励会会長に就任。	ドイツ連合国と休戦協定調印、第一次世界大戦終結、オーストリア皇帝退位（ハプスブルク朝滅亡）。1・18パリ講和会議始まる（〜6・28ヴェルサイユ講和条約調印）。この年春から戦後好景気、翌年三月まで続く。3・1京城、平壌などから朝鮮独立運動が起こり、全土に波及（3・1運動）。4・10史蹟名勝天然記念物保存法公布。4・27山本鼎自由画教育運動提唱。5・4北京学生山東問題で示威運動（5・4運動）、講和会議で日本は山東還付を表明。9・1足尾銅山で大日本鉱山労働同盟発会式、二日後に東京市電で日本交通労働組合結成、この年労働組合のストライキ頻発。9・5帝国美

				術院規定制定（10・14第一回帝展）。10・10中国革命党が中国国民党に改組。
九	一九二〇	56	1月新図書教育会長に就任。4・1成城小学校に教育問題研究会を創る。4・3高田町町会議員。5月仏教少年聯合団長に推される。5・7教科書調査会（内閣）会員。日本国民禁酒同盟理事就任。	1・10国際連盟発足、同日に東京帝大森戸辰男事件。2・5慶応義塾大、早稲田大が大学令による初めての私立大学として認可される。2・11東京で数万人の普通選挙大示威行進。4・13商品相場と株式相場が暴落。4・21東京・大阪間飛行機無着陸周航を開始。8・14第七回オリンピック（アントワープ大会）、日本選手二名が初入賞。
一〇	一九二一	57	7・9教育評議会委員。7・23臨時教育行政調査会委員。8・3欧米教育視察に出発。	6・25臨時国語調査会設置、国語国字問題の調査に当たる（会長森鷗外）。7・1上海で中国共産党創立大会。11・4原敬首相東京駅で刺殺される。11・12ワシントン会議開催（アメリカ

一一	一九二二	58	2・17長女信の夫藤尾鷲三死去。4・1私立成城第二中学校を創立、同校長に就任（本人は旅行中にて不在）。6・30帰国。イギリス・ベルギー・オランダ・ドイツ・スウェーデン・フランス・スイス・イタリア・アメリカを回る旅行であった。	代表が英米仏伊日の主力艦数削減を提案）。2・6ワシントン会議終了、海軍軍備制限条約など調印、日英同盟廃止。4・17武蔵高等学校設立（初の私立高校、七年制高校の嚆矢）。8月ドイツのマルク価下落始まる。7月日本共産党結成（非合法）。10・25日本軍シベリアからの撤退を完了。11・1オスマン帝国滅亡。この年童話雑誌の創刊相次ぐ。
一二	一九二三	59	1月芸術教育会会長に就任。2・2特別都市計画委員。5月ダルトン協会会長に推される。5・20日本学生排酒聯盟会長に推される。5・23文部省英語教授研究所名誉副総裁・理事長。6・6サンフランシスコ開催の世界連合教育会創立会議に出席のため出発、7・28に帰国。9・1関東大震災。10・18帝都復興院評議員。11・3日本実業教育会長に就任。日本国際教育会会長に就任。	6・5堺利彦ら共産党員検挙される（第一次共産党事件）。9・1関東大震災、翌日戒厳令適用。9・7支払猶予令公布、9・1～30モラトリアム実施。9・16甘粕大尉事件。11・8ヒトラーのミュンヘン一揆、ヒトラー5年禁固の刑。

一三	一九二四	60	4・2〜5・17ヘレン・パーカースト女史を招聘。4・5文政審議会委員。5・24恩賜財団慶福会評議員を嘱託される。6・9日華学生協会会長に推される。	1・26摂政裕仁親王久邇宮良子と結婚。5・30全国小学校女教員会結成。7・5第八回オリンピック（パリ大会）、日本選手19人参加。8・1甲子園球場竣工。9・5川井訓導事件。12・13婦人参政権獲得期成同盟結成。
一四	一九二五	61	4・23還暦記念『澤柳全集』発刊。『教育問題研究』澤柳記念特集号刊行。5・24青山会館にて還暦祝賀会。6月太平洋問題調査会第一回ハワイ大会に出席。7・27帰国。8・1大谷大学評議委員。9・20中華民国視察に出発、10・11帰国。	3・2衆議院が普通選挙法案を修正可決、3・7に治安維持法案を修正可決。3・12北京で孫文歿。3月山田耕筰、近衛秀麿ら日本交響楽協会結成。4月メートル法採用。4・13陸軍将校学校配属令公布。7・12東京放送局本放送を開始、7・14名古屋放送局放送開始。9・20東京六大学野球リーグ戦開始。この年ラジオが急速に普及。
大正一五 昭和　元	一九二六	62	3・15私立成城高等学校創立、校長に就任。3・19駒込中学校顧問。4・6大正大学初代学長に就任。	1・15京都帝大など全国の社研学生検挙（京都学連事件）・小

			4・21財団法人成城学園理事長に就任。「澤柳全集」全六巻完結。12・25昭和と改元される。	学校令改正公布（日本歴史を国史と改称など）。7・9蒋介石国民革命軍総司令に就任し、北閥を開始。8・6東京大阪名古屋3放送局合同して日本放送協会設立。8・6同潤会向島に中の郷アパート、9・1に青山表参道脇に青山アパートを建築（初の公営鉄筋アパート）。9・13日本航空大阪・大連間に定期航空便を開設（日本最初の国際定期飛行便）。
二	一九二七	63	4月成城高等女学校創立、校長に就任。6・27太平洋問題調査会第二回大会（ハワイ）・第二回世界教育会議（トロント）・第十三回万国議員商事会議（リオデジャネイロ）に出席のため出発。会議後ヨーロッパに渡り、ロンドン・パリ・ジュネーヴ・ベルリン・モスクワを訪問、シベリアを経て11・12帰国。11・22発病（大陸性悪性猩紅熱）。12・24死去。12・27告別式。12・30勲一等瑞宝章を授けられる。	1・1築地小劇場帝劇で第一回公演。3・15京浜地方に銀行取付起こり金融恐慌が始まる。3・24中国国民革命軍南京占領。4・18蒋介石共産党を弾圧し、武漢政府に対抗して南京に国民政府樹立。4・22全国的銀行取付の対策として三週間のモラト

谷中天王寺墓地に埋葬。

リアム施行。5・28政府山東出兵声明（第一次山東出兵）。9・6武漢政府南京政府に合流。11・5蒋介石来日して田中義一首相に国民政府による中国統一の支持協力を要請。12・13広州で蜂起した中共軍を南京国民政府軍が殲滅。

人名索引

あ　行

か　行

さ　行

た　行

な 行

は 行

ま　行

や・ら・わ行

事項索引

さ　行

た　行

な　行

は　行

ま　行

や・ら・わ行

《著者紹介》

新田義之（にった・よしゆき）

1933年　生まれ。
東京大学教養学部教養学科ドイツ科卒業
東京大学大学院人文科学研究科比較文学比較文化専攻修士課程修了。
東京大学名誉教授，学術博士。

著　書　『木下杢太郎』小沢書店，1982年。
『リヒアルト・ヴェルヘルム伝』筑摩書房，1994年。
『比較文学への誘い――東西文学十六章』大学教育出版，1998年。
『文化と教養』大学教育出版，2000年。

編　集　『木下杢太郎日記』全５巻，岩波書店，1979〜80年
『木下杢太郎全集』全25巻，岩波書店，1981〜83年。

翻　訳　『オックスフォード教育講座』（R. シュタイナー）イザラ書房，2001年。
『教育の基礎となる一般人間学』（R. シュタイナー）イザラ書房，2003年。

ミネルヴァ日本評伝選
澤《さわ》柳《やなぎ》政《まさ》太《た》郎《ろう》
――随時随所楽シマザルナシ――

2006年６月10日　初版第１刷発行　〈検印省略〉

定価はカバーに
表示しています

著　者　新　田　義　之
発行者　杉　田　啓　三
印刷者　江　戸　宏　介

発行所　株式会社　ミネルヴァ書房
607-8494 京都市山科区日ノ岡堤谷町１
電話（075）581-5191（代表）
振替口座 01020-0-8076番

共同印刷工業・新生製本

ISBN4-623-04659-1
Printed in Japan

刊行のことば

歴史を動かすものは人間であり、興趣に富んだ人間の動きを通じて、世の移り変わりを考えるのは、歴史に接する醍醐味である。

しかし過去の歴史学を顧みるとき、人間不在という批判さえ見られたように、歴史における人間のすがたが、必ずしも十分に描かれてきたとはいえない。二十一世紀を迎えた今、歴史の中の人物像を蘇生させようとの要請はいよいよ強く、またそのための条件もしだいに熟してきている。

この「ミネルヴァ日本評伝選」は、正確な史実に基づいて書かれるのはいうまでもないが、単に経歴の羅列にとどまらず、歴史を動かしてきたすぐれた個性をいきいきとよみがえらせたいと考える。そのためには、対象とした人物とじっくりと対話し、ときにはきびしく対決していくことも必要になるだろう。

今日の歴史学が直面している困難の一つに、研究の過度の細分化、瑣末化が挙げられる。それは緻密さを求めるが故に陥った弊害といえるが、その結果として、歴史の大きな見通しが失われ、歴史学を通しての社会への働きかけの途が閉ざされ、人々の歴史への関心を弱める危険性がある。今こそ歴史が何のためにあるのかという、基本的な課題に応える必要があろう。評伝という興味ある方法を通じて、解決の手がかりを見出せないだろうかというのも、この企画の一つのねらいである。

狭義の歴史学の研究者だけでなく、多くの分野ですぐれた業績をあげている著者たちを迎えて、従来見られなかった規模の大きな人物史の叢書として、「ミネルヴァ日本評伝選」の刊行を開始したい。

平成十五年（二〇〇三）九月

ミネルヴァ書房

ミネルヴァ日本評伝選

企画推薦
梅原　猛
ドナルド・キーン
佐伯彰一
角田文衞

監修委員
上横手雅敬
芳賀　徹

編集委員
石川九楊
伊藤之雄
猪木武徳
今谷　明
今橋映子
熊倉功夫
佐伯順子
坂本多加雄
武田佐知子
竹西寛子
西口順子
兵藤裕己
御厨　貴

上代

俾弥呼　古田武彦
日本武尊　西宮秀紀
雄略天皇　吉村武彦
＊蘇我氏四代　遠山美都男
推古天皇　義江明子
聖徳太子　仁藤敦史
斉明天皇　武田佐知子
天武天皇　新川登亀男
持統天皇　丸山裕美子
阿倍比羅夫　熊田亮介
柿本人麻呂　古橋信孝
元明・元正天皇　渡部育子
聖武天皇　本郷真紹
光明皇后　寺崎保広
孝謙天皇　勝浦令子
藤原不比等　荒木敏夫
吉備真備　今津勝紀
道　鏡　吉川真司
大伴家持　和田　萃
行　基　吉田靖雄

平安

桓武天皇　井上満郎
嵯峨天皇　西別府元日
宇多天皇　古藤真平
醍醐天皇　石上英一
村上天皇　京樂真帆子
花山天皇　上島　享
三条天皇　倉本一宏
後白河天皇　美川　圭
小野小町　錦　仁
藤原良房・基経　滝浪貞子
菅原道真　竹居明男
紀貫之　神田龍身
源高明　所　功
慶滋保胤　平林盛得
＊安倍晴明　斎藤英喜
藤原道長　朧谷　寿
清少納言　後藤祥子
紫式部　竹西寛子
和泉式部　ツベタナ・クリステワ
大江匡房　小峯和明
式子内親王　奥野陽子
建礼門院　生形貴重
阿弖流為　樋口知志
坂上田村麻呂　熊谷公男
＊源満仲・頼光　元木泰雄
平将門　西山良平
平清盛　田中文英
藤原秀衡　入間田宣夫
空　海　頼富本宏
最　澄　吉田一彦
奝　然　上川通夫
＊源　信　小原　仁
守覚法親王　阿部泰郎

鎌倉

源頼朝　川合　康
＊源義経　近藤好和
後鳥羽天皇　五味文彦
九条兼実　村井康彦
北条時政　野口　実
熊谷直実　佐伯真一
＊北条政子　関　幸彦
北条義時　岡田清一
曾我十郎・五郎　杉橋隆夫
北条時宗　近藤成一
安達泰盛　山陰加春夫
平頼綱　細川重男
竹崎季長　堀本一繁
西　行　光田和伸
藤原定家　赤瀬信吾
＊京極為兼　今谷　明
＊兼　好　島内裕子
重　源　横内裕人
運　慶　根立研介

法然　今堀太逸
慈円　大隅和雄
明恵　西山　厚
親鸞　末木文美士
恵信尼・覚信尼　西口順子
道元　船岡　誠
叡尊　細川涼一
*忍性　松尾剛次
*日蓮　佐藤弘夫
一遍　蒲池勢至
夢窓疎石　田中博美
宗峰妙超　竹貫元勝

南北朝・室町

後醍醐天皇　上横手雅敬
護良親王　新井孝重
北畠親房　岡野友彦
楠正成　兵藤裕己
*新田義貞　山本隆志
足利尊氏　市沢　哲
佐々木道誉　下坂　守
円観・文観　田中貴子
足利義満　川嶋將生
足利義教　横井　清
大内義弘　平瀬直樹
日野富子　脇田晴子
世阿弥　西野春雄
雪舟等楊　河合正朝
雪村周継　赤澤英二
宗祇　鶴崎裕雄
*満済　森　茂暁
一休宗純　原田正俊

戦国・織豊

北条早雲　家永遵嗣
毛利元就　岸田裕之
*今川義元　小和田哲男
*武田信玄　笹本正治
三好長慶　仁木　宏
*上杉謙信　矢田俊文
吉田兼倶　西山　克
山科言継　松薗　斉
織田信長　三鬼清一郎
豊臣秀吉　藤井讓治
前田利家　東四柳史明
蒲生氏郷　藤田達生
伊達政宗　伊藤喜良
支倉常長　田中英道
北政所おね　田端泰子
淀殿　福田千鶴
ルイス・フロイス　エンゲルベルト・ヨリッセン
*長谷川等伯　宮島新一
顕如　神田千里

江戸

徳川家康　笠谷和比古
徳川吉宗　横田冬彦
後水尾天皇　久保貴子
光格天皇　藤田　覚
崇伝　杣田善雄
春日局　福田千鶴
池田光政　倉地克直
シャクシャイン　岩崎奈緒子
田沼意次　藤田　覚
末次平蔵　岡美穂子
林羅山　鈴木健一
中江藤樹　辻本雅史
山崎闇斎　澤井啓一
*北村季吟　島内景二
貝原益軒　辻本雅史
ケンペル　ボダルト・ベイリー
荻生徂徠　柴田　純
雨森芳洲　上田正昭
前野良沢　松田　清
平賀源内　石上　敏
杉田玄白　吉田　忠
上田秋成　佐藤深雪
木村蒹葭堂　有坂道子
大田南畝　沓掛良彦
菅江真澄　赤坂憲雄
*鶴屋南北　諏訪春雄
良寛　阿部龍一
滝沢馬琴　高田　衛
山東京伝　佐藤至子
平田篤胤　川喜田八潮
シーボルト　宮坂正英
本阿弥光悦　岡　佳子
小堀遠州　中村利則
尾形光琳・乾山　河野元昭
*二代目市川團十郎　田口章子
与謝蕪村　佐々木丞平
伊藤若冲　狩野博幸
鈴木春信　小林　忠
円山応挙　佐々木正子
*佐竹曙山　成瀬不二雄
葛飾北斎　岸　文和
酒井抱一　玉蟲敏子
オールコック　佐野真由子
*月性　海原　徹
西郷隆盛　草森紳一
*吉田松陰　海原　徹

徳川慶喜 大庭邦彦
和宮 辻ミチ子

近代

明治天皇 伊藤之雄
大正天皇 フレッド・ディキンソン
大久保利通 三谷太一郎
山県有朋 鳥海　靖
木戸孝允 落合弘樹
*松方正義 室山義正
北垣国道 小林丈広
大隈重信 五百旗頭薫
伊藤博文 坂本一登
井上　毅 大石　眞
桂　太郎 小林道彦
林　董 君塚直隆
高宗・閔妃 木村　幹
山本権兵衛 室山義正
高橋是清 鈴木俊夫
小村寿太郎 簑原俊洋

犬養　毅 小林惟司
加藤高明 櫻井良樹
田中義一 黒沢文貴
平沼騏一郎 堀田慎一郎
宮崎滔天 榎本泰子
浜口雄幸 川田　稔
幣原喜重郎 西田敏宏
関　一 玉井金五
広田弘毅 井上寿一
安重根 上垣外憲一
グルー 廣部　泉
東條英機 牛村　圭
蔣介石 劉　岸偉
木戸幸一 波多野澄雄
*乃木希典 佐々木英昭
加藤友三郎・寛治 麻田貞雄
宇垣一成 北岡伸一
石原莞爾 山室信一
五代友厚 田付茉莉子
安田善次郎 由井常彦

渋沢栄一 武田晴人
山辺丈夫 宮本又郎
武藤山治 阿部武司・桑原哲也
小林一三 橋爪紳也
大倉恒吉 石川健次郎
大原孫三郎 猪木武徳
河竹黙阿弥 今尾哲也
イザベラ・バード 加納孝代
林　忠正 木々康子
森　鷗外 小堀桂一郎
二葉亭四迷 ヨコタ村上孝之
巌谷小波 千葉信胤
樋口一葉 佐伯順子
島崎藤村 十川信介
泉　鏡花 東郷克美
有島武郎 亀井俊介
永井荷風 川本三郎
北原白秋 平石典子
菊池　寛 山本芳明

宮澤賢治 千葉一幹
正岡子規 夏石番矢
P・クローデル 内藤　高
高浜虚子 坪内稔典
与謝野晶子 佐伯順子
種田山頭火 村上　護
斎藤茂吉 品田悦一
*高村光太郎 湯原かの子
萩原朔太郎 エリス俊子
原阿佐緒 秋山佐和子
*狩野芳崖・高橋由一 古田　亮
竹内栖鳳 北澤憲昭
黒田清輝 高階秀爾
中村不折 石川九楊
横山大観 高階秀爾
橋本関雪 西原大輔
小出楢重 芳賀　徹
土田麦僊 天野一夫

岸田劉生 北澤憲昭
松旭斎天勝 川添　裕
中山みき 鎌田東二
ニコライ 中村健之介
出口なお・王仁三郎 川村邦光
島地黙雷 阪本是丸
*新島　襄 太田雄三
*澤柳政太郎 新田義之
河口慧海 高山龍三
大谷光瑞 白須淨眞
*古賀謹一郎 小野寺龍太
久米邦武 髙田誠二
フェノロサ 伊藤　豊
内村鑑三 新保祐司
*岡倉天心 木下長宏
徳富蘇峰 杉原志啓
内藤湖南・桑原隲蔵 礪波　護
岩村　透 今橋映子
西田幾多郎 大橋良介

喜田貞吉　中村生雄
上田　敏　及川　茂
柳田国男　鶴見太郎
厨川白村　張　競
九鬼周造　粕谷一希
辰野　隆　金沢公子
シュタイン　瀧井一博
福澤諭吉　平山　洋
福地桜痴　山田俊治
中江兆民　田島正樹
田口卯吉　鈴木栄樹
陸　羯南　松田宏一郎
竹越與三郎　西田　毅
宮武外骨　山口昌男
吉野作造　田澤晴子
野間清治　佐藤卓己
北　一輝　岡本幸治
杉　亨二　速水　融
北里柴三郎　福田眞人

田辺朔郎　秋元せき
南方熊楠　飯倉照平
寺田寅彦　金森　修
石原　純　金子　務
J・コンドル　鈴木博之
小川治兵衛　尼崎博正

現代

昭和天皇　御厨　貴
高松宮宣仁親王　後藤致人
吉田　茂　中西　寛
マッカーサー　柴山　太
重光　葵　武田知己
池田勇人　中村隆英
和田博雄　庄司俊作
朴正熙　木村　幹

竹下　登　真渕　勝
*松永安左エ門　橘川武郎
鮎川義介　井口治夫
松下幸之助　米倉誠一郎
渋沢敬三　井上　潤
本田宗一郎　伊丹敬之
井深　大　武田　徹
幸田家の人々　金井景子
*正宗白鳥　大嶋　仁
*川端康成　大久保喬樹
薩摩治郎八　小林　茂
松本清張　杉原志啓
安部公房　成田龍一
R・H・ブライス　菅原克也
金素雲　林　容澤

柳　宗悦　熊倉功夫
バーナード・リーチ　鈴木禎宏
イサム・ノグチ　酒井忠康
川端龍子　岡部昌幸
藤田嗣治　林　洋子
*井上有一　海上雅臣
手塚治虫　竹内オサム
山田耕筰　後藤暢子
武満　徹　船山　隆
力道山　岡村正史
美空ひばり　朝倉喬司
植村直巳　湯川　豊
西田天香　宮田昌明
安倍能成　中根隆行
李方子　小田部雄次
G・サンソム　牧野陽子

和辻哲郎　小坂国継
青木正児　井波律子
矢代幸雄　稲賀繁美
石田幹之助　岡本さえ
矢内原忠雄　等松春夫
*平泉　澄　若井敏明
前嶋信次　杉田英明
竹山道雄　平川祐弘
保田與重郎　谷崎昭男
佐々木惣一　松尾尊兊
*瀧川幸辰　伊藤孝夫
福本和夫　伊藤　晃
フランク・ロイド・ライト　大久保美春
大宅壮一　有馬　学
清水幾太郎　竹内　洋

*は既刊
二〇〇六年六月現在